Gertraud Diem-Wille
Zusammenarbeit im Lehrkörper

Studien zur qualitativen Sozialforschung

herausgegeben von Roland Girtler

Band 6

ZUSAMMENARBEIT IM LEHRKÖRPER

Modellstudie einer Organisations-beratung an einer Mittelschule

von

GERTRAUD DIEM-WILLE

Unter Mitarbeit von
Karl Garnitschnig und Hannes Wimmer

1986

HERMANN BÖHLAUS NACHF. WIEN · KÖLN · GRAZ

Gedruckt mit Unterstützung durch den Fonds
zur Förderung der wissenschaftlichen Forschung

CIP-Kurztitelaufnahme der Deutschen Bibliothek

Diem-Wille, Gertraud: Zusammenarbeit im Lehrkörper : Modellstudie e. Organisationsberatung an e. Mittelsch. / von Gertraud Diem-Wille – Wien ; Köln ; Graz : Böhlau, 1986.
(Studien zur qualitativen Sozialforschung ; Bd. 6)
ISBN 3-205-06325-2
NE: GT

ISBN 3-205-06325-2

Satz: Fotosatz Rizner, Salzburg
Druck: Novographic, Wien

Inhalt

Zur politischen Dimension individuellen Handelns

GELEITWORT VON KLAUS HORN

Wir können die Kritik an der Professionalisierung sozialen Handelns als einen Hinweis auf die Versachlichung des Zusammenlebens im Rahmen unserer gesellschaftlichen Organisation der Arbeit verstehen. Unser gegenseitiges emotionales Engagement hat dann andere Regeln als im Privaten und vor allem Grenzen; wir verkehren miteinander als Menschen in der und der Funktion. Jene Wunden, die jeder Mensch von der gesellschaftlichen Arbeitsteilung, vermittels des inzwischen wissenschenschaftlich organisierten Zugriffs auf die menschliche Leistungsfähigkeit geschlagen werden, haben zwar die Chance, gelegentlich als Deformation erkannt und öffentlich denunziert zu werden – aber überwunden?

Solche und ähnliche Klagen über die Zerstörung des „ganzen Menschen" gibt es, seit mensch gewahr geworden ist, daß der „Prozeß der Rationalisierung", einst enthusiastisch als Entfaltung der Vernunft begrüßt, auch seine Schattenseite hat: Dieselbe kalkulierte Zuordnung von Mitteln zu Zwecken, mittels der wir uns, indem wir ihn weiter vorantreiben, eine extensive Naturbeherrschung verschaffen – nur aus einer anderen Perspektive gesehen. Naturbeherrschung trägt ja nicht nur konsumierbare Früchte, sondern ist zugleich zu einem „Gehäuse der Hörigkeit" (Max Weber) zusammengewuchert, zu einer „verwalteten" und bürokratisierten Welt. In dieser können sich zwar die Menschen in den reichen Ländern und insbesondere deren Reiche, die meisten, die Arbeit haben, materiell vergleichsweise komfortabel bewegen, sie sind nicht schlecht versorgt. Gleichwohl spüren wir Unbehagen, weil die politisch relevanten Bewegungsspielräume minimalisiert, die politisch relevanten Entscheidungsstrukturen in hohem Maße verselbständigt sind. Und vor allem: Im Maße wie die Menschen im Prozeß der Rationalisierung selbst als naturwüchsig auffallen, werden auch sie Gegenstand ihrer eigenen Beherrschungsmethoden. Die prometheischen Schöpfer von Beherrschungsformen, die sie für ihre Zwecke erfunden haben, finden sich als deren Objekt wieder. Die Frage wirft sich auf: Wer ist eigentlich Subjekt der Geschichte, im Großen und im Kleinen? Wer und/oder was macht es, daß wir uns als Objekte fühlen?

Eine der normalen Umgangsweisen der Menschen mit dieser irritierenden gesellschaftlichen Entwicklung ist – unter den Bedingungen zureichender materieller Versorgung – die politische Apathisierung, ein Rückzug in den „staatsbürgerlichen Privatismus" (Habermas): Mensch bleibt lediglich vermittels irgendeiner Arbeitsleistung für den insgesamt unbekannten und doch spürbaren Moloch Gesellschaft an diesen angeschlossen und wird – ist jemand nicht bereits als Jugendlicher, als Frau und/oder Alter über den Rand der Verwertbarkeit hinausgedrängt – für seine Leistung auch honoriert, mit Lebensmitteln, auf deren Basis die Privatheit einigermaßen bequem eingerichtet werden kann. Allerdings gibt es ernstzunehmende Hinweise, daß bei fortschreitender Durchdringung des Lebens mit Naturbeherrschung und Technik Schwierigkeiten im Bereich sozialer Beziehungen (Rügemer 1985) zunehmen und als Antwort auf die Erfahrung der Unveränderbarkeit gesellschaftlicher Strukturen physische Gewalt als Terror wieder reprivatisiert wird (vgl. z. B. Horn 1974, 1981, 1985, Steinweg 1985). Die für gesellschaftliche Integration sorgenden Kulturideale funktionieren nicht mehr. Legitimationsschwierigkeiten einer undurchsichtig gewordenen Herrschaftsform führen zu Motivationsproblemen, auch im Arbeitsbereich. Mehr Entgelt für intensive Leistung wird uninteressant, der Wert von mehr Freizeit entdeckt. „Wertwandel"? In sehr bescheidener Weise nur, wie ich fürchte.

Jener Rückzug von der gezielten politischen Aktivität, vom Praktizieren der guten alten bürgerlichen Idee, daß die Regeln und Normen, nach denen gelebt wird, der Veränderung der Bedürfnisse aktiv angepaßt werden müßten, daß es da etwas zu gestalten gibt; dieser entpolitisierende Rückzug hat wahrscheinlich nur seine Analogie in der Sphäre der Arbeit. Um sich einer resthaften Identität zu versichern und nicht in den verschiedenen Rollenfunktionen sich gleichsam aufzulösen, ziehen die Menschen sich auf eine „Job-Gesinnung" zurück. Das kann als Versuch gewertet werden, mit einer nicht weiter engagierten, mit einer Minimalerfüllung der Erwartungen im Arbeits- und im politischen Bereich Reste seelischer Kraft für marginale, aber immerhin verbliebene Reservate von Selbstbestimmung zu erhalten, selbst wenn diese von vornherein lediglich privatistisch, konsumtiv und im Reproduktionsbereich angelegt sind.

Diese Entwicklung, eine gleichsam anthropologische Veränderung, ist also in der Wissenschaft registriert worden, häufig freilich als individuelles, wenngleich massenhaftes Phänomen, und in der wenigsten Zahl der Fälle wirklich argumentativ vermittelt mit der gesellschaftlichen Entwicklung im Zug der Intensivierung des Zugriffs auf die Menschen als verwertbaren Naturstoff. Stichworte wie „Neuer Sozialisationstyp" und „Culture of Narcissism" sind bekannt.

Nun ist in jüngster Zeit ein gänzlich anderer Modus des Bewältigungsversuchs der gesellschaftlichen Marginalisierung individueller Subjektivität sichtbar geworden, ein Modus, der psychisches Überleben nicht per Abwehr, per Augenverschließen, per Rückzug oder blindem Terror versucht, sondern mit neuem Problemlösungsverhalten. Seine parteipolitischen Spitzen sind die Grünen, die sich allerdings nicht umsonst drehen und winden, um nicht gleich bei den ersten Schritten im herkömmlichen Politikbereich bereits von jenem parteienverwalteten Politikverständnis herkömmlicher Art vereinnahmt zu werden. Aber diese Gegenbewegung gegen die Erstarrung bürgerlichen gesellschaftlichen Lebens in kapitalistisch-bürokratischen und kapitalistisch-technokratischen Strukturen, gegen die Gefangenschaft in den sogenannten Sachzwängen, hat heute nicht nur diese grüne, sondern viele Formen. Die meisten dieser Versuche bewegen sich nicht in der Sphäre des Macht- und Partei-Politischen, sondern sie haben das Politische im Persönlichen, im Privaten, in Formen des Alltagslebens und nicht zuletzt in jenen Sachzwängen und Verselbständigungen entdeckt, die, scheinbar unpolitisch, doch unser Alltagsleben schuriegeln und die wir allein deshalb schon unterstützen, wenn wir uns davon den Takt unseres Lebens vorschreiben lassen. Immer mehr Menschen versuchen sich an Repolitisierungen dessen, was ihnen an Gesellschaftlichem auf den Pelz gerückt oder in sie eingedrungen ist – an Repolitisierungen in ihrem Sinn. Sie versuchen den Spieß herumzudrehen: Formen von Vergesellschaftung an sich zu entdecken, denen die Loyalität zu entziehen sich aus gutem Grund lohnt. Der Spruch: „Stell' dir vor, es ist Krieg, und keiner geht hin!" macht sowohl die Einfachheit solcher Lossagungen deutlich als auch, daß sie fast unmöglich sind.

Die gesellschaftliche Entwicklung hat den Begriff des Politischen undeutlich gemacht. Zumindest vermuten läßt sich, daß mit der Überführung von immer mehr naturwüchsigen gesellschaftlichen Vorgängen in den Bereich des Machbaren, des zu Planenden, auch wie Habermas (1973) konstatierte, der staatsbürgerliche Privatismus politisiert wird und im Gefolge dieser Entwicklung beginnen die Menschen zu begreifen, zunächst vielleicht auch nur zu spüren, daß ihr Alltag in hohem Maße vorgeprägt wird, nicht nur beim Arbeiten, sondern auch beim Regenerieren. Aus dieser Aufmerksamkeit ist eine vielfältige Gegenbewegung hervorgegangen. Diese stellt – eine Herausforderung ohnesgleichen für die traditionelle Linke – den Anspruch, daß wohlreflektierte Veränderungen von Mustern sozialen Handelns auch politische Bedeutung haben. Ich will für diese relativ junge Nuance des Verständnisses von „politisch" noch weitere Argumente ins Feld führen, mit Vorsicht, aber keineswegs zögernd.

Sollen, können wir uns selbst verändern, so verändern, daß letzten Endes daraus ein Politikum wird? Ein ganz anderes Politikum allerdings als beispielsweise die Individualisierung der Folgen von Arbeitslosigkeit in Form von Erkranken und die Therapeutisierung dieser Folgeerscheinung; ihre Voraussetzung ist ja, daß ein Arbeitsloser sein Schicksal als persönliche Schuld akzeptieren lernt, daran erkrankt und auf dieser Basis dann, wenn er Glück hat, endlich Hilfe findet. Gibt es also eine in die Gegenrichtung solcher Entwicklung sich bewegende politische Bedeutung von Selbstveränderung? Die Transformation gesellschaftlichen Unglücks in persönliches ist zur Genüge bekannt – aber läßt sich der Spieß wirklich umdrehen?

Diese Frage erfüllt uns mit Mißtrauen, denn in aller Regel können wir uns politisch relevante Veränderungen immer noch nur als unmittelbare Veränderung gesellschaftlicher Strukturen und Bewegungsgesetze vorstellen. Und erst als deren Folge wäre Hoffnung auf einen „neuen Menschen" angebracht? Oder ist das ein bloßer geschichtsphilosophischer Glaube, und wir schätzen die Veränderungskraft – wohlgemerkt: die nichtfaschistische Veränderungskraft! – der Menschen gerade heute zu gering ein, weil wir wie gebannt auf eine überkommene, eine konventionelle Form politischer Veränderung starren und unsere Phantasie auf diese Weise einsperren?

Die Frage nach dem politischen Stellenwert von gezielt verändertem eigenem sozialen Handeln ist ganz wichtig geworden. Ist das Herbeiführen solcher Veränderungen, die zu einer Verbesserung der Lebensqualität führen, lediglich Öl ins Getriebe der unersättlichen Maschine Gesellschaft; Öl, das zudem vor dem Entwickeln von Unbehagen und Unzufriedenheit schützt, die, anders gewendet, zur Revolution führen könnte? Ich fürchte, es läßt sich nicht mehr sinnfällig darlegen, was unter den heute gegebenen gesellschaftlichen Lebensbedingungen Revolution, d. h. radikale Veränderung des Lebens, heißen könnte, was außer der Veränderung objektiver Strukturen nicht auch unseren Alltag, unsere Handlungsroutine umfaßte. Dieser Alltag und seine Gewohnheiten sind ja in hohem Maße von jenen Sachzwängen und objektiven Strukturvorgaben durchdrungen. Wir reproduzieren handelnd diese Vorgaben, wir unterwerfen uns ihnen, praktizieren so unausgesprochen wie selbstverständlich eine Art soziofunktionalen Gehorsam – einerseits jedenfalls. Wir müssen – wollen wir unser Unbehagen an diesem Zustand begreifen und die Ursachen verändern – überhaupt erst einmal sehen lernen, entdecken, was auf diese Weise von den Elementen gesellschaftlicher Struktur auch in und durch uns selbst „sachzwänglich" existiert. Steht uns dieser soziale Ort des „ich handle" im Prinzip nicht ganz sicher in höherem Maße zur Verfügung als jene Strukturierungen, die uns als Gesetze des Kapitels und der Bürokratie und anderer Objektivationen menschlichen Tuns bestimmen? Aber gerade für dieses Nächste, für solche im Grunde lästigen Bestandteile unserer Identität scheinen wir besondes blind zu sein; diese Art kritische Selbstkonfrontation irritiert ganz spezifisch. Das kommt als praktische Schwierigkeit zu jenen theoretischen Zweifeln am politischen Stellenwert von Selbstveränderung hinzu. Woher soll das Selbstbewußtsein kommen, von diesem sozialen Ort her, Loyalitäten aufkündigend, Politik machen zu wollen, wo doch die gesellschaftlich wirksame Kraft individueller Subjektivität immer geringer eingeschätzt und diese eher als ein Schnittpunkt verschiedener gesellschaftlich organisierter Kraftlinien, also als unabhängig angesehen wird? Vielleicht ist gerade hier das Verwunschensein verankert, in dieser grundsätzlichen Annahme?

Ob und inwieweit wir von der Veränderung von Interaktionen, Kooperationsformen und Organisationsstrukturen her gesellschaftlich relevante Strukturen verändern können, indem wir diesen unsere Loyalität, indem wir den „Sachzwängen" die Chance entziehen, Gehorsam zu finden, ist offen. Keineswegs ist die in erster Linie methodisch bedingte Kritik zurückzunehmen, daß gesellschaftliche Strukturen sich nicht in Interaktion auflösen lassen, daß der Gegenstand von Soziologie ohne weiteres in einen Gegenstand der Psychologie umgewandelt werden kann (Eberlein/Kondratowitz 1977, Horn 1972, Rammstedt 1979). Aber wir müssen andererseits auch eine methodische Fetischisierung dessen vermeiden, was sich uns als Verselbständigtes entgegenstellt. Am Ende machte allein die eingebildete Strenge des Blicks der Schlange auf ihr Opfer dieses zum Opfer und die Auswegslosigkeit scheinbar, d.h. das Ergebnis von Mut- und Phantasielosigkeit. Wenngleich also *theoretisch* Psychisches und Gesellschaftliches nicht ineinander aufgehen, wenngleich Gruppendynamik keine Soziologie und erst recht keine politische Ökonomie sein kann; wenngleich wir also heute dem methodischen Gespenst des Individualismus keineswegs in einer neuen Form zur Auferstehung verhelfen sollten, so wissen wir doch andererseits nicht im voraus und keineswegs genau, welche *praktischen* Konsequenzen welcher Loyalitätsentzug für welche Sachzwänge haben kann. Probieren wir es also aus!

Die Lehrerinnen und Lehrer, die als Betroffene an der vorliegenden Studie mitgearbeitet haben, können den Lesern am besten beantworten, wie weit ein solcher Versuch unter gegebenen Bedingungen tragen kann, was dafür einzusetzen ist und zu gewinnen. Und daß dann, wenn der Veränderungswille sichtbare Spuren hinterläßt, der Aufwand gerne erbracht, d.h. Apathisierung und professionelle Deformation als Arbeits- und Lebensform aufgegeben werden können. Es gibt also sehr wohl etwas, das die Einzelnen an sich selbst und in Beziehung zu anderen beleben, und in ihrem Sinn politisieren können, was, zunächst im kleinen, neue Verhältnisse herzustellen vermag.

Was sich von Veränderungen der Interaktion her in Bewegung setzen, zum Tanzen bringen läßt, nachdem es vorher wie versteinert gewirkt hatte, weil niemand vor Ort eine angemessene Melodie vorspielen konnte, ist – zunächst? – ein Nahbereich. Aber wenn jemand darin seinen Arbeitsalltag zubringt, ist das ein äußerst wichtiger Teil der Lebenswelt. Jedoch trifft, was man neue Beweglichkeit nennen könnte, sowohl auf räumliche als auch auf zeitliche Barrieren. Wenn ein Teil des Kollegiums und der Schuldirektor nach ihrer Arbeit mit den Organisationsberatern konstruktiv kooperieren können, statt gegeneinander zu intrigieren und zu motzen, dann ist das, insofern viele unter diesem Zustand gelitten hatten, in dieser Hinsicht eine Entlastung und bereits eine „Humanisierung" dieses Stücks Arbeitswelt, das auf Beziehungsarbeit besonders angewiesen ist. Wie lange sich ein solches neues Klima gegen neue Routinisierung wird halten können und wie lange, ohne daß vorgesetzte Verwaltungs-und politische Strukturen, die in dieses Feld hineinwirken, ebenfalls verändert werden, das ist ebenfalls eine empirische Frage. Aber beides ist weder ein tragfähiger Einwand gegen solche Bewegungsversuche, noch eine zureichende Entschuldigung, sich auf die faule Haut zu legen und zugleich darüber zu klagen, wie wenig politisch Relevantes mensch doch heute ausrichten könne. Die Erfahrung allein, daß es solche Selbstbewegungsspielräume gibt, daß wir sie als Möglichkeit entdecken, mit dem Entdecken schaffen und erweitern können, ist den Versuch wert. Vielleicht liegen hier Anfänge einer neuen Art politischen Selbstbewußtseins.

Literatur:

Eberlein, Gerald/Kondratowitz, v. H.-J., Hg.: Psychologie statt Soziologie? Zur Reduzierbarkeit sozialer Strukturen auf Verhalten. Frankfurt/Main, New York (Campus) 1977

Habermas, Jürgen: Legitimationsprobleme im Spätkapitalismus. Frankfurt/Main (Suhrkamp) 1973

Horn, Klaus, Hg.: Gruppendynamik und der „subjektive Faktor". Repressive Entsublimierung oder politisierende Praxis. Frankfurt/Main (Suhrkamp) 1972, 1973, 1979

—: Gesellschaftliche Produktion von Gewalt. Vorschläge zu ihrer politpsychologischen Untersuchung. In: Otthein Rammstedt, Hg.: Gewaltverhältnisse und die Ohnmacht der Kritik. Frankfurt/Main (Suhrkamp), 1974, 59 – 106

—: Gewalt in der Gesellschaft. Wie wir organisiert miteinander umgehen und wie wir Veränderungen ingang setzen können. Retzhof bei Leibnitz (Bildungshaus Retzhof) 1981

—:Aggression und Gewalt. Vom gegenwärtigen Schicksal menschlicher Expressivität. In: Alfred Schöpf, Hg.: Aggression und Gewalt. Anthropologisch-sozialwissenschaftliche Beiträge. Würzburg (Königshausen & Neumann) 1985, 123 – 142

Rammstedt, Otthein: Überlegungen zum historischen Stellenwert von Aktionsforschung. In: Klaus Horn, Hg.: Aktionsforschung. Balanceakt ohne Netz? Methodische Kommentare. Frankfurt/Main (Syndikat) 1979, 41 – 53

Rügemer, Werner: Silicon-Valley: Soziale Talfahrt. Leben in der High-Tech-Gesellschaft I. In: Pschychologie heute 12, Heft 4, 1985, 48 – 52

Steinweg, Reiner: Gewalt, Krieg und Alltagserfahrung. Synopse und ein Vorschlag. In: dialog. 2. Beiträge zur Friedensforschung. Stadtschlaining (Österreichisches Institut für Friedensforschung) 1985, 38 – 64

Vorbemerkung

> Man kann über die höhere Schule diskutieren und spekulieren, ohne ihrer häßlichen Wirklichkeit gewahr zu werden. Man kann für sie Reformen dekretieren, ohne sich um die Bedingungen zu scheren, unter denen die Reformen zum Zuge kommen sollen. Man kann sogar Tag für Tag als Lehrer des Gymnasiums unterrichten, ohne daß einem die Realität ins Bewußtsein dringt, von der jeder Beteiligte dumpf und diffus spürt, daß sie schlechter ist als sie sein müßte und sein dürfte.
>
> H. Rumpf, 1966

Die vorgestellte Fallstudie will die von Rumpf zurecht angesprochene Diskrepanz von wissenschaftlichen Theorien und pädagogischer Praxis in der Schule, von Reformideen und deren Verwirklichung, von dumpfer Praxis und handlungsorientierten Einsichten überwinden helfen. Dieses Vorhaben ist groß und kann deshalb nur ansatzweise bewältigt werden. Das Leben an einer Schule soll aus der Perspektive der Lehrer beleuchtet werden, wie es in der Beratungsarbeit der Organisationsentwicklung sichtbar wurde. Die Schule wird vom dahinterliegenden systemischen Verständnis als einzigartige Einheit betrachtet. Die allgemeinen Bestimmungen der Schule, ihre Zielsetzungen und organisatorischen Rahmenbedingungen werden durch die dort arbeitenden Personen in jeder Schule unterschiedlich gestaltet. Es ist daher notwendig, die Vermittlung von allgemeinen Problemen in ihren besonderen Erscheinungsformen zu beschreiben. Wir wählten dazu vorrangig die Ebene der Lehrer. Durch die Analyse der Einstellungen der

Lehrer zum Erziehungsverhalten, zu ihrem Beruf sollen ihre „subjektiven Theorien" durch die Analyse ihrer Beziehungen und Interaktionen die besondere Struktur und Dynamik der Schule verständlich werden. Man könnte diese Vorgangsweise des Durchleuchtens der Schule mit einem Röntgenbild vergleichen, das hinter den äußerlich sichtbaren Erscheinungen, auch die nicht direkt zu beobachtenden Zusammenhänge (Struktur der Organisation) zugänglich machen will, und zwar primär für die Betroffenen, deren Zustimmung eine Interpretation oder Deutung erst zu einer sozialen Wahrheit macht. Damit ist das Prinzip der *Handlungs-* oder *Aktionsforschung* angesprochen, das das Forschungsinteresse auch auf die Aufklärung der Betroffenen richtet und nicht nur auf wissenschaftliche Datengewinnung. Vorrangig werden qualitative Forschungsmethoden verwendet, die das Erfassen der Einzigartigkeit der Struktur dieser Schule erlauben.

Zur Begründung dieses ungewöhnlichen Wegs der Forschung,[1]) die Subjektivität einer Schule zu verstehen, werden die Probleme der gegenwärtigen Schulreform in Österreich zum Ausgangspunkt genommen, die gerade durch die Vernachlässigung der in jeder Schule unterschiedlichen Bedingungen die Verwirklichung der Reformideen erschweren. Die Einsicht in die Notwendigkeit, die verschiedenen „Schulwelten" zu berücksichtigen, wirft eine Unzahl von methodischen Problemen auf, denen im theoretischen Teil nachzugehen ist. Der interdisziplinäre Ansatz der Organisationsentwicklung erfordert eine Integration pädagogischer, sozialpsychologischer (Kleingruppenforschung) und organisationssoziologischer Theorien und Handlungsansätze.

Der zweite Teil der Arbeit ist der Darstellung der Fallstudie gewidmet. Die Präsentation der erhobenen Daten und die Handlungsstrategien der Berater während der Sozialintervention versuchen, dem zugrundeliegenden Forschungsinteresse gerecht zu werden, indem primär die Betroffenen in Form von Interview- oder Seminarprotokollen zu Wort kommen, die durch theoretische Ergänzungen gedeutet werden. Durch diese

---

1 Die Begleitforschung wurde vom „Fonds zur Förderung der wissenschaftlichen Forschung" finanziert.

Vorgangsweise soll auch die Methode der Organisationsberatung ansatzweise nachvollziehbar gemacht werden. Die prinzipielle Schwierigkeit, relevantes Lernen zu beschreiben, das die Persönlichkeit der Lernenden unter Einschluß der emotionalen Seite erfaßt, bleibt natürlich bestehen. Emotionale Betroffenheit widersetzt sich der Weitergabe durch schriftliche oder mündliche Übermittlung: man muß „es selbst erleben". Der Bereitschaft sich auf Veränderungsprozesse einzulassen, steht gewöhnlich der innere Widerstand entgegen, Vertrautes aufzugeben. Das Resultat ist vorsichtige (ängstliche) Neugierde bei den Betroffenen, bei den Beratern und den Begleitforschern und vielleicht auch bei den Lesern.

Danken möchte ich an dieser Stelle vor allem den Lehrern und dem Direktor des 3. BG in Linz, die von Anfang an einer Veröffentlichung des Beratungsprozesses zugestimmt haben, obwohl die Vorgangsweise der Handlungsforschung den meisten von ihnen unbekannt war. Die zu Beginn getroffene Vereinbarung, nichts ohne Zustimmung der Betroffenen zu veröffentlichen, wurde mit einer konstruktiven Zusammenarbeit beim Lesen des Manuskripts beantwortet. Die Lehrer stimmten unser Interpretation des Beratungsprozesses zu.

Der Landesschulrat für Oberösterreich, vor allem Herr LSI Dr. Jocha, hat durch seine Unterstützung das Projekt erst möglich gemacht.

Meinen Trainerkollegen Peter Heintel und Rudolf Wimmer danke ich für die zahlreichen Diskussionen und Anregungen für die Begleitforschung. Karl Garnitschnig und Hannes Wimmer bin ich für ihre Bereitschaft herzlich verbunden, trotz total ungeklärter Finanzierung der Begleitforschung bei der zeitaufwendigen Designentwicklung und Datenerhebung mitgewirkt zu haben. Ihre Entscheidung, sich anderen Forschungsaufgaben zuzuwenden, die die gemeinsame Auswertung der Daten verhinderte, ist verständlich aber bedauerlich. Die gemeinsame Arbeit war jedoch trotz schwieriger Rahmenbedingungen sehr konstruktiv und lustvoll. Dem Fonds zur Förderung der wissenschaftlichen Forschung gilt mein Dank, das Projekt bewilligt und finanziert sowie die Drucklegung ermöglicht zu haben.

Wien, im Winter 1985 *Gertraud Diem-Wille*

1. Ausgangspunkt und Zielsetzung

Initiator für das Projekt war der Lehrkörper einer Allgemeinbildenden höheren Schule (3. BG Linz). Ein Vertreter des Lehrkörpers trat an das Forschungsteam[1]) mit dem Wunsch einer Schulung heran. Das Ziel war, die Kooperation unter den Kollegen zu verbessern und neue Methoden des erfahrungsorientierten Lernens im Unterricht zu erproben. Anlaß für diese Initiative war eine Konferenz zum „Grundsatzerlaß für politische Bildung“ (Anhang). Im Erlaß wird in den „grundlegenden Hinweisen für die Gestaltung des Unterrichts“ auf das Prinzip des erfahrungsorientierten Lernens hingewiesen. Diese Zielsetzungen, Formen der Zusammenarbeit für neu herangetragene Aufgaben zu entwickeln, entspricht dem Verständnis der Organisationsentwicklung und damit den Interessen der Forscher. Die Organisation soll lernen, ihre eigenen Wege der Entwicklung zu gehen – nur so ist eine sinnvolle innere Schulreform zu inszenieren.

Der Ausgangspunkt des Aktivwerdens des Lehrkörpers, ihr Wunsch, außenstehende Berater zu einer Lehrerfortbildung heranzuziehen, hat weitreichende Bedeutung für den gesamten Beratungsverlauf. Über die eigene soziale Situation etwas zu lernen, indem die Situation des Lehrkörpers zum Lehrgegenstand gemacht wird, bedeutet, sich zu riskieren. Niemand – weder Teilnehmer noch externe Berater können vorher wissen, welche Probleme sichtbar werden. Die drei Vorgespräche, die zwischen dem Lehrkörper und den Beratern stattfanden (im Zeitraum vom März 1979 bis März 1980), trugen wesentlich dazu bei, die Zielsetzung zu klären und eine Vertrauensbasis zur Stabilisierung eines tragfähigen Arbeitsbündnisses aufzubauen. Forschungsvorhaben, die von Wissenschaftern initiiert

1 Dem Projektteam gehörten Karl Garnitschnig und Gertraud Diem-Wille, später auch Hannes Wimmer, an.

werden, stoßen oft vor Beginn auf das Mißtrauen und die Ablehnung der zu „beratenden Schule“. (Vgl. Huber/Hieden 1978) Das Problem der „Distanz und Verweigerung“ bei „Feldkontakten“ mit den Untersuchungspersonen, wie sie etwa Peter Gstettner (1979, 178f), beschreibt, lassen sich als Widerstände der Betroffenen verstehen, um ihre Intimsphäre zu schützen. Ist die Schulverwaltung der Auftraggeber von Organisationsberatungen, so werden gewöhnlich die Schulen zu einer freiwilligen Meldung zur Mitarbeit eingeladen (Schmuck u. a. 1975).

Bei den Besprechungen kristallisierten sich folgende Zielsetzungen heraus:
— Wunsch nach vermehrter und vertiefter Kooperation
— mehr Offenheit unter den Lehrern
— Aufklärung über die eigene Rolle im Lehrkörper und das Verhalten in der Klasse
— Erwerben von sozialen Fähigkeiten für den Unterricht und im Umgang miteinander, um ihre Situation befriedigender gestalten zu können
— Verbesserung des sozialen Klimas in der Schule.

Vom Projektteam wurden die aufgezeigten Mängel, die durch die Beratung verbessert werden sollten, als typische, strukturelle Probleme der heutigen Schule verstanden. Dem Lehrkörper wurde ein einwöchiges Kooperationsseminar vorgeschlagen, bei dem eine Beratung des sozialen Systems Schule durchgeführt werden sollte. Einigkeit bestand von Anfang an darüber, daß Zusammenarbeit als wesentliche Dimension sozialer und politischer Bildung nur praktisch gelernt werden kann, wenn es sich im Handeln auswirken soll. Da ein solches Projekt einer Organisationsberatung einer Schule in Österreich ein Novum darstellt, schien es angezeigt, eine Begleitforschung durchzuführen.

Die Begleitforschung ging von der Grundhypothese aus, „daß eine verbesserte Kooperation der Lehrer auch Auswirkungen auf die Kooperation der Lehrer mit den Schülern und der Lehrer mit den Eltern hat“. Untersucht wurde hauptsächlich die Ebene der Lehrer und die der Lehrer-Schüler.

Im Vergleich zu anderen Vorhaben zur Verbesserung der organisatorischen Arbeitsweisen in Schulen stellt die beschriebene Sozialintervention eine Kombination aus vier Merkmalen dar:

1. Das Projekt wurde von der betreffenden Schule selbst initiiert und auf dem Amtsweg durchgesetzt.
2. Das Kooperationsseminar fand in Gruppen statt, die tatsächlich in dieser Schule existieren und umfaßte die Hälfte des Lehrkörpers (bei freiwilliger Teilnahme).
3. Die Bearbeitung und Lösung von Problemen konnte anhand konkreter Konflikte gelernt werden.
4. Die Themen des Kooperationsseminars umfaßten neben der individuellen Lernebene auch die Reflexion organisatorischer Strukturen und Gruppen.

Bevor wir uns jedoch der detaillierten Darstellung der Modellstudie widmen, soll der Behauptung, unzureichende Kooperation sei ein für die heutige Schulsituation typisches strukturelles Problem, das damit exemplarisch ein allgemeines darstellt, nachgegangen werden. Erst durch eine Analyse der Mängel der gegenwärtigen sozialen Situation von Schule läßt sich die gewählte Intervention und das Forschungsdesign begründen.

1.1. Ausgewählte strukturelle Probleme von Schule als soziale Organisation

Widerspruch von hierarchischer Verwaltungsbürokratie und pädagogischem Auftrag

Die Verwaltungsbürokratie galt seit Max Weber als die reifste Form der Organisation. Die emanzipatorische Leistung des aufgeklärten Absolutismus, mit der Einführung der allgemeinen Schulpflicht die privilegierte Monopolstellung des Zugangs zu Kulturtechniken aufzuheben, wurde in Form der bürokratischen Schule gewählt. Die Dauer des Unterrichts, die Auswahl der Gegenstände, die Feststellung der Rahmenlehrpläne wurde zentralistisch festgelegt, sodaß die Selbstbestimmung des Einzelnen nur innerhalb des institutionellen Rahmens in Form einer totalen Identifikation mit einer vorgegebenen Autorität akzeptiert wurde. Auf diese bittere Paradoxie hat Bernfeld hingewiesen: „Das Schulwesen hat offenbar Wirkungen, die über den eigentlichen Unterricht weit hinaus reichen. Die Schule – als Institution – erzieht.“ (Bernfeld 1979, 28) Den Hinweis auf den engen Zusammenhang zwischen den organisatorischen Rahmenbedingungen und der Lern- und Erziehungstätigkeit in der Schule, hat die Organisationssoziologie wieder aufgegriffen. Die starke Affinität der Schule zur bürokratischen Verwaltung wird sichtbar. Die Prinzipien, die Max Weber (1922) dem Idealtyp der modernen Bürokratie zuordnet, lauten: „1. das Prinzip der Amtshierarchie, d. h. die Ordnung fester Kontroll- und Aufsichtsbehörden ..., 2. das Prinzip der Amtskompetenzen, d. h. a) einen kraft Leistungsverteilung sachlich abgegrenzten Bereich von Leistungspflichten, b) mit Zuordnung der etwa dafür erforderlichen Befehlsgewalten und c) mit fester Abgrenzung der eventuell zulässigen Zwangsmittel und der Voraussetzung ihrer Anwendung, 3. das Prinzip der Regeln und Verfahrensvorschriften, wobei es sich ebensogut um technische Regeln wie um Normen handeln kann.“ (Weber 1922, 125 ff) Die Annahme, daß der klassische Typ der Verwaltungsbürokratie die effektivste Form der Organisation darstellt, trifft nur dann zu „wenn es sich um uniforme, wiederkehrende Arbeitsvorrichtungen handelt, für die zudem ein sachbezogenes Fachwissen erforderlich ist. Für Organisationen dagegen, deren Arbeit vor allem soziale Fähigkeiten und Geschicklichkeiten sowie eine häufige Anpassung an neue Arbeitsbedingungen verlangt, gilt die klassische bürokratische Organisation nicht mehr als die beste.“ (Litwak 1968)

Deutlich läßt sich die Diskrepanz zwischen den Zielsetzungen und Verfahrensweisen der Verwaltungsbürokratie und den pädagogischen Aufgaben zeigen, wenn wir die Ziele einander gegenüberstellen. Lohmann/Prose haben aus verschiedenen deutschen und amerikanischen Veröffentlichungen Beispiele solcher prinzipieller, inhaltlich ausdifferenzierter Widersprüche zusammengestellt:

Verwaltungsbürokratie	*Erziehungsstätte*
regelhafter Gesetzesvollzug	persönlicher Einsatz des Pädagogen
Routine	Experiment
Normierung	Individualisierung

angeordneter Lehrstoff	schöpferische Freiheit
risikoloser Durchschnitt	offenes Wagnis
Formalisierung von Verhaltenserwartung	spontane und personale Rollenbeziehung
Orientierung an uniformen Regeln und Prozeduren	Flexibilität, Spontaneität, Kreativität, Emotionalität
Kontinuität und Beharrung	Innovation
Was dürfen wir tun, was wird vorgeschrieben, was ist verboten?	Was ist sachlich, pädagogisch richtig und erforderlich?
Mechanismus von Anordnungen	eigene Entscheidung, Selbständigkeit
Verordnungswesen, vereinheitlichende Reglementierungen	freie Gestaltung des Schulbetriebs, Orientierung an der Entfaltung des Kindes
Legalistisch, administrativ	professionell, sachlich
Rationalisierung	individuelle Interaktion
Koordination	vielfältige Handlungsweisen
einheitliche Ergebnisse und Berechtigungswesen	Lehrerautonomie
Anpassung	Autonomie

(Lohmann/Prose 1975, 24f).

Betrachten wir nun die Widersprüche zwischen den Anforderungen der Verwaltungsbürokratie und denen der Erziehungsaufgaben aus der Perspektive der Lehrer – für unsere Untersuchung wichtig –, so ergeben sich notwendige, da strukturell bedingte Antinomien. Der Lehrer als *Beamter* und als Erzieher ist ein Zerrissener. Als Beamter ist der Lehrer in die Hierarchie und das Gefüge der Schulverwaltung integriert, er unterliegt der Gehorsamspflicht und Weisungsgebundenheit des Beamtenrechts. Der Lehrer ist verpflichtet, die für die gesellschaftlich geforderte Qualifikation und Selektion Leistungsfeststellungen und Auswahlverfahren nach objektiven Kriterien und Vorschriften durchzuführen.

Der Lehrer als *Pädagoge* versteht sich als Anwalt des Schülers. Im Mittelpunkt seiner erzieherischen Tätigkeit steht die Förderung und Entwicklung der Persönlichkeit des einzelnen Schülers, die Berücksichtigung seiner individuellen Voraussetzungen und Möglichkeiten. Der Unterricht fördert die Identitätswerdung des Schülers in Auseinandersetzung mit der „Sache“. Der Schüler soll befähigt werden, Welt zu gestalten.

Diese strukturelle Zerissenheit ist Resultat der unterschiedlichen Rollenerwartungen an den Lehrer; sie ist unabhängig von Persönlichkeitsmerkmalen, nicht „Schuld“ des Lehrers, sondern institutionell bedingt. Die Widersprüche im Alltag zu integrieren, ist bereits eine der wesentlichen Aufgaben, die jeweils in einem Lehrkörper gelöst werden müssen, oder sie schaffen als unerkannte und ungelöste Widersprüche den Leidensdruck und individuelles Versagen für den einzelnen Lehrer.

Wirklichkeitsdefizit schulischen Lernens

Seit der Reformpädagogik wird auf die Wirklichkeitsfremdheit des schulischen Lernens hingewiesen. Die Schule zwingt Schüler Antworten auf Fragen zu lernen, die von gestern oder vorgestern stammen, formuliert Popper den Kern der Schulkritik. Das Ersetzen des Lernens in Lebenssituationen durch ritualisiertes Lernen in künstlichen Schulsituationen gliedert Fragen des Weltverständnisses auf, zerstört den vorherigen Sinnzusammenhang und das diesem Zusammenhang entsprechende intensive Gefühlserlebnis. Aufklärung über die Welt wird in ihr Gegenteil verkehrt. Zergliedertes Wissen in traditionellen Lehrgängen stiftet eher Verdunkelung und Verwirrung. Das wird am Problem der politischen Bildung deutlich, wenn politische Phänomene in eine Anzahl unpolitischer Momente zerfallen: geschichtliche, staatliche, rechtliche, wirtschaftliche, soziale, kulturelle. Fürstenau weist auf den psychischen Mechanismus der Ritualisierung in Form der Isolierung von Zusammengehörigen hin, wenn er sagt:

> „Die Momente der Erwachsenenkultur werden beim Einzug in die Schule als ‚Unterrichtsgut‘, ‚Lehrstoff‘ ihres ursprünglichen Bedeutungszusammenhanges und der ihm eigenen emotionalen Mächtigkeit beraubt. Kein Moment der Kultur kann innerhalb der Schule seine außerschulische Dynamik frei weiterentfalten.“ (Fürstenau 1974, 275)

Die Anhäufung enzyklopädischen Wissens in einzelne Fächer zergliedert, verstellt dem Schüler eher das Verständnis der komplexen Gegenwartsprobleme. Die gegenteilige Vorgangsweise wäre notwendig: an die Erfahrungswirklichkeit von Individuen und sozialen Einheiten anzuschließen. Dabei ist die Frage der Auswahl der Inhalte nicht zu trennen nach der Art und Weise ihrer Vermittlung. Statt vorstrukturierter Problemfelder sollen Zugangsweisen gewählt werden, die es dem Schüler erlauben, bei der eigenen Realität anzusetzen. Ein solches entdeckendes Lernen beschränkt sich nicht auf Vermittlung von Fertigkeiten und Techniken, sondern ist Lernen an der eigenen Identität (Rumpf), ist Arbeit an der Integration widersprüchlicher Anteile der Selbst- und Welterfahrung. Piaget weist auf die Relevanz solcher signifikanter Lernprozesse hin:

> „Man sollte nicht vergessen, daß eine aufgezwungene Wahrheit keine Wahrheit mehr ist: Verstehen heißt Erfinden oder ‚Wiedererfinden', und dem Kind vorzeitig etwas beizubringen, hindert es daran, Lösungen selbständig zu finden oder wiederzuentdecken. Um sich hievon zu überzeugen, braucht man nur zu untersuchen, was nach einer gewissen Zeit von beigebrachten ‚Wahrheiten' und von solchen, die spontan entdeckt worden sind, übriggeblieben ist." (Piaget 1974, 5)

Statt der Identifikation mit dem Wissen des Lehrers sind Vermittlungsformen notwendig, die das Entdecken zu einem selbständigen Akt der Schüler werden läßt.

Der Grundsatzerlaß Politische Bildung trägt diesem Problem Rechnung, da es als Unterrichtsprinzip für alle Fächer einer weiteren Zergliederung in ein Unterrichtsfach Politische Bildung entgegentritt. Die Aufgabe, fächerübergreifend Lebensprobleme in ihrer politischen Problematik in der Schule aufzugreifen, stellt neue didaktische Anforderungen an den einzelnen, sowie fächerübergreifende Kooperation zwischen den Lehrern – Anforderungen, die in der Konferenz unserer Schule zu dem Wunsch einer schulinternen Lehrerfortbildung geführt hatten.

Die beiden charakteristischen Momente von Schule, das Wirklichkeitsdefizit und der Widerspruch zwischen der hierarchischen Verwaltungsbürokratie und den pädagogischen Aufgaben bedingen eine Vielzahl von Mangelerscheinungen, die Auskunft über die *Entwicklungsbedürftigkeit* des schulischen Systems geben:

— unzureichende Bewußtheit über schulische Organisation

— unzureichende Professionalisierung der Lehrer
— unzureichende Gruppenstruktur
— unzureichende Kooperation
— unzureichende Problemlösungsfähigkeit

Unzureichende Bewußtheit über Organisation

Bei Lehrern ist generell eine unzureichende Bewußtheit über Organisation und dem Erkennen struktureller Zusammenhänge zu konstatieren. Im Gegensatz zu Managern denken Lehrer vorrangig in individuellen Erklärungsmustern, die eine moralische Beurteilung oder Verurteilung eigener und fremder Verhaltensweisen begünstigen. Lehrer sehen sich als „Einzelkämpfer, die ihre persönlichen Vorstellungen verwirklichen können oder scheitern". Den sozialen Kontext und die institutionellen Bedingungen ihrer Arbeitssituation tendieren Lehrer zu übersehen. Wird der Begriff Organisation von Schulpraktikern verwendet, so ist damit Organisation als Tätigkeit im Sinn der Verwaltung gemeint. Diese Tätigkeit wird noch dazu negativ bewertet und als Hindernis für das eigentliche Ziel der Schule, das Unterrichten, gesehen. So wird die Aufgabe des Administrators (oder Direktors) vorrangig als Organisationsaufgabe verstanden, worunter der Aufgabeninhalt Stundenplan, Vertretung etc. fällt.

Auf einem Werkstättengespräch wurden von Lehrern und Schulaufsichtsbeamten folgende Inhalte von Organisationen genannt:
— Klassen- und Kursbildung
— Gesamtstundenplan
— Vertretungen
— Aufsichtsführung
— Verteilung von Verwaltungsaufgaben
— Koordination der Verwaltungsarbeit
— Einberufung und Leitung von Konferenzen
— Freizeit und Essensregelung
— Planungstechniken
— Informationsverarbeitung und -weitergabe
— Statistik (Steuer 1983, 31).

Die Gestaltung der eigenen Arbeitssituation scheint nicht unter dem Begriff der Organisationsaufgabe auf. Es ist daher nicht verwunderlich, wenn Lehrer über die Einschränkung ihres Handlungsspielraumes durch Gesetze und Verordnungen lamentieren, aber keine Phantasie über Veränderungen entwickeln können.

Unzureichende Professionalisierung der Lehrer

Die unzureichende Professionalisierung der Lehrer ist als Folge der starken Ausrichtung an der Rolle als weisungsgebundenen Beamten zu verstehen, der eher fragt, was man tun dürfe, als was pädagogisch erforderlich sei. Unter „professioneller Arbeit" verstehen wir die an dem Berufszweck orientierte Arbeit. Ein Ernstnehmen des Lehrers als Erziehungsfachmann und Unterrichtsfachmann ist notwendig, wenn die Isolation der Fächer und deren unpolitische Abgrenzung aufgehoben werden soll. Ein solcher Lehrer orientiert sich nicht mehr primär an seinen Fachgrenzen und Lehrplanvorschriften; er ist in der Lage, einen Blick für fächerübergreifende Zusammenhänge zu entwickeln, um so den Lehrstoff näher an die Lebensprobleme der Schüler heranführen zu können.

Ebenso wie die Qualifikation zur inhaltlichen Auswahl und Begründung des Lehrstoffs ist die pädagogisch-didaktische Kompetenz gefragt. Eine solche selbständige Tätigkeit erfordert im hohen Maß einen Erfahrungsaustausch und eine Beratung mit den Kollegen. Wer weitgehend selbstverantwortlich Tätigkeiten ausübt, braucht die Rückversicherung durch Kollegen über Kommunikation, Kooperation, Konsultation und Hospitation. Es ist bezeichnend, daß in der Aufgabenbeschreibung der Lehrertätigkeit keine Arbeitszeit für diese Kommunikation unter Kollegen vorgesehen ist.

Unzureichende Gruppenstruktur

Das Prinzip der Gruppe fehlt in der schulischen Struktur. Schulen sind nach dem Meisterprinzip organisiert. Ein Meister (Direktor) steht an der Spitze, der die Leitung und Aufsicht über die Gesellen (Lehrer) hat, denen ihrerseits wieder die Ausbildung der Lehrlinge (Schüler) obliegt. Solange es sich bei dem Handwerksbetrieb oder der Schule um eine überschaubare Anzahl von Personen handelt, funktioniert diese Struktur. Unzureichend und hinderlich hat sie sich jedoch bei komplexen Unternehmungen mit einer Mitarbeiterzahl von 60 – 80 Personen erwiesen – das ist der Umfang heutiger mittlerer Allgemeinbildender höherer Schulen. Notwendige Gruppenbildungen zur Wahrnehmung der Aufgaben, des Informationsaustausches, der Zusammenarbeit oder der Problemlösungen wurden in Schulen nicht verankert. Im angelsächsischen Raum wurde das Modell der „Multi-Unite-School“ zur Organisationsentwicklung vorgeschlagen, das durch die Bildung überschaubarer Lehrerteams („Unite“) störende Konsequenzen großer Schulorganisationen aufzufangen hilft. (Schmuck 1975)

Der zunehmende Verwaltungsaufwand der Arbeit wird von den Lehrern nebenbei erledigt und gilt als Ablenkung und Störung der eigentlichen Tätigkeit. Zur Handhabung der komplexen Organisationsaufgaben fehlen die sozialwissenschaftlichen und organisatorischen Fähigkeiten eines „mittleren Managements“ ebenso wie eine Qualifikation der Leiter für Führungsaufgaben. Es bleibt dabei der zufälligen natürlichen Begabung der einzelnen Schulleiter und Lehrer überlassen, wie sie diese Funktion erfüllen. Die Größe der modernen Schulen erfordert organisatorische Gestaltungsaufgaben, Personal- und Führungsaufgaben, die nicht von oben per Erlaß geregelt werden können. Bei Unterrichtsvorhaben, die über die eigenverantwortliche Lehrertätigkeit hinausgehen, wie fächerübergreifenden Unterricht oder Projekte, entstehen bei der Zusammenarbeit in den neu zu bildenden Projekten oder Arbeitsgruppen meist große Reibungsverluste, da das Arbeiten in Gruppen gewisse soziale Fähigkeiten erfordert, die den meisten Lehrern unbekannt sind. Auch die notwendige Koordination in Fachgruppen ist erst in wenigen Schulen eingeführt.

Unzureichende Kooperation

Die Kooperation der Lehrer untereinander ist in der Schule unzureichend. Die tatsächliche Zusammenarbeit bleibt nach Rüsseler (1977, 19f) und Wellendorf (1972, 93) weit unter ihrem denkbaren Niveau. Grundsätzlich ist der Lehrer im Unterricht auf sich selbst gestellt, er ist „ein einsamer Mensch" (Interview). Zusammenarbeit ist nur freiwillig und meist in der Freizeit möglich, sie gehört jedenfalls nicht zur Dienstverpflichtung des Lehrers. Die starre Trennung in Fächer läßt sowohl den Unterricht und noch mehr die erzieherischen Aufgaben der Lehrer ohne Zusammenarbeit zu einer Farce werden. Die Situation des Lehrers in seiner Klasse wird dementsprechend als Intimsphäre behandelt, worüber zu sprechen die Überwindung zahlreicher Tabus erfordert. Das isolierte Unterrichten verhindert einen Erfahrungsaustausch und eine wechselseitige Beratung. Vereinzelung fördert hingegen den Konkurrenzdruck (jeder gegen jeden), wobei offene Kritik und Feed-back durch das Kollegialprinzip (keiner kritisiert den anderen) verhindert wird. Informationen und Einschätzungen der Lehrer untereinander können nicht öffentlich diskutiert werden und ergießen sich ventilartig an der Gerüchtebörse. Bei öffentlichen Besprechungen in den Konferenzen werden primär organisatorisch-technische statt pädagogisch-inhaltliche Fragen besprochen. Wellendorf (1972) hat festgestellt, daß sich die Kooperation der Lehrer mit Kollegen nicht auf die einheitliche Unterrichtsarbeit, also das Organisationsziel bezieht, sondern auf Aktivitäten außerhalb des Klassenzimmers und der Schule. Die tradierte Schulorganisation in der Form der Verwaltungsbürokratie behindert nicht nur die Kooperation der Lehrer, sondern auch die Mitbestimmung in Verwaltungsangelegenheiten, die meist nicht erwünscht ist, außer in der Form der formellen Ämterausführung. Es besteht zwischen den genannten Problemfeldern eine dichte wechselseitige Beeinflussung.

Die konkreten Interaktionen zwischen Lehrern werden weiters von der individuellen Rolleninterpretation und Persönlichkeitsstruktur des Lehrers beeinflußt, die ihrerseits von bisher erfolgreichen oder von Mißerfolg begleiteten Versuchen abhängen. Diese Versuche können sich auf alle Bereiche schulischen Alltags beziehen: vom Wunsch nach einem Gespräch in der Pause über den Unterricht, eine inhaltliche Abstimmung oder über Disziplinprobleme mit Schülern, bis hin zum Versuch, interaktionsbehinderte formelle Strukturen zu umgehen.

Der Sachverhalt des Wunsches nach vermehrten informellen Interaktionen und deren Frustration ist mit ein Grund für die Ambiguität von Lehrern, was ihre Professionalisierung betrifft.

Deutsch gibt als ein bestimmendes Kriterium von Kooperation eine „gleichgerichtete Wechselbeziehung" zwischen den Organisationsmitgliedern an. Nach ihm weisen solche Gruppen folgende durch empirische Untersuchungen bestätigte Eigenschaften auf, die auch für den Schulbereich wünschenswert sind:

1) Bessere Kommunikation zwischen den Mitgliedern. Es werden mehr Ideen verbalisiert, die Gruppenmitglieder sind aufmerksamer zueinander, sie akzeptieren Ideen anderer Gruppenmitglieder leichter und werden stärker von ihnen beeinflußt. Sie haben weniger Schwierigkeiten, sich zu verstehen oder miteinander zu sprechen.
2) In den Diskussionen kommen stärker Freundlichkeit und Hilfsbereitschaft zum Ausdruck als Hemmung. Die Mitglieder werden mit der Gruppe und ihren Lösungen zufriedener sein und von den Beiträgen der anderen Gruppenmitglieder eher einen guten Eindruck haben. Außerdem werden sich die Mitglieder kooperativer Gruppen selbst höher einschätzen, einerseits in der Hoffnung, den Respekt ihrer Kollegen zu gewinnen, andererseits in Verpflichtung gegenüber anderen Mitgliedern.
3) In kooperativen Gruppen werden die Bemühungen besser koordiniert, es gibt mehr Arbeitsteilung, mehr Leistungsorientierung, geordnetere Diskussionen und höhere Produktivität (wenn die Gruppenaufgabe gute Kommunikation, Koordination der Bemühungen, Arbeitsteilung oder Verteilung von Ressourcen verlangt).
4) Weiters erreicht man in kooperativen Gruppen eher Zustimmung, Gleichartigkeit in den Ideen und mehr Vertrauen in die eigene Leistung und in den Wert, den die übrigen Mitglieder diesen Ideen beimessen." (Deutsch 1981, 29f)

In dieser Beschreibung werden die Vorteile kooperativer Gruppen genannt. Falsch wäre aber der Rückschluß, daß man lediglich den Vorsatz haben muß, zusammenzuarbeiten und schon stellen sich die oben genannten Verhaltens- und Arbeitsweisen ein. Das wäre weit gefehlt. Ebenso wie das Selbständigwerden des Einzelnen ein langwieriger Prozeß ist, bedarf es eines Reifungsprozesses einer Gruppe, um arbeitsfähig zu werden. Die von Deutsch genannten Punkte treffen nur für Gruppen zu, die bereits fähig sind, Entscheidungen im Konsens zu treffen, auftauchende Probleme zu analysieren und zu lösen, ihre Konkurrenzkonflikte ausgetragen haben. Die einzelnen Gruppenmitglieder müssen bereits in der Lage sein, mit Gruppenprozessen umzugehen, über verbesserte Selbstwahrnehmung verfügen, anderen Feed-back zu geben etc. Die genannten sozialen Fähigkeiten werden aber weder in der Lehrerausbildung vermittelt, noch können sie in der vereinzelten Alltagssituation gelernt werden. (Vgl. Schwarz 1974, 124)

Unzureichende Problemlösungsfähigkeit

Wenn von der unzureichenden Problemlösungsfähigkeit der Schule die Rede ist, so ist damit das statische Verständnis der Lehrer von Schule angesprochen. Jede Organisation muß, so lautet die Annahme, auf veränderte Umweltbedingungen mit entsprechenden Entwicklungen (Innovationen) antworten und so das Problem lösen. Lehrer tendieren aber dazu, Schule nicht in Organisationskategorien zu erfassen. Damit fehlt ein Instrument zur Wahrnehmung und gemeinsamen Analyse der Schulsituation. Probleme und Konflikte werden meist personenzentriert gesehen, statt auf strukturelle Ursachen untersucht. Die Dimension der Gestaltungsfähigkeit der Schule taucht in Folge der hierarchischen Organisation im Lehrkörper selten auf.

Steuer unterscheidet zwischen dem „kognitiven Potential der Schulmitglieder" (über Problemlösungsmuster) und den strukturellen Gegebenheiten für deren Realisierung. (Steuer 1983, 39)

Auf das mangelhaft ausgeprägte Potential zur Problemlösung haben wir oben bereits hingewiesen, da Lehrer, extrem ausgedrückt, die anstehenden Probleme meist nicht einmal wahrnehmen oder sie nicht öffentlich artikulieren. Unter den strukturellen Gegebenheiten werden Personengruppen oder dafür designierte Treffen gemeint, die beratend oder entscheidend bei schulrelevanten Fragen beigezogen werden. Die Definition der Probleme sowie die Entscheidung darüber wird meist in gemeinsamen Entscheidungen des Direktors eventuell unter Beiziehung des Administrators oder der Personalvertreter getroffen. Bei den Konferenzen werden Probleme meist nur bekanntgegeben oder diskutiert, was den Stellenwert des „Hörens“ oder „Beratens“ nicht übersteigt. Da Lehrer nicht zur Problemlösung herangezogen werden, sind ihnen auch die Kenntnisse des Vorgehens (analytischer Prozeß, Trennung der Phasen, Informationssammlung und -bewertung, Techniken des Sammelns von Lösungsvorschlägen etc.) nicht bekannt.

Vergleichen wir nun die in den Vorbesprechungen präzisierten Zielvorstellungen des Lehrkörpers des 3. BG., so wird deutlich, daß dahinter die angeführten Widersprüche des Systems Schule stehen. Der fraglos empfundene Leidensdruck wurde diffus angedeutet. Der vom Forschungsteam geleisteten Zuordnung der theoretischen Voreinstellung zu Schule mit ihren konkreten Schulerfahrungen, wurde zugestimmt. Für die weitere Zusammenarbeit wurden drei Prinzipien bestimmend:

1. Die Intervention sollte primär Hilfestellung für konkrete Veränderungen an der Schule geben. Damit schied die traditionelle empirische Forschung aus. Das Ziel, handelnden Individuen Aufklärung über den Kontext ihrer Handlungszusammenhänge zu geben, sowie sie bei der Zielfindung für Veränderungen zu beraten, entspricht eindeutig den Prinzipien der *Handlungsforschung*.
2. Der in den Vorüberlegungen und Analyse der Schule bereits entwickelte enge Zusammenhang von Organisationsstruktur und Interaktion der Lehrer, sollte auch in der Intervention zum Ausgangspunkt genommen werden, wie sie dem Ansatz der *Organisationsberatung* entspricht.
3. Die unter bildungspolitischem Gesichtspunkt wichtig erscheinende Dokumentation und Begleitforschung stand methodisch unter der Anforderung der Modellstudie, der Einmaligkeit der prozessualen Entwicklung gerecht zu werden, was ein *qualitatives Forschungsdesign* notwendig machte.

Die methodologischen Aspekte sollen im folgenden ausführlich dargestellt werden.

2. Methodische Prinzipien der Untersuchung

2.1. Das Paradigma der Handlungsforschung

Unter Handlungsforschung – auch Aktionsforschung (action research) wird eine sich von der traditionellen Empirie kritisch distanzierende sozialwissenschaftliche Forschung verstanden, in der die Aspekte des Theorie/Praxis-Verhältnisses, der Beziehung der Forscher zum Betroffenen sowie das Forschungsinteresse als emanzipatorisches neu definiert werden. Lippitt definiert es „als ein Verfahren, in dem die Mitglieder eines bestimmten sozialen Systems in den Prozeß der Datensammlung über sich selbst einbezogen werden und dann die selbstproduzierten Daten benutzen, um die sie betreffenden Tatbestände mit dem Ziel zu analysieren, irgendeine Art von Abhilfe- oder Förderungsmaßnahme zu ergreifen“ (Lippitt 1979, 106).

Die theoretische Begründung der Handlungsforschung geht historisch auf zwei Wurzeln zurück, die von Lewin entwickelte „action-research“ und die auf die Frankfurter Schule rekurrierende Studentenbewegung mit der Handlungs- oder Innovationsforschung. Die pragmatische Wurzel der angewandten Sozialforschung aus der amerikanischen Tradition und die auf Grundsatzfragen ausgerichtete Kritische Theorie bestimmen auch heute noch das schillernde Bild der Handlungsforschung. Der Begriff der Aktionsforschung entstand in den 40er Jahren in den USA, wo Kurt Lewin versuchte, Forschung und konkrete Problemlösung miteinander zu verbinden. Durch das Einbeziehen von jenen Personengruppen, welche vom Wissenschafter untersucht werden, und die Rückmeldung der Forschungsergebnisse konnten Einstellungs- und Verhaltensveränderungen initiiert werden. Die sozialpsychologischen Fragestellungen, denen sich der aus Berlin vertriebene Gestaltpsychologe Lewin zuwandte, wie die Vorurteilsforschung, Erwerb von demokratischem Führungsstil, betriebliche Konfliktlösungen,

Veränderung des Betriebsklimas und Gemeinwesenarbeit, ließen das Praktikwerden der Ergebnisse mindestens so wichtig erscheinen, wie die Grundlagenforschung. Die von Lewin formulierten Kriterien für Aktionsforschung sind auch für die Handlungsforschung gültig:

— action-research soll soziale Realität erforschen und verändern
— sie soll an soziale Institutionen angelagert werden
— sie vollzieht sich in einem Kreislauf von Planen, Handeln, Tatsachenfindung
— sie soll im einzelnen die in einem spezifischen Feld wirkenden Bedingungen untersuchen
— sie untersucht komplexe Zusammenhänge (Lewin 1946).

Von der Kritischen Psychologie wird die aus der Kleingruppenforschung hervorgegangene Aktionsforschung, vor allem wegen ihrer Anwendung in der Industrie (Mayo, Roethlisberger, Dickson und Whyte begründeten die „Human-Relation-Schule“) als „systemstabilisierend“, im Interesse der Aufrechterhaltung der politischen und ökonomischen Verhältnisse“ (Schneider 80, 13f) eingeschätzt. Heinze u. a. bezeichnen die theoretischen Begriffe wie „Lebensraum“ und Interdependenz, die sich zur Erfassung der sozialen Realität als unerläßlich herausgestellt haben, als „unpolitisch“ (Heinze u. a. 1975, 119f). So wichtig es ist, immer wieder die politisch-ethische Frage der Forschungstätigkeit zu stellen, muß der pauschale Vorwurf der Anpassung an herrschende Interessen zurückgewiesen werden. Jede Aktions- oder Handlungsforschung, der es um die Selbstbildung sozialer Systeme geht, muß politisch sein. Sie ist, wie Heintel ausführt, „genuin politisch dadurch, daß sie an den politischen ‚Dimensionen‘ des ‚Gegenstandes‘ ‚arbeitet‘, sie ist es aber auch dadurch, daß sie selbst ihre Wahrheit nur über politische Prozesse der Meinungsbildung findet“ (Heintel 1978, 399). Der Anspruch, mit den Betroffenen diskursiv die Ergebnisse zu erstellen und zu interpretieren, ist nicht zu trennen von dem zugrundeliegenden emanzipatorischen und demokratisierenden Anspruch. (Vgl. Moser 1977, 65 – 106)

Der Aufnahme der Prinzipien der action-research durch die Studentenbewegung verdankt sie ihre zunehmende Verbreitung im deutschsprachigen Raum, vorrangig im pädagogischen und sozialpsychologischen Bereich. Anlaß war die Kritik an der klassischen empirischen Sozialforschung, wie sie im „Positivismusstreit" (1972) zwischen Adorno/Habermas auf der Seite der Kritischen Theorie und Popper/Albert als Vertreter des Kritischen Rationalismus geführt wurde. Die klassische Wissenschaft sei entgegen ihrem eigenen Anspruch, Rationalität und Argumentierbarkeit statt mythischer und religiöser Erklärungen der Welt zu setzen, in neue Entfremdung verkehrt worden. Statt Aufklärung zu leisten, sei sie selbst durch Spezialisierung und Übernahme naturwissenschaftlicher Methoden des Messens immer stärker eine Technologie geworden. Der Dualismus von Wissenschaft und Alltagssprache sei für die praktische Impotenz verantwortlich. Basisdogma positivistischer Sozialforschung sei gerade die Unabhängigkeit des Forschungsprozesses von jener Kommunikationsgemeinschaft, auf der die alltäglichen Untersuchungen abzielen. Indiz dieser Trennung sei die künstliche Sondersprache und eine Legitimationsideologie (Wissenschaftstheorie, Methodologie). (Vgl. Heinze u. a. 1975, 27)

In zahlreichen Abhandlungen wurden die drei wesentlichen Kritikpunkte genannt, die positivistische Sozialforschung habe sich widerstandslos in den Dienst der Herrschenden gestellt, sie habe den unmittelbaren Praxisbezug verloren, ihr sei in Vergessenheit geraten, wer das eigentliche Subjekt von Wissenschaft zu sein habe. (Vgl. Schülein 1978) Handlungsforschung soll nun die „Funktion einer Rückübersetzung der selbstverschuldeten Reduktions- und Abstraktionsprozesse" leisten (Heintel 1979). Die Trennung von Lebenswelt und Wissenschaft soll aufgehoben werden, indem praktisch und theoretisch Sinngebung im Diskurs mit den Betroffenen herzustellen sei unter Einbeziehung gesellschaftlicher Fragestellungen.

Als Merkmale der Handlungsforschung nennen Heinze u. a.:

1. Aktivierende Sozialforschung betrachtet die Sinndeutung, die die Praktiker einer sozialen Lebenswelt geben, als verbindlichen Ausgangspunkt der Untersuchungstätigkeit.
2. Aktivierende Sozialforschung thematisiert den situativen und subjektiven Kontext gesellschaftlicher Prozesse.

3. Aktivierende Sozialforschung konstituiert einen praxisgebundenen Diskurs über eine soziale Lebenswelt.

(Heinze u. a. 1975, 42ff).

Vergleicht man die von Heinze u. a. formulierten Merkmale mit denen von Lewin, so zeigt sich völlige Übereinstimmung, wenn auch die Sprache von Lewin ungleich verständlicher ist. Die Herangehensweise an Projekte unterscheidet sich jedoch grundsätzlich. Steht bei der Aktionsforschung der pragmatische Aspekt des Forschens und Erziehens im Vordergrund, trifft man bei zahlreichen Projekten in der BRD auf normativ-politische Prinzipien. Mit der Forderung nach „richtiger Praxis" wird die moralische Facette kaschiert. Der Wissenschafter habe die „Pflicht, sich zu engagieren". Rammstedt greift die Problematik der moralischen Kategorie differenziert auf (Rammstedt 1979, 41ff). Hinzuzufügen wäre, daß sich hinter der moralischen Forderung, die Betroffenen über die „richtige Praxis" aufzuklären, unbemerkt der als bürgerlich bezeichnete Herrschaftsanspruch wieder einschleicht. Viele Betroffene haben sich gegen diesen Herrschaftsanspruch der „politischen Handlungsforscher" gewehrt, was das Scheitern zahlreicher Projekte erklärt.

Ein zweites Handicap für die Handlungsforscher besteht in der mangelhaften sozialen Qualifikation. Durch die Kritik an der systemstabilisierenden Aktionsforschung wurden zugleich alle Erfahrungen, Kompetenzen und Qualifikationen wie sie in vierzigjähriger Erfahrung von der Kleingruppenforschung bis zur Organisationsentwicklung zusammengetragen wurden, abgelehnt. Die Kenntnisse von sozialen Prozessen und analytischen Fähigkeiten der Selbst- und Fremdeinschätzung u. v. m. wurden durch politisch-moralische Imperative ersetzt. Auffallend ist, daß in Handlungsforschungsberichten zum Thema der Qualifikation der Forscher lediglich von „Diskursivität" und sozialer Kompetenz die Rede ist. Eine genauere Aufschlüsselung fehlt ebenso wie Ausbildungsgänge. Es bleibt dem individuellen Geschick und dem Zufall überlassen, wie der Kontakt der Forscher im sozialen Feld abläuft. Heinz Moser hat nachdrücklich auf diese Problematik im Zusammenhang mit der Einstiegsproblematik in Projekte verwiesen. Er unterscheidet dort die soziale, die kognitive und die emotionale Ebene, die entsprechend der Akzentuierung auch eine unterschiedliche Ausgangsbeziehung für den Forscher wie für den Klienten nach sich ziehen. (Moser 1977) Handlungsforschungsprojekte, die statt sozialer Kompetenzen der Berater „Illusionen und übersteigerte Ansprüche der Studentenbewegung an einer Umgestaltung der Gesellschaft“ (Schneider 1980, 17) hatten, wie das „Gemeinwesenprojekt Märkisches Viertel in Berlin“ (Müller/Schröter 1975) oder das Projekt „Schülerladen Rote Freiheit“ (1971) scheiterten. Man kann sich des Eindrucks nicht erwehren, daß hinter den „Illusionen einer Gesellschaftsveränderung“ die alte wissenschaftliche Hybris Auferstehung feiert, daß die Forschenden die soziale Wahrheit der Praktiker besser formulieren können, besser wissen wollen, was für sie gut ist. Handlungsforschung kann aber nur dann aktivierend wirken, wenn der Berater in der Lage ist, den Betroffenen bessere Einsicht in ihre Wünsche, Bedürfnisse und Probleme zu verschaffen. Der Aufbau eines tragfähigen Arbeitsbündnisses, das schon mit den ersten Projektvorbesprechungen beginnt, beinhaltet die Entwicklung eines Vertrauensverhältnisses. Nur wenn der Klient (Individuen, Gruppen, Institutionen) sicher ist, daß die oft schmerzlichen Lernprozesse für seine Weiterentwicklung förderlich sind und nicht primär dem Forschungsinteresse des Beraters dienen, wird die Subjekt-Objekt-Beziehung der traditionellen Wissenschaft in eine Subjekt-Subjekt-Beziehung umgewandelt. Die Angst, „Versuchsobjekt“ zu sein, ist immer latent enthalten. Das Wissen um diese meist unbewußten Prozesse ist wesentliche Voraussetzung. Lippitt nennt die für den Handlungsforschungsprozeß notwendigen Qualifikationen und Kompetenzen:

1. Fähigkeit des Handlungsforschers (change agent), seine eigene Motivation und seine Beziehung zu den Betroffenen („changees“) zu erkennen.
2. Fähigkeit, den Betroffenen zu helfen, sich des Bedarfs (need) für eine Veränderung und für einen Diagnoseprozeß bewußt zu werden.
3. Fähigkeit, gemeinsam mit den Betroffenen eine Diagnose zu erstellen über Situation, Verhalten, Verständnis, die Gefühle und die zu verändernden Verhaltensweisen.

4. Fähigkeit, das Problem zu präzisieren, andere in die Entscheidung darüber einzubeziehen; Aktionen zu planen und zu verwirklichen (Techniken der Entscheidungsfindung in Gruppen, Techniken der Planung etc.).
5. Fähigkeit, den Plan erfolgreich und produktiv durchzuführen (Verständnis für emotionale Belastungen der Betroffenen, Aufrechterhaltung einer positiven Einstellung zur geplanten Veränderung, Aufrechterhalten des Bewußtseins der angestrebten Zielsetzungen etc.).
6. Fähigkeit zur Evolution und Feststellung der Erfolge der Arbeitsmethode und der Verbesserung der menschlichen Beziehungen (Diagnose der Gründe für auftretende Störungen in Gruppen, Methoden zur Evolution etc.).
7. Fähigkeit, Kontinuität, Transfer aufrechtzuerhalten (Schaffung von Verbindlichkeit bei den Betroffenen, Unterstützung für die geplanten Veränderungen).

(Lippitt 1976, 57f, vgl. 1978, 95)

Auch wenn jede Handlungsforschung für die Forscher als permanenter Lernprozeß zu verstehen ist, erfordert es die Ethik der Handlungsforschung sowie das Verantwortungsgefühl, eine gediegene gruppendynamische, tiefenpsychologische und sozialpsychologische Grundausbildung einzubringen. Jede Intervention stellt ähnlich einer Einzeltherapie einen massiven Eingriff in die „Psyche" der zu beratenden Institutionen dar. Ein unqualifiziertes, dilletantisches Vorgehen kann ebenso wie in der Einzeltherapie Schaden anrichten.

Das Postulat der „Gleichberechtigung" von Handlungsforschern und Betroffenen kann den Forscher nicht von der Verantwortung entheben. Der Forscher als externer Berater trägt nie in der gleichen Weise das Risiko, „er trägt eine fremde Haut zu Markt". Das Kriterium einer gelungenen Intervention stellt deshalb nicht das Maß der aufgedeckten Probleme dar wie in einer theoretischen Analyse, sondern das Maß an Aufnahmefähigkeit der Betroffenen. In einem angelsächsischen Witz wird dieser Sachverhalt treffend angesprochen: Ein Schwein und ein Huhn gehen an einem Restaurant vorbei, bei dem „Ham-and-eggs" angeboten werden. „Wollen wir das nicht einmal probieren", sagt das Huhn zum Schwein. „Für dich ist es die Produktion eines Tages, für mich bedeutet es das Leben", gibt das Schwein zu bedenken.

Der Praktiker, in dessen Leben die Handlungsforschung eindringt, riskiert wesentlich mehr als der Forscher, der lediglich die Arbeit eines Projekts investiert. Es entspricht dem Ethos eines verantwortungsbewußten Forschers, sich auf jene Projekte zu beschränken, die seiner Kompetenz entsprechen. Die universitäre Ausbildung mit ihrer einseitigen Ausrichtung auf Theorie, läßt den Mangel an diskursiven, persönlichkeitsorientierten Einsichten und Kenntnissen besonders problematisch erscheinen. In handlungsorientierten Curricularprojekten wie dem „Marburger Grundschulprojekt" (Klafki 1973 und 1977) oder dem „Projekt Lehrerbezogenes Curriculum und emanzipatorische Mediendidaktik" (Heinze u. a. 1975; Zinnecker u. a. 1975) konnten inhaltsorientierte Fachkenntnisse der Wissenschafter sinnvoll eingebracht werden, ohne vom Forschungsdesign überfordernde Maßnahmen für die Betroffenen zu inkludieren.

2.1.1. Probleme des Handlungsforschers im sozialen Feld

Das Hineingehen des Handlungsforschers ins soziale Feld bringt den Forscher in schwierige Situationen, die durch die veränderte Zielsetzung strukturell bedingt sind. Diese im Vergleich zur traditionellen empirischen Sozialforschung neuen Probleme tauchen unabhängig von der Qualifikation auf. Die Art und Weise, sie voraus zu wissen und mit ihnen umgehen zu können, macht die Qualifikation aus. Wir wollen hier nur einige wichtige Probleme herausgreifen.

Nähe zu den Betroffenen

Das Hingehen des Forschers ins Feld bedingt ein Aufgeben der sicherheitsspendenden traditionellen Distanz, räumlich und sprachlich. Schon zur Vorbesprechung und später zu den „Feldkontakten" geht der Forscher in die zu untersuchende Institution, z. B. eine Schule. Schon der Ort ist fremd, die Orientierung fällt schwer, neue Eindrücke und Bilder verwirren den „Eindringling"; er spielt kein „Heimspiel", die Betroffenen haben den „Heimvorteil".

Um verstanden zu werden, muß er den Wissenschaftsjargon aufgeben. Er muß sich „hinabbegeben" auf die Ebene der Interaktionspartner. Gstettner berichtet von den Schwierigkeiten des Projektteams „Märkisches Viertel", die komplexen sozialwissenschaftlichen Theorien in die Sprache der Betroffenen zu übersetzen. Eine „Betroffene", eine Kassierin, wehrte sich gegen den „Bevormundungsanspruch" „der Typen, die uns hier so auseinandernehmen" (Gstettner 1979, 178). Eine Kindergärtnerin fühlte sich in ihrer Arbeit vom Projektteam nicht anerkannt (ebenda), weil die Erklärungen der Forscher als Kritik aufgefaßt wurden.

Die theoretisch geforderte „methodologisch relevante Einfühlung" erfordert eine Einfühlung in die Situation der Betroffenen, ihre Erwartungen, Ängste und Unsicherheiten. Bei unserer Untersuchung hatte die Information über den Antrag der Begleitforschung eine massive Reaktion des Lehrkörpers provoziert. Die Höhe der beantragten Forschungsmittel rief Erstaunen und Widerstände bei den Lehrern hervor.

Die Übermittlung des Durchschlags des Projektantrages ließ bei den Lehrern den Eindruck entstehen, über den Antrag befinden bzw. die Entscheidung treffen zu müssen. Vor allem die Höhe der Forschungskosten ließ sie in einem Schreiben an das Forschungsteam von dem „Riesenaufwand" sprechen.

Wir wurden auch aufgefordert „unsere Interessen in bezug auf die Begleitforschung offenzulegen". Erst unser Hinweis auf den bildungspolitischen Stellenwert einer Dokumentation so eines innovativen Projekts und den „üblichen wissenschaftlichen Standard einer Begleitforschung, die nicht der persönlichen Bereicherung dient", bildete den Ausgangspunkt zum Abbau der Vermutungen und Verdächtigungen einer Ausbeutung oder Verwertung zur wissenschaftlichen Karriere.[1])

1 Die Bestimmungen des Fonds zur Förderung der wissenschaftlichen Forschung, dem Träger unseres Projektes, sieht eine Honorierung des Zeitaufwandes für Bundesbedienste nicht vor. Getragen werden der Sachaufwand und Werkverträge.

Schmerzlich war diese Auseinandersetzung für das Forschungsteam, weil die Bewilligung für die Begleitforschung erst bei der dritten Institution gelang und zeitlich erst nach Erhebung der Daten erfolgte, so daß die Vorfinanzierung der Materialien persönlich von den Forschern getragen werden mußte mit der Unsicherheit, ob das Projekt je bewilligt werden würde. Die offene Besprechung dieses Konflikts in der Phase der Planung, half jedoch die wechselseitige Situation besser zu verstehen.

Die potentiellen Konfliktpunkte zwischen Handlungsforschern und Betroffenen sind so zahlreich wie die konkreten Ereignisse im sozialen Feld. So wurde das Projektteam „BZT (Bildungstechnologisches Zentrum in Wiesbaden)" durch einen eintägigen Schülerstreik so verunsichert, daß ein Forscher regelrecht „krank" wurde. Er ließ sich in der Schule 14 Tage nicht mehr sehen, „weil er sich überfordert" fühlte (Gstettner 1979, 177). Jedes Ereignis im untersuchten Feld kann Folgen für das Forschungsvorhaben haben, der Wechsel eines Administrators in der Schule, eine dramatische Liebesbeziehung im Lehrkörper, sinkende Schülerzahlen etc. Die Komplexitätssteigerung ist gewaltig. Horn sagt dazu – als Titel des dritten Teils „Aktionsforschung: Balanceakt ohne Netz?"

> „Wenn der Wissenschaftler sich in neue Dimensionen vorwagt, muß er auch systematisch neue Kompetenzen entwickeln: Er bewältigt nur die Komplexität, der er nicht ausgeliefert ist." (Horn 1979, 278)

Vor diesem Hintergrund wird sowohl intellektuell als auch emotional nachfühlbar, warum traditionelle Empirie die Interaktionen zwischen Forscher und Untersuchungsobjekt streng distanziert handhaben. Durch exakte Untersuchungsanordnungen soll die prinzipielle Wechselseitigkeit der Beobachtung von Forscher und sozialwissenschaftlichem Objekt nicht ins Bewußtsein dringen. Methodische Arrangements dienen, so hat Deveraux eindrucksvoll nachgewiesen, der Abwehr der Gegenbeobachtung, Gegenreaktion und Gegenübertragung.[2])

---

2 Erschreckend wird der privatistische Umgang mit dem Eigentum sichtbar, wenn Kungfrauen die Ethnologin nicht verstehen, die Tabak hat und ihn nicht selbstverständlich mit allen anderen teilt, die sie doch als Freunde bezeichnet hatte und die ihr ihre intimsten Lebensereignisse anvertraut hatten. (Shostak, 1982)

„Der Konflikt, der für den Beobachter aus dem Umstand resultiert, daß er sich bei der Erforschung menschlicher Objekte unweigerlich auch selbst erforscht, erklärt, weshalb man sich so viele Mittel ausdenkt, um die Losgelöstheit des Beobachters und die Objektivität zu garantieren, wobei man sogar die kreative Wahrnehmung der Gemeinsamkeit mit einem Objekt verhindert, und deshalb so wenige angehalten werden, Einfühlung zu entwickeln, obwohl doch die einzige *methodologisch* relevante Einfühlung in der Erkenntnis gründet, daß Beobachter und Beobachtetes menschlich sind." (Deveraux 1976, 130)

Bei Untersuchungen vermeidet der Forscher jeden direkten Kontakt mit den Untersuchungspersonen, indem die Fragebögen von Hilfskräften oder per Post übermittelt werden. Die Untersuchungssituation wird reduziert und abgewertet.

Die neue Perspektive zwischen Handlungsforscher und seinem „Subjekt" wird auch in der Sprache deutlich. Nicht zufällig konnte man sich bisher nicht auf einen gemeinsamen Begriff für das ehemalige „Objekt" einigen. Verwendet werden die Begriffe „Interaktionspartner", „Betroffene", „Praktiker im Feld", „erforscht werdende Subjekte", „Lebenswelt-Gruppe", „die in der Lebenswelt handelnde Subjekte" u. v. m. Die sprachliche Schwierigkeit ist Ausdruck der Verlegenheit, das eigene Interesse an Forschung aufrechtzuerhalten und gleichzeitig den Objekt-Status in subjekthafte Einbeziehung in den Forschungsprozeß zu ermöglichen, um so die Aufhebung eines dialektischen Widerspruchs im Forschungsprozeß zu leisten. Die Unmöglichkeit, diesen Prozeß in einem geronnenen Begriff festzumachen, läßt den Aufgabencharakter dieses Anspruchs deutlich werden.

Der Forscher als Autorität

Der Herrschaftsanspruch der Wissenschaft soll in der Handlungsforschung zugunsten eines gleichberechtigten gemeinsamen Forschens in Form eines symmetrischen Diskurses aufgegeben werden. Man könnte den Eindruck gewinnen, als ob dies die Entscheidung des Wissenschafters beträfe, der seine privilegierte Position zugunsten einer gemeinsamen Forschungstätigkeit mit den Betroffenen aufgibt. Wohin so eine naive Annahme führt, sehen wir im Bericht von Zinnecker u. a. (1975). Um eine „dialogische Lernsituation“ herzustellen, erklärten die Forscher den Lehrern, daß sie die Schulsituation nicht kennen würden und erste eigene Erfahrungen sammeln müßten. „Diese Interpretation der Situation“, so geht die Schilderung weiter, „wurde dann sofort als Schwäche definiert ... Wir wurden quasi in die Rolle *gedrängt,* Autoritäten zu sein und die Kompetenten zu spielen. Auch dann, wenn wir die Situation als offene *definierten.*“ (Zinnecker 1975, 130) In dieser Schilderung wird die grundsätzliche Unkenntnis emotionaler Prozesse deutlich. Die Forscher nehmen an, es genüge, die Situation sprachlich als „offene“ zu definieren, um die Erwartenshaltung der Betroffenen, die von der Autorität Wissen, Sicherheit und Hilfe erwarten, gleichzeitig Angst, Unsicherheit oder Kritik empfinden, zu verändern. Der Ausdruck „die Situation als offene definieren“ meint natürlich mehr als die oben angesprochene. Sie meint die Art und Weise des Umgangs des Forschers mit den Betroffenen, seine eigene Einstellung. Den anderen als „gleichberechtigt“ zu bezeichnen, heißt nicht, ihn selbständig zu machen oder ihm dadurch auch nur die Chance dazu zu geben.

Die Verkürzung der Interaktion auf das gesprochene Wort verstellt den Zugang zu den dahinterliegenden Problemen. Die Übernahme von Autoritätsfunktionen im Rahmen der Handlungsforschung erfordert vom Forscher die Kenntnis und das Umgehenkönnen mit den sozialen Entwicklungsmustern wie sie etwa in der Kleingruppentheorie durch das „Dependenzmodell“ (Bradford u. a. 1972, 270 – 292) oder durch die psychoanalytischen Techniken des Umgehens mit den „Übertragungsphänomenen“ (Greenson 1978, 163f) gelernt werden können. Diese angesprochenen Lernprozesse lassen sich nicht theoretisch vermitteln, sie müssen erfahren und reflektiert werden. Erst wer bei sich selbst, seine eigene Teilnahme (oder Ausschluß) an der Macht, seiner Form der Konfliktbewältigung in der Gruppe oder die Leidenschaft gemischt mit Peinlichkeit und Scham im Wiedererleben seiner ödipalen Wünsche in der Übertragung auf den Analytiker erfährt, vermag die verschleierte Gewalt der unbewußten Dynamik der Gefühle bei sich und anderen zu verstehen. Das Wissen um die Langfristigkeit des

Prozesses der Selbständigwerdung muß analog auch für die Betroffenen im Handlungsforschungsgang berücksichtigt werden. Der Umgang mit den positiven und negativen Übertragungen auf die Autoritätsposition gehört zu den schwierigsten Bereichen des sozialen Umgangs. Das psychoanalytische Aufklärungsverfahren nennt Horn „Selbstreflexion", das immer als „Illusionsverlust" mit Schmerzen verbunden sei. Auch der Begriff der „Selbstreflexion" könnte die Einschränkung auf den rationalen Teil der Subjekte fördern. Hilfreich zur Analyse der Situation ist die Beratung im „staff" mit anderen Kollegen. Anhaltspunkte für die uns Forschern zugeschriebene Autorität bestanden im beschriebenen Projekt in folgenden Erscheinungen:

— Zu Beginn des Kooperationsseminars wurden Interventionen der Trainer weniger als Analyse der Situation, sondern als Bewertungen aufgefaßt. Selbst eine sehr vorsichtige Formulierung wurde als Kritik gewertet. Erst eine Bearbeitung dieser Erwartungshaltung und des Wunsches der Lehrer, „es richtig zu machen" und von uns „gelobt" zu werden, half die Übertragung schrittweise abzutragen.
— Den negativen Teil der Übertragung bekam der in der Berufswelt hierarchisch am höchsten stehende Universitätsprofessor zu spüren. An ihm wurde anhand des Themas der Pünktlichkeit, als Verbindlichkeit mit der Zeit, Probleme der Distanz, des Sich-Abgelehntfühlens etc. behandelt. Gerade die Aufspaltung in gute und böse Autoritäten innerhalb des Betreuungsstabs ist typisch für eine frühe Form der Angstbewältigung bzw. der Regression in diese Phase. Die Phase der „Counterdependenz" gehört für Betroffene und für Handlungsforscher zu den schwierigsten. Für die Betroffenen ist es schwierig – traditionell verboten und tabuisiert – die Kritik an der Autorität offen anzusprechen. Für die Betreuer schmerzlich, da die Aufspaltung zu einer Belastung der Solidarität führen kann (vor allem, wenn sie nicht als Aufspaltung erkannt wird) und auch immer eigene Anteile mitschwingen. Wird diese Phase aber nicht offen ausgesprochen, kann sie als Dauerstörung in einem Projekt mitgeschleppt werden, oft sogar zum Scheitern eines Projekts führen.

— Die Durchführung der narrativen Interviews mit 25 Lehrern des Lehrkörpers vor dem Kooperationsseminar (Dauer: ca. eine Stunde) wurde als Zuwendung erlebt, da sie vom Begleitforschungsteam selbst durchgeführt wurde.

„Die Angst des Aktionsforschers im Feld" (Horn), die durchgängiges Motiv aller Handlungsforschungsberichte ist, wird aus der Komplexität und Vielschichtigkeit der Lebenswelt verständlich. Die Fähigkeit, mit der eigenen Angst und der der Betroffenen umzugehen, ist eine wichtige soziale Fähigkeit.

Gesellschaftspolitisches Engagement und Verwaltung

Das postulierte gesellschaftspolitische Engagement der Handlungsforschung zielt auf praktische Veränderungen im Feld, orientiert an Aufklärung und Demokratisierung. Damit steht sie im Widerspruch zu Verwaltungsbürokratien. Die Verwaltungsbürokratie muß von der Individualität des einzelnen absehen, um ihn als gleichförmigen Fall den genormten Verwaltungsaufgaben zuzuführen. Handlungsforschung hat es meist mit zwei Bürokratien zu tun, u. zw. die Wissenschaftsbürokratie, die über die Vergabe von Forschungsaufträgen die Finanzierung der Projekte verwaltet und die Bürokratie des sozialen Feldes, in dem die Forschung stattfinden soll, z. B. die Schulverwaltung. Neben den methodischen Kritikpunkten an Handlungsforschung, die anschließend besprochen werden sollen, trifft schon die Spontaneität der prozessionalen Entwicklung der Handlungsforschung scharf gegen das Selbstverständnis der genau kalkulierten, mehrjährig im vorhinein festgelegten Planungsschemata der Budgetierung. Zwischen der Einreichung eines Projektes und deren Genehmigung liegen gewöhnlich einige Monate, wenn nicht Jahre. Tritt der Wunsch nach einer Beratung in einer Institution auf, so wäre das Vertrösten auf die Zeit nach der Einreichung und Genehmigung des Projekts sicherlich nicht geeignet, die Motivation der Betroffenen aufrecht zu erhalten. Es sei denn, sie nehmen selbst Anteil am Prozeß der verwaltungsbürokratischen Durchsetzung.

Die Verwaltungsbürokratie eines sozialen Feldes stellt oft eine unüberwindliche Hürde für ein Projekt dar, da es eine Basisinitiative nach abteilungsinterner Fortbildung einfach –

meist unter Hinweis auf formale oder rechtliche Voraussetzungen – nicht genehmigt. Das Ernstnehmen der Betroffenen in der Aktionsforschung und die Berücksichtigung der von ihnen als bedeutend anerkannten Probleme läßt vermutlich die Bürokratie einen Machtverlust fürchten. Selbst dann, wenn die Zielsetzung des Projektes – wie bei uns innere Schulreform durch soziales und politisches Lernen zu fördern – explizit mit den Zielsetzungen der Verwaltungsspitze (Grundsatzerlaß) übereinstimmen. Die Schulverwaltung stand unserem Projekt zu Anfang skeptisch gegenüber. Die Begutachtungen wurden öfters zwischen dem Landesschulrat und dem Bundesministerium für Unterricht u. Kunst hin und her geschickt, bis eine eindeutige Stellungnahme erzielt werden konnte. Der ersten positiven Begutachtung wurde eine mit der Hand geschriebene Warnung beigefügt: „Das könnte Schule machen!" – damit war sie nicht mehr eindeutig. Über die Handlungsforscher wurden Informationen über deren politische Position eingeholt. Da keiner einer politischen Partei angehört, wurde die Glaubwürdigkeit geringer; Vermutungen über „Unterwanderstrategien" wurden geäußert. Erst das Verbürgen eines hohen Beamten, der mit der Projektleiterin in einem anderen Bildungsprojekt schon zusammengearbeitet hatte, konnte das Mißtrauen besänftigen. (Gehört man in Österreich einer der beiden Großparteien an, so ist die Genehmigung – meist im Proporz – leichter). Das vehemente Verfolgen des Projektes sowohl vom Direktor als auch von Lehrern beider Parteien, die Befürwortung des Schulinspektors etc. führte nach monatelangen Verhandlungen zu einer Bewilligung. (Einreichung März 1979, Bewilligung Ende August 79). Nach erfolgreicher Durchführung des Projektes nahm die Schulverwaltung den Bericht nicht nur interessiert auf, sondern zeichnete das Projekt mit dem „Österreichischen Schulpartnerschaftspreis 1982" aus.

Die Darstellung der Probleme eines Praktikwerdens der Postulate der Handlungsforschung könnte noch beliebig weitergeführt werden. Eine Impression möglicher Fußangeln dürfte jedoch bereits gelungen sein. Eine weitere Auseinandersetzung erfolgt auf der Ebene der Methodologie. Wir wollen den wichtigsten Einwänden der klassischen Empirie gegen die Handlungsforschung nachgehen.

2.1.2. Methodologische Aspekte

Zur Frage der Forschungsinstrumente

Ein weiterer offener Diskussionspunkt innerhalb der Handlungsforschung betrifft die adäquaten Forschungsinstrumente. Erfordert die Handlungsforschung die Entwicklung eigener Methoden und wenn ja, welche? Ist der Rückgriff auf qualitative Feldforschung (narrative Interviews, teilnehmende Beobachtung, Modellstudie etc.) zulässig? Können quantitative Forschungsmethoden (Fragebogenerhebung, Kontrollgruppe, repräsentative Stichprobe etc.) in die Handlungsforschung integriert werden? Zweifelsohne besteht eine große Affinität zwischen qualitativen Erhebungsmethoden und Handlungsforschung (Befragung, Protokolle, Tonband- oder Videoaufzeichnungen). Während einige Forscher (z. B. Klafki, Gruschka) die Integration quantitativer Methoden in den Handlungsforschungsprozeß befürworten, lehnen das andere (z. B. Radtke 1975) strikt ab. Auch bei dem Heranziehen qualitativer Methoden beschränkt man sich nicht auf die Datenerhebung. Erhebungsmethoden erfüllen im wesentlichen drei Funktionen: 1. Einstieg in Lern- und Reflexionsprozesse, 2. Dokumentation und Evaluation des Prozeßverlaufes, 3. Systematisierung der Veränderungsprozesse in der Endauswertung. Bei der Frage nach den verwendeten Erhebungsmethoden von Organisationsberatern wurden folgende genannt:

		Anzahl
1.	Fragebögen	32
2.	Interviews	16
3.	Bericht des Klienten	14
4.	Berichte, Protokolle	10
5.	Diskussion mit Klienten	9
6.	Periodische Tests	9
7.	Besuche und Beobachtungen (inspections)	8
8.	Einschätzungen des Klienten	8
9.	Evaluation unmittelbar nach der Beratung	7
10.	Umfrage nach der Reaktion auf die Beratung	7
11.	Umfrage nach Veränderungen (operations audit)	4
12.	Nachfolgeuntersuchung (nach 6 Monaten oder einem Jahr)	1

(N = 64, Mehrfachnennungen)

Die Untersuchung der Methode für die Erhebungen bringt an erster Stelle die Handlungsforschung (68), 2. Evaluation des Beratungsprozesses (55), 3. Zufriedenstellung des Klienten (53), 4. Verbesserung der Fähigkeiten des Beraters (38) und 5. andere Motive (23). (N = 75, Mehrfachnennungen). (Lippitt/Lippitt 1978, 86f).

In der angelsächsischen Tradition wird die Handlungsforschung (Aktionsforschung) nicht im Gegensatz zur klassischen empirischen Forschung gesehen, sondern als Weiterentwicklung für spezielle Fragestellungen.

In unserem Projekt entschieden wir uns für eine Integration beider Paradigmen. Das Kooperationsseminar entspricht in der Konzeption der Handlungsforschung, die Erhebung mit standardisiertem Test repräsentiert das Paradigma der empirischen Forschung. Da diese beiden Forschungskonzepte ein teilweise unterschiedliches Vorgehen fordern, mußte einem Ansatz der Vorrang gegeben werden; das Projektteam entschied sich für den handlungsorientierten Ansatz. Die Forderungen der empirischen Forschung wurden aber nur insoweit zugelassen, als sie die Vorgangsweise der Intervention nicht gefährdete. So wurde z. B. ein soziometrisches Verfahren zu Beginn des Seminars oder im gesamten Lehrkörper als ungünstig eingeschätzt, weil ein solches Verfahren die Ängste der Teilnehmer mobilisieren könnte. Andererseits waren einige Elemente der Datenerhebung Anlaß für eine Reflexion der sozialen Situation und zur Sensibilisierung der Teilnehmer, Begleitforscher und Trainer. Die Kombination der beiden Paradigmen konnten als fruchtbarer Vergleich der Aussagebereiche genutzt werden.

Der Wunsch, soziale Veränderung methodisch exakt zu erfassen, stößt auf Schwierigkeiten methodologischer Art, will man dem Prinzip der Nichtverfälschung des zu untersuchenden sozialen Feldes treu bleiben, aber auf der anderen Seite auf Schwierigkeiten praxiologischer Art, will man den Kriterien empirischer Sozialforschung treu bleiben. Kriterium für die Methodenwahl muß das Forschungsinteresse bleiben.

Das Problem der Verallgemeinerung

Einer der sekundären Einwände, die regelmäßig an Handlungsforschung herangetragen werden, lautet: Lassen sich die Ergebnisse verallgemeinern, hängen sie nicht zu sehr an ihrem jeweiligen Gegenstand und lassen sich daher nicht auf andere Verhältnisse, Personengruppen und Institutionen übertragen? Die Kritik an der mangelhaften Verallgemeinerung wird von der Position der repräsentativen Umfrageforschung (survey-design) aus formuliert, die sich damit unhinterfragt zum Maßstab aller Untersuchungsformen stilisiert. Scheuch, ein Vertreter der Kölner Schule der Soziologie, spricht diesen Anspruch offen aus, wenn er sagt: „Alle Auswahlverfahren in der Sozialforschung – außer der Wahrscheinlichkeitsauswahl selbst – können als *Vor*formen der Auswahl betrachtet werden. Wahrscheinlichkeitsauswahlen sind... auch die einzigen Verfahren, die von der theoretischen Statistik als methodisch zu rechtfertigen anerkannt werden." (Scheuch 1967, 319). Die Fragestellung nach der Verallgemeinerung bezogen auf die repräsentative Umfrageforschung muß deshalb als zu eng zurückgewiesen werden. „Statt dessen sollte man", damit schließen wir uns der Aussage von Heinze u. a. an, „in einen Verständigungsprozeß eintreten, *wo* die spezifischen Schwächen und wo die spezifischen Stärken von Handlungsforschung in bezug auf die Verallgemeinerungsfrage liegen...Entscheidendes Kriterium wird aber sein, ob Grad und Perspektive der Verallgemeinerung unter dem Gesichtspunkt der mit der Untersuchung verfolgten Ziele als ausreichend anzusehen sind" (Heinze u. a. 1975, 79). Verwiesen sei hier auf die differenzierte Kritik der klassischen Empirie anhand der drei Fragen: 1. Was wird verallgemeinert? 2. Woraufhin wird verallgemeinert? und 3. Mit welchen Mitteln wird verallgemeinert? (Heinze u. a. 1975, 77)

Betrachten wir die notwendige Unterstellung der Homogenität und Gleichförmigkeit der untersuchten Bevölkerungsgruppe, so bedeutet die Verallgemeinerung der Ergebnisse, daß auch bei zukünftigen Untersuchungsgegenständen jede Individualität abgesprochen werden muß.[3]) Die Frage, ob sich die untersuchten Personen in den Forschungsergebnissen einer repräsentativen Stichprobe wiederfinden, wird nicht gestellt. Die Ergebnisse werden als Reformen, Verordnungen der Auftraggeber oder simplifiziert über die Massenmedien als „Wahrheit" an die Betroffenen zurückgespielt. Das Gefühl des Vergewaltigtwerdens durch den Ausschluß bei der Wahrheitsfindung, wird bei den Kennworten bei einer Panelbefragung mit Lehrern in der BRD deutlich. Sie lauteten: „Deutscher Spießer", „Blah-blah", „Unsinn" u. v. m. (Liebhart 1970, 731)

Es muß daher der Fragehorizont erweitert werden, wenn man von der Verallgemeinerung spricht. Kriterium der Handlungsforschung ist die Gültigkeit des Kommunikationsprozesses zwischen Forschern und Betroffenen: wenn sich die Betroffenen („Forschungsgegenstände") in den Ergebnissen und daraus entwickelten Theorien wiederfinden, sich damit identifizieren können; der einsetzende Selbstbewußtwerdungs- und Selbstbildungsprozeß. Heintel weist auf die zwei gegensätzlichen Formen der praktischen Bewährung hin, die erstere entspricht der repräsentativen Untersuchung, die zweite der Handlungsforschung. Er sagt:

„Man ‚beweist' die Theorie, indem man sie der Praxis aufzwingt und diese somit veranlaßt, nach dem Vorurteil zu funktionieren; dies ist das Schema technischer Bewährung, im sozialen Feld des technokratisch-autoritären Befehls. Oder man setzt das Vorurteil einem Prozeß zusammen mit anderen Vorurteilen aus und läßt ein Urteil aus der

3 Dazu Noelle-Neumann (1963, 29): „Die individuelle Betrachtungsweise muß jedoch zwangsläufig aufgegeben werden, sobald man daran geht, Menschen zu zählen oder unter bestimmten Gesichtspunkten zu klassifizieren – wie es beispielsweise die Statistik, aber auch die Bürokratie tut. Die Abstraktion von der Person ist eine Vorbedingung für das Zählen, Verwalten, ‚Einsetzen' von Menschen (z. B. bei militärischen Aktionen). Der im amerikanischen Sprachgebrauch eingeführte Ausdruck ‚Human Engineering' ... vermittelt etwas von diesem sonderbaren Verhältnis zum Menschen, das man gern als ‚unmenschlich' bezeichnen würde ... Innerhalb der nach Merkmalen gebildeten Gruppen werden die Individuen grundsätzlich als gleichwertig, gleichartig, als auswechselbar und anonym betrachtet. Dieses Moment der angenommenen, unterstellten Identität ist charakteristisch; operational korrespondieren damit identische Behandlungsemethoden und Verfahrensweisen."

Situation gültig für diese selbst entstehen; dies wäre das Schema der Aktionsforschung." (Heintel/Huber 1987, 401)

Übertragbar sind demnach im Sinn der Handlungsforschung Ergebnisse als alte Erfahrungsresultate, die Motive für Reflexion darstellen. Für die pädagogische Forschung heißt die Erkenntnis: Man muß die jeweilige Individualität eines sozialen Systems (Klassenverband, Schule etc.) ernstnehmen und nicht an Stichproben gewonnene Ergebnisse ohne Diskurs auf andere Schulen übertragen. Die Schulverwaltung sträubt sich bislang gegen jede diskursive Art der Schulreform und versucht nichtstandardisierte Elemente des individuellen und gesellschaftlichen Lebens auszuscheiden.[4]) Was richtig für eine Schule ist, läßt sich nur im Diskurs mit den Betroffenen erkennen, meint im Gegensatz zur Schulverwaltung die Handlungsforschung. Soziale Wahrheit ist nicht von außen überprüfbar, sie ist nur prozessual zu begreifen. Moser geht auf den diskursiven Wahrheitsbegriff näher ein. (Moser 1875, 110f) Wahrheit, also „Objektivität" sozialwissenschaftlicher Forschung, ist nicht primär Abbildung von Realität in der Theorie. Sie bezieht sich auf ein Geflecht von Handlungen, Normen, Regeln und Intentionen. In diesen Intentionen offenbart sich die Stellung zu dem gesellschaftlichen Widerspruch zwischen Realität und Anspruch dieser Gesellschaft. Sozialwissenschaften müssen diese Dialektik aufnehmen, Widersprüche sehen. Moser greift das Diskursmodell von Habermas auf. (Habermas 1971)

Gerade das Aufzeigen der Widersprüche und nicht deren logische Ausschließung ist Ansatzpunkt für Handlungsforschung. Bei dem hier untersuchten Projekt war der Grundsatzerlaß Anlaß, über Widersprüche in der Schule nachzudenken. So wird in der hierarchischen Organisationsform vom „Aufzeigen von Macht und Herrschaft" gesprochen; die real zergliederten Lernprozesse werden im Grundsatzerlaß kontrastiert

4 Eine ministerielle Arbeitsgruppe, die zum Thema: „Soziales Lernen" nicht vervielfältigbare Unterrichtsmaterialien, sondern eine *Modellschule* zur schulspezifischen Form vorschlug, wurde als starres Gegenargument entgegengehalten: Die Ergebnisse der Arbeitsgruppe sollten für *alle* Schulen Österreichs Anwendung finden, sie müßten verallgemeinerbar sein. So entstand von einer anderen Teilgruppe eine Unterrichtsmappe: „Miteinander lernen" mit „verallgemeinerbaren Stundenbildern" und Techniken.

vom „Ansetzen beim Erfahrungsbereich der Schüler“ (Grundsatzerlaß 1978, 4). Warum allerdings gerade diese besondere Allgemeinbildende Höhere Schule den Grundsatzerlaß zum Ausgangspunkt einer verbesserten Lehrerkooperation nahm, kann nicht allgemein begründet werden. Die besonderen, einmaligen Bedingungen sind bereits Gegenstand der Untersuchung.

Innerhalb der Handlungsforschung gibt es zahlreiche unterschiedliche Forschungsdesigns. Dem gewählten Vorgehen nach den Prinzipien der Organisationsberatung sollen einige theoretische Überlegungen und Begründungen gewidmet werden.

2.2. Der Ansatz der Organisationsberatung

Obwohl der Aktions- oder Handlungsforschung innerhalb der Organisationsentwicklungsliteratur eine hohe Präferenz zur Begleitung organisationsumfassender Lernprozesse eingeräumt wird, müssen sie zunächst als zwei verschiedene, von einander getrennte Ansätze verstanden werden.[5]) Sie lassen sich, wissenschaftshistorisch gesehen, freilich auf ähnliche Voraussetzungen zurückführen. Wie die Praxis der Organisationsberatung zeigt, ist es prinzipiell möglich, sie ohne Aktionsforschung durchzuführen. Bei der Betrachtung der Handlungsforschung wird deutlich, daß in der deutschsprachigen Pädagogik der Schwerpunkt auf der Curriculumsentwicklung und der Sozialpädagogik liegt. (Heinze u. a., 1975, Zinnecker u. a. 1975, Klafki 1973 und 1977) Der hier vertretene Ansatz versteht sich als sozialwissenschaftliches Vorgehen, das die aus der Kleingruppenforschung entstandene Form der Organisationsberatung um die systemtheoretische Betrachtungsweise erweitert.

Die Organisationsentwicklung als Hilfe zur Verbesserung der Schule zu nützen, sprengt die Grenzen der pädagogischen

5 Im angelsächsischen Sprachgebrauch werden Organisationsberatung und Aktionsforschung jedoch oft gleichgesetzt (French/Bell 1973, 15, Frohmann u. a. 1974, Sashkin u. a. 1973, Sievers 1976).

Fachdisziplin. Es stellt ein interdisziplinäres Vorgehen dar, das sich – wie wir meinen – notwendigerweise aus der analysierten Problemstellung ergibt. Die oben dargestellten strukturellen Probleme der Schule: der Widerspruch von hierarchischer Verwaltungsbürokratie und pädagogischem Auftrag und das Wirklichkeitsdefizit des schulischen Lernens gaben Auskunft über die Entwicklungsbedürftigkeit des schulischen Systems. So elaboriert die Analyse der Erziehungswissenschafter über die Schule als Institution auch ausfielen, so dürftig waren die Lösungs- und Innovationsansätze. Die Frage, wie eine Organisationsform gefunden werden könnte, die die Realisierung der pädagogischen Zielsetzung begünstigt, blieb unbeantwortet.[6]) Sie muß vielleicht unbeantwortet bleiben, faßt man die Pädgogik als Einzeldisziplin auf, deren Grenzen durch das „Pädagogisch-Eigentliche" gegeben sind, wobei institutionelle, gesellschaftliche und politische Fragestellungen ausgegrenzt bleiben. Gibt es eine wissenschaftliche Disziplin, die bei der Frage des Zusammenhangs von Organisationsziel und Organisationsform der Schule herangezogen werden kann?

6 In den siebziger Jahren wurde ursprünglich von der Studentenbewegung Kritik an den pädagogischen Institutionen Schule und Hochschule geübt. Tenor der Kritik, die später von den Vertretern der wissenschaftlichen Pädagogik weitergeführt wurde, war die tendentielle Verhinderung pädagogischen Handelns durch die institutionellen Rahmenbedingungen, die primär die Interessen des Staates und der Gesellschaft nach Qualifikation und Auswahl der Schüler, nicht aber der pädagogisch sinnvollen Förderung des einzelnen entsprachen. Die radikale Forderung nach „Abschaffung der Schule" (Illich 1972, Reimer 1972) wurden durch gemäßigte Forderungen nach Einschränkung des Einflusses des Staates (W. Fischer 1975), nach einer Abkehr von technokratischem Ausbildungsinteresse zu einer Förderung der Werterziehung und Persönlichkeitsbildung (Schurr 1977, Löwisch 1982) ergänzt. Differenzierte Analysen des Einflusses der Bürokratie auf das „Statthabenkönnen pädagogischer Akte", wie sie Vogel in der „bürokratischen Schule" (1977) leistet, enden leider mit dem Eingeständnis, keine Vorschläge für eine alternative Gestaltungsmöglichkeit machen zu können. Die Anregung einer computergesteuerten „Bildungsbank" oder eines „Jahrmarkts der Bildung", wo jeder seine Bildungsbedürfnisse und Wissensbestände eintauschen könne, wie sie Illich und Reimers bemüht aber hilflos formulieren, halten einer kritischen Analyse nicht stand. Die Errungenschaften einer Realisierung des „Rechts auf Bildung" durch die allgemeine Schulpflicht könnte – zumindest in Europa – durch keine dieser Vorschläge sichergestellt werden.

Die Organisationsentwicklung oder Organisationsberatung[7]) ist als Bindeglied zwischen der Mikroebene der Pädagogik (Curriculum, Unterricht, Curriculum für Lehrerausbildung, Training etc.) und der „Makroebene“ (Institution Schule, Gesamt-Schulsystem, Behörden-Eltern-Öffentlichkeit) entstanden. Hauptaugenmerk wird auf das „Lernen in Organisationen“ gelegt. Allgemein geht die Organisationssoziologie der Frage der Voraussetzung für die Selbsterhaltung und die Funktionsfähigkeit von Organisationen nach, die als soziale Systeme verstanden werden. Für unsere Fragestellung ist die Fähigkeit einer Organisation interessant, sich veränderten Umweltbedingungen anzupassen. Wie gelingt es der Schule als Organisation, sich den veränderten inneren und äußeren Bedingungen anzugleichen? Mangelnde Flexibilität führt zu Anpassungsproblemen und Krisen. Neben dem Motiv einer Anpassung an die veränderten Umweltbedingungen hat Organisationsberatung eine zweite Wurzel. In Abgrenzung zur Sozialtechnologie zielt die Organisationsberatung als „Human-Relation-Bewegung“ auf eine Humanisierung der Arbeitswelt, auf eine Demokratisierung der Institutionen; sie will mehr Raum für Persönlichkeitsentfaltung und Selbstverwirklichung ermöglichen, was sich aus dem Pionierwerk von Mayo, Röthlisberger in Hawthorne und Kurt Lewin ableiten läßt.

Die Organisationsentwicklung ist ein Verfahren zur Informationssammlung und zur Beratung. Eine Dimension bezieht sich auf die *Information* über die institutionelle Struktur und Dynamik. Darunter versteht man neben der offiziellen Struktur (hierarchischer Grad, rechtliche Stellung, Kompetenzen etc.) auch die informelle Struktur (Normen, Werte, latente und manifeste Konflikte, Formen der Informationsweitergabe und Entscheidungsfindung). Diese Struktur ist weder für die Betroffenen noch für den Berater direkt zugänglich. Sie kommen nur verschlüsselt zum Ausdruck: in der Art der Beziehung der Mitglieder untereinander, der Art der Akzeptanz bzw. Widerstand zum offiziellen Organisationsziel, welche Probleme

7 Die beiden Begriffe „Organisationsentwicklung“ (OE) (organization development, abgekürzt OD) und „Organisationsberatung“ (Consulting Process) werden synonym verwendet.

offen diskutiert werden und welche unausgesprochen bleiben, wie der Einfluß ausgeübt wird, welche Organisationsprinzipien anerkannt werden. Alles, was geschieht und was nicht geschieht, gibt Aufschluß über die institutionelle Dynamik einer Organisation. „Die institutionelle Dynamik und Struktur einer Organisation ist niemals unmittelbar, sondern stets nur vermittelt durch einen Katalysator (= der Berater G. D.) oder ein analytisches Medium zugänglich und analysierbar." (Wellendorft 1979, 71) Verwoben ist die besondere Dynamik einer bestimmten Schule mit den allgemeinen sozialen Regeln, Rollenerwartungen an den Lehrer und Normen der Organisation. Ziel der Organisationsentwicklung ist es, im konkreten Feld Situationen zu schaffen, in denen es möglich ist, die verschlüsselten Botschaften zu entschlüsseln und deutend für die Betroffenen einsichtig zu machen.

Die zweite Dimension ist die der *Beratung.* Der externe Berater versucht durch seine Intervention auf der Basis einer tragfähigen (Vertrauens-)Beziehung zwischen der Organisation (den „Klienten") und ihm, bei der aufdeckenden Struktur zu helfen. Die Analyse richtet sich auf die Beziehung zwischen Gruppen und jedes einzelnen Organisationsmitgliedes zur gesamten Organisation. Beide Aspekte gehören zusammen und finden in einem Wechselspiel von Analysieren, Erkennen und einer schrittweisen Veränderung aufgrund der Selbsterforschung statt.

Das vorgestellte Verständnis der OE betont die zwischenmenschlichen Beziehungen und das Veränderungspotential, das durch Selbstreflexion der Organisationsmitglieder aktiviert wird. Im „personalen Ansatz", der hier beschrieben wurde, wird bei der Veränderung der „inneren" Situation der Person angesetzt. Beim strukturalen Ansatz steht die „äußere Situation" der Person im Vordergrund. Beide Ansätze können dieselben Zielsetzungen verfolgen, wählen aber unterschiedliche Ansatzpunkte. Beide Ansätze nehmen primäre (direkte) und sekundäre (indirekte) Effekte an.

Im hier vertretenen personalen Ansatz (auch „Human-Relation-Modell" bezeichnet) wird angenommen, daß eine Veränderung der inneren Situation mehr Autonomie ermöglicht, die sekundär positive Einstellungen gegenüber strukturellen Än-

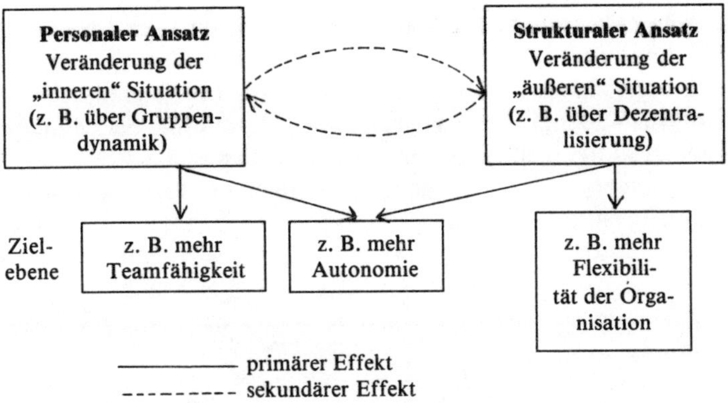

Gebert: OE (1974), 25

derungen schafft. Umgekehrt geht der strukturale Ansatz primär über die Veränderung der äußeren Situation, um so sekundär günstige Voraussetzungen zur Veränderung der inneren Situation (Einstellungen der Person) zu schaffen. Wenn wir im folgenden von Organisationsberatung oder -entwicklung sprechen, so beziehen wir uns auf den „personalen“ Ansatz.

Für die Beratung der Schule zur Verbesserung der Kooperationsfähigkeit der Lehrer scheint ein primär am personalen Ansatz orientiertes Vorgehen von Bedeutung zu sein, da zahlreiche Schulversuche und Schulreformen auf mangelndes Engagement und Widerstände der Lehrer gestoßen sind. Gerade die mangelnde Identifikation mit dem Veränderungskonzept wird im Human-Relation-Modell vermieden, da es bei der Analyse der Struktur ansetzt, um zu einer „Selbstaufklärung“ (Wellendorf 1979) beizutragen. Erst aufgrund der Diagnose über die innere Struktur der Schule, der Wünsche, Bedürfnisse, Probleme und Konfliktformen der sozialen Einheit, werden von den Betroffenen selbst Veränderungskonzepte erstellt.

Dewey hat schon 1935 die Vorgangsweise der Organisationsberatung vorweggenommen, wenn er sagt:

> „Die Aufgabe der Erziehung kann nicht geleistet werden, wenn man bloß auf den Geist des Menschen einwirkt, ohne daß zugleich etwas unternommen wird, um reale Veränderungen in der Institution zu bewirken.“ (Dewey 1935, 4)

Organisationsentwicklung setzt voraus, daß das Erreichen des Organisationszieles sowohl von persönlich-individuellen Faktoren als auch von den Eigenschaften der Organisationsstruktur abhängt. Ein Änderungsversuch, der nur bei den persönlich-individuellen Faktoren ansetzt, wird sich deshalb nicht durchsetzen, weil die äußeren Bedingungen der Arbeit wesentlich mitbestimmend sind.

Wissenschaftstheoretische Grundposition der Organisationsberatung

Ähnlich wie die Aktions- und Handlungsforschung wendet sich auch die Organisationsberatung von dem Paradigma der klassisch experimentellen, beschreibenden Wissenschaft ab. Das Verhältnis von Theorie und Praxis sowie das Verhältnis des Wissenschafters zum Laien wird radikal verändert. Ausgangspunkt für die Organisationsberatung bildet die von Kurt Lewin entwickelte Kleingruppenforschung, die Gestaltprinzipien, das Hier-und-Jetzt, sowie Feed-back-Modelle zum Verständnis der sozialen Situation.

Die Feld- und Ganzheitstheorie legt nahe, daß auch soziale Gebilde *„Individualitäten“* sind, die trotz gleicher formeller Strukturen und juristischer Grundlagen, ganz eigene, je nach den emotionalen Bedürfnissen, informelle Strukturen, Kommunikations- und Interaktionsmuster ausbilden, die das eigentliche Leben der Organisation ausmachen. Fend (1981) hat diesen Sachverhalt am unterschiedlichen Schulklima festgestellt. Sowohl jede Schule als auch jede Klasse innerhalb einer Schule bilden eine eigene Individualität aus. Es existiert trotz der institutionellen Zwänge so etwas wie eine „prinzipielle Subjektivität“, eine „unterschiedliche ‚Systemfreiheit‘ von Individuen, Gruppen, Institutionen und Organisationen“ (Heintel 1979, 957). Forschung und Anwendung werden nicht getrennt, nach dem Leitspruch Lewins: Wenn du eine Organisation erforschen willst, mußt du sie verändern. Organisationenentwicklung meint einen Lernprozeß auf allen Ebenen. Sie will „im maiotischen Sinn sozialen Gebilden aus dem ‚Es‘ zu ihrem ‚Ich‘ (Heintel) verhelfen, d. h. die Mitglieder einer sozialen

Organisation sollen lernen, ihre Veränderung selbst in die Hand zu nehmen. Sie sollen lernen, über die in ihr ablaufenden kommunikativen und systembedingten Prozesse verfügen zu lernen. Der Berater leitet nur solche Veränderungsprozesse ein, die von den Betroffenen selbst gewollt werden. Diese holen einen außenstehenden Berater, um sich bei der Lösung ihrer Probleme helfen zu lassen. Das gemeinsame Herangehen an die Problemdefinition, Diagnose und die Veränderungsvorschläge entspricht den sozialpsychologischen Erkenntnissen. „Innovationen erweisen sich langfristig nur dann als erfolgreich, wenn sie von den unmittelbar Betroffenen entwickelt, unterstützt und durchgeführt werden." (Sievers 1977, 12) Wichtig sind nicht nur die Resultate, sondern der *Prozeß,* in dem die Beratung erfolgt. Der Berater ist ebenso wie die Betroffenen in diesem Lernprozeß integriert.

> „Beratung in unserem Sinn heißt nun, sich gemeinsam auf einen Selbsterfahrungsprozeß einzulassen, mit dem Ziel, sich selbst in seiner besonderen Gestalt zu erkennen; dieses Erfassen ist zugleich ein Sich-Erforschen, ein Lernprozeß, den Betroffene durchmachen, und führt auch zu Theorien, zu einem argumentierbaren, verallgemeinerbaren Wissen über sich selbst." (Heintel 1979, 958)

Die Inhalte der Entscheidungen und Innovationen sind nicht zu trennen vom Entstehungs- und Entscheidungsprozeß. Es bleibt Aufgabe der Berater und erster Lernschritt der Betroffenen auch das Wie zu beobachten und zu analysieren. *Wie* werden unterschiedliche Standpunkte formuliert, werden Zielsetzungen explizit gemacht, werden persönliche Motive diskutiert? Versucht man durch Kompromisse dem drohenden Konflikt aus dem Weg zu gehen? Welche Formen der Konfliktlösung werden bevorzugt? Das zur Lösung anstehende Problem ist zugleich Lernfeld für das zu entwickelnde Problemlösungspotential dieser Organisation. Organisationsentwicklung trägt dazu bei „das Problemlösungspotential einer Organisation zu optimieren" (Sievers 1977, 12).

Der Wissenschafter als Berater oder Trainer ist ebenso in den Prozeß involviert wie die Betroffenen, wenn auch in einer anderen und spezifischen Weise. Das gilt sowohl für die Interventionen, stagnierende Prozesse voranzutreiben, wie für seine/ihre Emotionalität und Beteiligung. Diese werden konstitutiv für die wissenschaftlich zu beschreibenden Sachverhalte. Der Berater ist als Katalysator zu verstehen. Die spezielle Beziehung zwischen Klient und Berater ist Teil der zu untersuchenden sozialen Realität. „Die analytische Situation, in der sich der Sozioanalytiker und der Klient befinden, ist eine Projektionsfläche für die verborgene institutionelle Struktur." (Wellendorf 1979, 70)

Leitbild der Organisationsberatung

Das Leitbild der Organisationsberatung zielt auf eine Demokratisierung der Organisation, auf eine stärkere Beteiligung aller am Entscheidungsprozeß, auf eine Stärkung der horizontalen Kommunikation. Wie wir bei den strukturellen Problemen der Schule bereits gezeigt haben, trifft die bürokratische Verwaltungsbürokratie scharf gegen die pädagogischen Zielsetzungen. (Vgl. 23 f) Fürstenau versucht zu zeigen, welche Auswirkungen die Strukturmomente des „Human-Relation-Modells", das der Organisationsentwicklung verpflichtet ist, für die Schulsituation hat. (Fürstenau 1979, 171 ff)

a) An die Stelle der charakteristischen Orientierung „an vorweg geregelte Prozeduren tritt die Orientierung am Unternehmenzweck", das sind in der Schule die Erziehungs- und Bildungsaufgaben.

Um die pädagogischen Aufgaben der Situation und der Individuallage des Schülers entsprechend wahrnehmen zu können, müßte der Lehrer die Kompetenz zu einer selbständigen Anpassung der Verfahrensvorschriften an die konkrete Situation erhalten. Die detaillierte Vorschrift der Verfahrensweise ist im Human-Relation-Modell durch die eigenverantwortliche Verpflichtung ans „Unternehmensziel" (hier ist die pädagogische Zielsetzung zu verstehen) ersetzt. Das persönliche Engagement und eine erweiterte Anteilnahme bei den einzelnen Mitarbeitern ist die Folge. Das bessere Wahrnehmen der Ziele einer Organisation bedingt das strukturierende Moment der Verlagerung der Entscheidungsfunktionen in die untere Ebene des hierarchischen Rollensystems. Diese Veränderung setzt voraus, daß das Personal auf der unteren Ebene zu selbständiger Berufsausübung fähig ist, d. h. über eine „professionelle Qualifikation“ verfügt.

b) Im Zusammenhang mit der veränderten Entscheidungs- und Verantwortungsverschiebung nach unten innerhalb des Human-Relation-Modells steht eine *veränderte Funktion der Zusammenarbeit* auf horizontaler Ebene. Das Ersetzen der vorweg geregelten Anweisungen und Regeln durch selbstverantwortete kreative Anwendungen und Initiativen führt zu einer persönlichen Belastung der untersten Ebene, die durch Konsultation und Kooperation reduziert werden kann. Die Kooperation mit Kollegen, die im klassischen Bürokratiemodell als Störung oder bestenfalls als „informelle Interaktion“ des Personals Ventilfunktionen hat, wird nun strukturelles Merkmal. Jede inhaltliche Veränderung des Unterrichts, die auf die Zeiteinteilung oder andere Fächer Einfluß nimmt, ist notwendig auf Zusammenarbeit angewiesen. Die angesprochene Expertenfunktion der Lehrer als Erziehungsfachleute bezieht sich nicht primär auf die fachliche Qualifikation, wie sie derzeit in der universitären Ausbildung zum Tragen kommt. Die stärkere Kommunikation und Kooperation mit den Kollegen kann die sozialen Ansprüche und Bedürfnisse mit den Arbeitsaufgaben integrieren, statt sie wie bisher außerhalb zu organisieren.

c) Unter den charakterisierten Arbeitsbedingungen, die auf der unteren Ebene selbständige und verantwortliche Experten fordert, ändert sich die *Arbeitsbeaufsichtigung und -kontrolle.* Anstelle der Kontrolle von oben tritt die Selbstkontrolle, die durch die Verinnerlichung der Werte und die kooperative Arbeitsorganisation mit den Kollegen gegeben ist. Damit ändert sich vor allem die Rolle des mittleren Managements – in der Schule die Rolle des Direktors. Er hat die Umschalt- und Vermittlungsfunktion zwischen schulinternen und externen Angelegenheiten über. Nach unten ist im Human-Relation-Modell die Funktion des Direktors als Berater und für organisatorische Hilfestellung definiert. Die größte Übersicht haben in diesem Modell die Personen der untersten Ebene (Lehrer). Als Berater der Lehrer würde sich der Direktor statt der kustodialen Arbeitsschwerpunkte im klassischen Bürokratiemodell, den edukativen Aufgaben zuwenden können.

d) Auch für das Top-Management (Schulverwaltung) entstehen gravierende Folgen. Die Bürokratiespitze muß sensibel sein für die veränderten Umweltbedingungen und Aufgaben *(politische Entscheidungen)*. Zur Wahrnehmung der *Planungsaufgaben* bedarf es der systematischen Beschaffung und Auswertung der benötigten Informationen. Beide Aufgaben erfordern einen regen Informationsaustausch von unten nach oben. Durch das Wegfallen der Kontrollfunktion von der obersten Ebene, kann die Informationsbeschaffung nicht nur die angeforderten Daten bringen, sondern auch aus den nach oben kraft eigener Entscheidungen Hilfsanforderungen. Die langfristige, *flexible Organisation* orientiert nach der Planung, ist nicht mehr uniform nach Jahrgangsklassen und Wochenstundenplan.

Betrachtet man die von Fürstenau im Anschluß an Litwaks Prinzipien des Human-Relation-Modells entwickelten Veränderungsfelder für staatliche Schulen, meint man einer Utopie zu lauschen. Vergleicht man die genannten Strukturen, so werden damit die strukturellen Probleme der Schule einer Lösung zugeführt. Existierende Organisationen stellen jedoch immer, wie Fürstenau betont, Mischformen der beiden Organisationsmodelle dar. Das Leitbild des Human-Relation-Modells stellt für die Organisationsberatung eine wichtige Orientierung dar. Auch wenn sie, gemäß ihrer Konzeption eines „geplanten Wandels", das Ausmaß der Veränderung gemeinsam mit den Betroffenen festlegt, so werden doch zahlreiche Konflikte mit den Auftraggebern (meist das Top-Management) verständlich.

So konnte unsere Analyse, ausgehend von drei unterschiedlichen Fragestellungen, den strukturellen Problemen der Schule, dem Leidensdruck eines Lehrkörpers anläßlich der Konferenz zum Grundsatzerlaß Politische Bildung und letztlich dem Merkmale des Human-Relation-Modells in ein utopisches Bild von Schule münden. Wimmer bezeichnet folgerichtig „Organisationsentwicklung als Kern der inneren Schulreform". Sie läßt sich begreifen „als gezielter Lernprozeß der Organisation auf allen ihren Ebenen, durch den die Organisationsprinzipien schulischen Arbeitens *und* die zu vermittelnden Inhalte gemeinsam und gleichzeitig weiterentwickelt werden" (Wimmer 1983, 81). Ansatzpunkt ist die schulinterne Weiterbildung der Lehrer, „als Prozeß professionaler Sozialisation" (Sievers 1976, 15).

Ansatzpunkt der Organisationsberatung in unserem Projekt ist die Interaktionsebene der Lehrer, der Wunsch, zu verbesserter Zusammenarbeit zu kommen. Dort anzusetzen ist nicht zwingend. Man könnte ebensogut bei einem anderen Teilsystem ansetzen. Die Interaktion der Lehrer zu wählen, entsprach einerseits dem geäußerten Wunsch des Lehrkörpers, andererseits kann dies nach den Strukturbedingungen als zentraler Punkt einer Veränderung des Führungsmodells verstanden werden. Wir gehen von der systemtheoretischen Annahme aus, daß die Veränderung eines Teilsystems Auswirkungen auf andere Teilsysteme (etwa das Verhältnis der Lehrer zu den Schülern) hat. Die systemische Betrachtung kann zur Erklärung und zum Verständnis wesentlich beitragen. Das Verständnis von Organisationen verlangt eine Sichtweise, die über die Betrachtung der Individuen oder der Gruppen in der Organisation hinausgeht, in Richtung auf ein eigentliches „Systembewußtsein" (system consciousness). (Fatzer 1983, 350) In Erweiterung von Lewins „Lebensraum" sollen einige Denkformen der Systemtheorie eingeführt werden.

Systemische Betrachtungsweise

Die systemische Betrachtungsweise der Schule nimmt Abschied von der Vorstellung, die Ursachen mangelnder Zusammenarbeit oder anderer Probleme beim Individuum zu suchen. Das Verhalten der Lehrer untereinander, ihre fachliche und pädagogische Verständigung wird dabei nicht als Resultat individueller Veranlagung und Motive gesehen. Die Interaktionsformen werden als (Funktionen) Resultat des Zusammenspiels institutioneller Bedingungen und der Persönlichkeitsmerkmale der bestimmten Lehrer dieser Schule betrachtet, wobei eine wechselseitige Beeinflussung angenommen wird. Gesucht wird nicht mehr nach dem oder den „Schuldigen". Die moralische Frage wird zugunsten des Verstehens von Zusammenhängen einer Einheit (Systems) aufgegeben. Auf der Ebene der individuellen moralischen Verantwortung bleibt es bestehen, nicht jedoch für das Verstehen der Inderdependenz der Teilsysteme.

Um die Zusammenhänge zu erkennen, tritt man, bildlich gesprochen, einen Schritt zurück und betrachtet nicht mehr das einzelne Individuum, sondern das Individuum in seinem „Lebensraum". Unter Lebensraum versteht man jede „Form psychischer Aktivität, die die Person mit zielgerichteter psychischer Bewegung innerhalb eines definierten Bereichs" einnimmt. Das aktuelle Verhalten (V) einer Person (p) wird von Lewin als Funktion von Person und Umwelt (u) betrachtet, ausgedrückt in der Formel: $V = f(p \cdot u)$. Jedes Verhalten – ob Wünsche, Denken, Leistungen, Anstrengungen – ist demnach das Ergebnis eines Feldes interdependenter Variablen im Hier-und-Jetzt. D. h. der Zustand eines Feldes (Lebensraumes) verändert sich in einer gegebenen Zeiteinheit. Dazu ein Beispiel: Eine Person, die bei einer Wanderung zu einer Wiese mit Bäumen kommt, kann den Schatten der Bäume als Anregung nehmen, sich in den Schatten zu setzen, auszuruhen und etwas zu essen. Dieselbe Umwelt wird, wenn dieselbe Person dort als Soldat kämpft, Anlaß sein, sich zu überlegen, wo er die beste Deckung vor den feindlichen Kugeln finden kann – vielleicht unter demselben Baum. Dieselbe Landschaft ist also zu unterschiedlichen Zeiten, abhängig von bestimmten Situationen und Wünschen der Person (Erholung oder Schutz im Kampf), Anlaß für unterschiedliches Verhalten. (Vgl. Lewin: Kriegslandschaft) Zurückkommend auf unseren Gegenstand der Interaktion in der Schule heißt das, daß bei Disziplinschwierigkeiten in der Klasse nicht mehr der Lehrer oder das schwierige Kind Forschungsgegenstand sind. Untersuchungsobjekt ist, wie Selvini sagt, „das System der Beziehungen, an denen das Individuum beteiligt ist" (Selvini-Palazzoli 1978). (Bei Lewin wird eine andere Person unter Umwelt subsumiert). Das Beobachtungsfeld wird von der Person auf „Person in einer Umwelt" erweitert. Der Feld-Ansatz gestattet die Dynamik und die Komplexität zu erfassen. Das schulische Lernfeld wird als Zusammenspiel dynamischer Elemente verstanden, die in Wechselwirkung aufeinander bezogen sind. Ein solches Denkmodell läßt die Aufstellung einfacher Kausalbeziehung nicht zu. Die Aufgabe liegt in der Aufdeckung der komplexen Strukturen des schulischen Lernfeldes.

Die Frage, ob Lehrer miteinander kooperieren, kann somit nicht mehr als Erfolg oder Versagen einzelner Personen gesehen werden, sondern als *Kraft,* die in einem sozialen System wirksam ist. Dabei wird eine Einheit (System) als Gleichgewicht gleichzeitig wirksamer gegensätzlicher Kräfte der Bestätigung und der Transformation aufgefaßt. Die Verhaltensweisen in einem System werden als Resultate entgegengesetzter Kräfte (d) aufgefaßt – als „quasi stationäres Gleichgewicht“ (Lewin 1963).

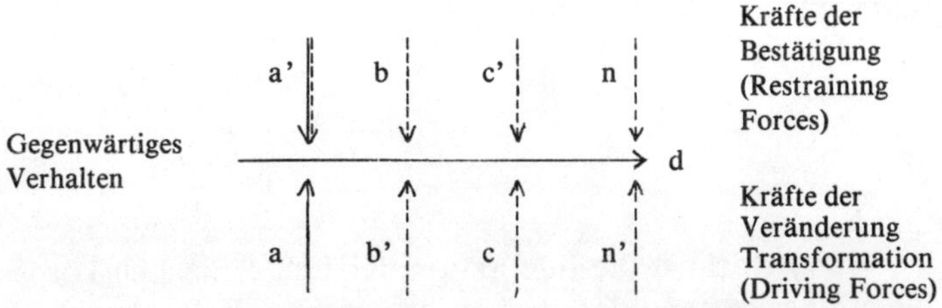

(Lewin zit. nach Benne 1976)

Dieses Modell von Lewin hilft, die Dynamik bei institutionellen Veränderungen zu verstehen. Innovationen werden möglich, wenn eine Unausgeglichenheit zwischen den Kräften der Bestätigung und der Summe der Kräfte der Veränderung entsteht. Bei einer Organisationsberatung müssen daher beide Kräfte, die der Veränderung und die der Bestätigung, gleichzeitig bedacht werden. Der Lehrkörper wird als Subsystem aufgefaßt, in der gleichzeitig Kräfte der Isolation und Kräfte der Kooperation wirksam sind. Jedes Mitglied des Lehrkörpers unterhält mit den anderen Mitgliedern Beziehungen der Art, daß jede Veränderung in ihm selbst eine Veränderung im gesamten Subsystem hervorruft. Unter Beziehung ist jede Art des Verhaltens zu verstehen, bezugnehmend auf den Satz von Watzlawick: „Man kann sich nicht nicht verhalten.“ Eine freundschaftliche Beziehung ist darunter genauso zu verstehen wie das Nicht-Miteinander-Sprechen von bestimmten Lehrern. Die Beziehungen zwischen den Mitgliedern eines Lehrkörpers sind, so führt Selvini aus, „wie alle Beziehungen innerhalb eines offenen Systems kreisförmig“[8]) (Selvini 1978, 63). „Reaktionen und nachfolgende Ereignisse sind nicht von einander zu trennen, und es ist ganz willkürlich, die Abfolge der Verhaltensweisen nach Ursache und Wirkung interpunktieren zu wollen.“ Wir müssen also von Modell A, wo die Aktion von A Ursache für das Verhalten von B ist,

$$A \longrightarrow B$$

zu Modell B, wobei A beeinflußt B und B beeinflußt A, fortschreiten.

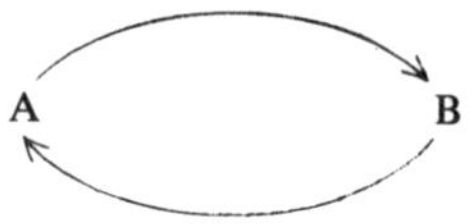

Wir betrachten die Interaktion der Lehrer im Lehrkörper als offenes System, das auch zu den anderen Teilsystemen im permanenten Austausch ist. Die Interdependenz der Variablen „institutionelle Bedingungen“ und „Persönlichkeitsmerkmale“ zur Konstitution der Interaktion soll in einem Modell dargestellt werden.

Modell der Kooperationsbedingungen durch Organisationsentwicklung

Wir gehen bei dem Modell von der Annahme aus, daß die institutionellen Bedingungen der Schule im allgemeinen sowie die durchschnittlichen Persönlichkeitsmerkmale der Lehrer eine Tendenz zur *Isolation am Arbeitsplatz* begünstigen.

Das Organisationsprinzip der Schule ist das der Verwaltungsbürokratie, die vom Lehrer eine Orientierung an uniformen Regeln und Prozeduren verlangt. Die Frage, was der Leh-

8 Systeme, die mit „gewordenen Gruppen“ identisch sind (Klassen, Lehrkörper etc.) lassen sich als „offene Systeme“ definieren, die ständig Beziehungen zu anderen Systemen unterhalten, und zwar geschieht das durch einen fortwährenden Austausch von Informationen und Rückmeldung. (Selvini 1978, 63).

rer für sinnvoll und notwendig hält, um seine Zielsetzungen der Erziehung der Schüler zu verwirklichen, tritt in den Hintergrund zugunsten der Fragen: Was dürfen wir tun, was wird vorgeschrieben, was ist verboten? Die gesetzlichen Anforderungen (Aufsichtspflicht, Lehrplan, Schulorganisationsgesetz) stellen ein enges Korsett dar, weniger in seiner Faktizität als in den einschüchternden Wirkungen auf das Lehrverhalten. Die gemeinsame Diskussion (horizontale Kommunikation) mit den Kollegen entfällt, da die dafür notwendigen Voraussetzungen einer aktiven Gestaltungsmöglichkeit des pädagogischen Bezugs nicht erkannt werden. Jeder Lehrer steht den Gesetzen, Verordnungen und Anweisungen isoliert gegenüber. Über Auslegung, Interpretation angsterregender Fälle wird noch diskutiert. Der in einer Bürokratie arbeitende Lehrer wird implizit als „ausführendes Organ" bestimmt; gefragt ist nicht so sehr persönlicher Einsatz und offenes Wagnis als eine ordnungsgemäße Durchführung.

Die *starren Regeln des Prozeßablaufes* im Schulalltag verunmöglichen diskursive Formen der Interaktion oder Unterrichtsmethoden, die mehr Zeit beanspruchen. Die starre Stundeneinteilung und die kurzen Pausen dazwischen bieten ein zeitliches Hindernis für längere Gespräche zwischen den Lehrern. Die Verlagerung der Stundenvorbereitung in die private Sphäre stellt darüber hinaus eine strukturelle Verfestigung der Annahme dar, daß diese Arbeit nicht gemeinsam durchzuführen sei. Die gleichzeitige Anwesenheit der potentiellen Gesprächspartner ist unabdingbare Voraussetzung für ein Gespräch. Die formalisierten Gespräche wie Konferenzen (Abschlußkonferenzen und pädagogische Konferenzen) sind so selten, daß sie lediglich für meist frontal vorgebrachte Informationen zwischen Direktor und Lehrer dienen.

Die Fächerdifferenzierung unterstützt eine bereits von der Universitätsausbildung grundgelegte Scheuklappenmentalität, die Probleme werden lediglich aus der Fachperspektive betrachtet, ohne fächerübergreifende Fragestellungen einzubeziehen. Die vier genannten institutionellen Elemente der Verwaltungsbürokratie, der hierarchischen Ordnung, der starren Regeln des Prozeßablaufes sowie die Fächerdifferenzierung begünstigen ein isoliertes Arbeiten. D. h. eine andere Arbeitsorganisation müßte trotz dieser äußeren Rahmenbedingungen angestrebt werden, eine besondere Aktivität müßte diese Hindernisse überwinden. „Reibungslos“ funktioniert dieses System mit Lehrern, die vereinzelt ihrer Tätigkeit nachgehen.

Die starke Vereinzelung des Lehrers in der Schulklasse läßt ihn über die Tätigkeit der Kollegen in Unwissenheit. Ein wichtiges Kriterium für die Selbsteinschätzung eines Menschen liegt in dem Vergleich und der Einordnung anderen Berufskollegen gegenüber. Diese Vergleichsmöglichkeit haben Lehrer nicht automatisch. Abgesehen vom Probejahr ist offiziell keine Möglichkeit vorgesehen, einen anderen Lehrer bei seiner Arbeit in der Klasse zu beobachten. Lediglich bei Schikursen oder Schullandwochen (ev. auch Ausflügen) haben Lehrer Gelegenheit, die Art und Weise des Umgangs mit Schülern von sich selbst und Kollegen zu vergleichen. Diese Kontaktmöglichkeiten außerhalb der starren Zeiteinteilung der Schule werden von Lehrern als gute Möglichkeit genannt, Kollegen (und auch Schüler) besser (von einer anderen Seite) kennenzulernen.

Der Wunsch, über die fachliche und pädagogische Kompetenz der Kollegen etwas zu erfahren, sich zu vergleichen oder von ihnen etwas zu lernen, wird permanent frustiert. Überall dort, wo der Wunsch nach formeller oder informeller Information nicht erfüllt wird, werden andere Kanäle gesucht – ein allgemeines sozialpsychologisches Phänomen. Informationen werden durch Vermutungen ersetzt, die an der *Gerüchtebörse* gehandelt werden. Je weniger direkt miteinander gesprochen wird, desto geringer ist der *Vertrautheitsgrad* der Lehrer untereinander. Je geringer das Vertrauen untereinander ist, desto schwieriger ist es, einander über berufliche Erfolge oder Mißerfolge zu erzählen – es herrscht die Angst vor, eingebildet zu wirken, oder Anlaß zur Schadenfreude zu geben. Gemeinsame Tätigkeit in einer hierarchischen Institution bringt notwendigerweise *Konflikte* und Probleme. In Arbeitssituationen, wo bereits eine fundierte Basis des Vertrauens und der Zusammenarbeit besteht, ist es erforderlich, Konflikte gemeinsam zu lösen, um diese Basis zu erhalten. Verschleppte Konflikte stören gewöhnlich die Zusammenarbeit. Gibt es aber diese emotionale und professionelle Basis noch nicht, ist anzunehmen, daß Konflikte vermieden oder indirekt gelöst werden (durch Delegation, Intrigen, Vermeidung). Unklar bleibt bei der isolierten Arbeitsweise auch das Maß der Akzeptanz, das man bei den Kollegen hat. Ersatz dafür ist die *Hierarchie der Fächer,* die eine individuelle Zuordnung – Lehrer eines Prestigefachs (Latein, Mathematik) zu sein, – ermöglicht.

Die genannten Interaktionsbedingungen der Lehrer, die eine Isolation fördern, werden gewöhnlich nicht in ihrem Zusammenhang mit den institutionellen Rahmenbedingungen gesehen, sondern als *individuelles Versagen.* Diese Einschätzung, selbst an der unbefriedigenden Schulsituation schuld zu sein, stabilisiert gerade wieder die Institution, da so eine gemeinsame Reflexion verhindert wird.

Persönlichkeitsmerkmale, die die Vereinzelung begünstigen, sind große Altersunterschiede, die dem Generationskonflikt Vorschub leisten. Die Abgrenzung eigener fachdidaktischer und pädagogischer Vorstellungen erfolgt oft in Abgrenzung von der älteren Generation. Alle anderen Persönlichkeitsmerkmale (außer dem Alter) sind bereits im Zusammenhang mit dem Beziehungsgeflecht der Lehrer und den institutionellen Bedingungen zu sehen. Die Anpassung der Persönlichkeit an die Rollenanforderungen des Lehrberufs werden allgemein als „Berufsdeformation" bezeichnet („deformation professionelle"). (Moore 1961) Im Lauf der Berufstätigkeit, jedoch am stärksten zu Beginn der Berufstätigkeit, wird die Wahrnehmung der Phänomene der Umwelt, die Identifikation mit Berufserwartungen (Alles zu wissen, gerecht zu sein etc.) angenommen. Die Isolation wird positiv ausgedrückt in dem Lehrerbild, „ein Individualist sein". Der Grad des Einflusses der Berufstätigkeit auf die Ausprägung der Persönlichkeitsmerkmale der Lehrer ist schwer zu unterscheiden von der Attraktivität des Lehrberufes für bestimmte Persönlichkeiten. Eindeutig nachzuvollziehen ist hingegen die Begünstigung der Isolation durch introvertierte Persönlichkeiten, Unsicherheit im pädagogischen Stil, unklare Einschätzung fachlicher Kompetenz sowie geringe soziale Kompetenz. Einseitig wird das Bild jedoch dann, wenn diese Persönlichkeitsmerkmale nicht auch umgekehrt als Folgen der spezifischen Arbeitssituation betrachtet werden. Ein Lehrer, der keine oder nur sehr indirekte Rückmeldung über seine fachlichen oder pädagogischen Erfolge oder Mißerfolge erhält, wird eher unsicher bezüglich seiner Qualifikation sein. Die mangelnde Vergleichbarkeit leistet auch überhöhten Ich-Idealen Vorschub, da die Unzufriedenheit durch Schuldgefühle (ich sollte besser vorbereitet sein, mehr Verständnis für die Schüler haben, ausgeglichen sein etc.) weitergeführt wird. Unsicherheit, Ängste und Schuldgefühle stellen erneut Barrieren für eine Zusammenarbeit und einen Erfahrungsaustausch dar, es sei denn, der Leidensdruck wird größer als die Hemmungen, sich bloßzustellen. Ein Überblick der drei Ebenen wird im Modell: Bedingungen des Lehrerverhaltens gegeben.

Die Organisationsberatung setzt bei der Interaktion der Lehrer an. Jene Faktoren, die als begünstigend für die Isolation genannt wurden, sind zugleich diejenigen, die Zusammenarbeit erschweren. Das theoretische Konzept geht davon aus, daß veränderte Interaktionserfahrungen sowohl Einfluß auf die institutionellen Bedingungen haben als auch verändernd für die Persönlichkeit wirken können.

Durch Versuche, über berufliche Erfolge und Mißerfolge offen zu sprechen, Konflikte zu diagnostizieren und gemeinsam zu lösen, wird Information, die üblicherweise nur auf der Gerüchtebörse gehandelt wird, erstmalig öffentlich. Statt Gerüchte über andere zu erzählen, erhalten die Lehrer die Möglichkeit, Rückmeldung über ihre Akzeptanz von den Kollegen zu bekommen. Diese Erfahrung ist jedoch nur möglich, wenn schrittweise die Ängste und das Mißtrauen abgebaut werden, so daß eine Vertrautheit zwischen den Lehrern entsteht, die es gestattet, mehr Offenheit zu zeigen. Besonders die beiden Elemente der Interaktion und der Persönlichkeit sind eng miteinander verbunden, untereinander „vernetzt“ (Bertalanffy). Im Prozeß der Rückmeldung und Konfliktlösung erlernen die teilnehmenden Lehrer soziales Einfühlungsvermögen und soziale Kompetenz. Die zu schaffende Gesprächsbasis ist eine förderliche Voraussetzung, auch fachliche Erfahrungen auszutauschen (Schularbeitsbenotung, Vorbereitungen, Disziplinprobleme) und pädagogische Fragen zu diskutieren. So ein Erfahrungsaustausch unter Experten auf horizontaler Ebene ist wichtigstes Merkmal einer „Professionalisierung“, die Abstand nimmt vom hierarchischen Modell und stärker die Selbstver-

Modell: BEDINGUNGEN DES LEHRERVERHALTENS

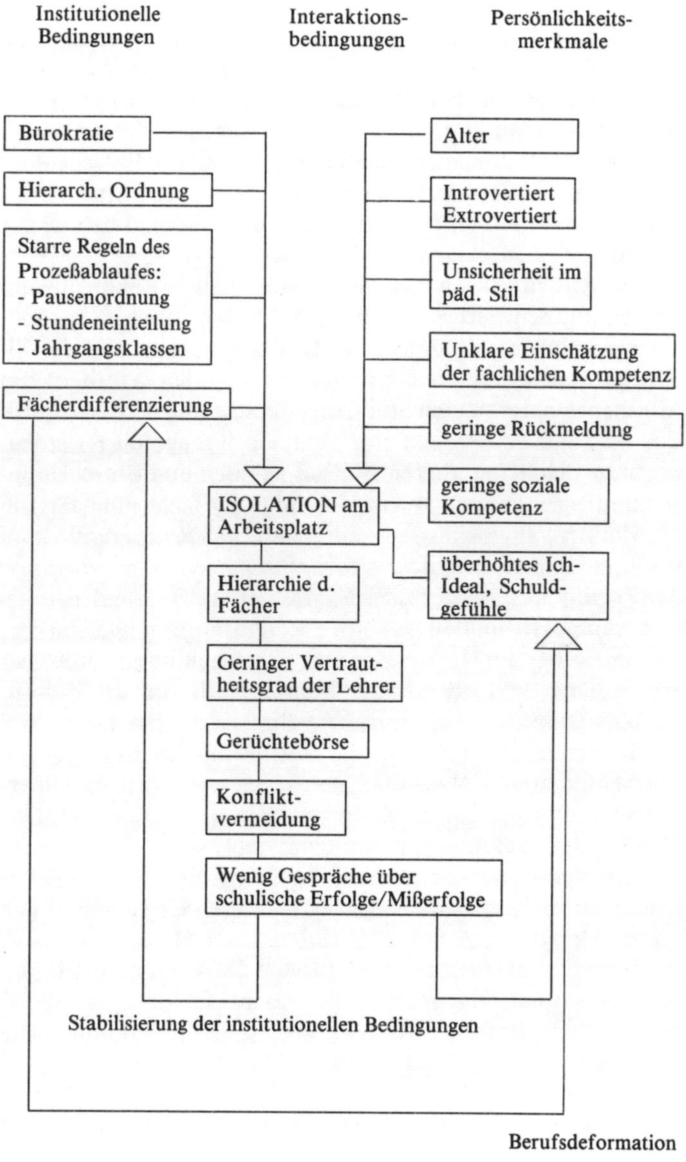

antwortung betont. Eine so gewonnene Sicherheit durch Bestärkung durch Kollegen kann Mut machen für schöpferische Freiheit und Experimente, die von einer Gruppe geplant und durchgeführt werden.

Ein stärkerer Rückhalt in einer Kollegengruppe ermöglicht erfahrungsgemäß stärkere Flexibilität bei der Unterrichtsgestaltung. Der Rahmenlehrplan kann durch eigene Entscheidungen sinnvoll strukturiert werden. Angestrebt wird eine *höhere Innovationsbereitschaft,* bezogen auf den Bildungsauftrag der Schule.

Die Auswirkungen auf die institutionellen Rahmenbedingungen sind schwieriger aufzuzeigen, da dazu das Einverständnis der Schulverwaltung zumindest des Direktors und der Eltern notwendig ist. Viele Unterrichtsmethoden erfordern das Abgehen von der starren Stundeneinteilung und dem Fachprinzip. So kann ein Projekt nur sinnvoll durchgeführt werden, wenn die Schüler stärkeren Einfluß nehmen und Entscheidungen mittragen können – ein Vorgang, der nicht unbedingt in 45 Minuten abgeschlossen sein kann. *Fächerübergreifendes Vorgehen in einem Projekt erfordert die Zusammenarbeit und das Team-Teaching der Lehrer,* was die starre Stundeneinteilung verändern muß. Die sinnvolle und notwendige stärkere Einbeziehung der Lehrer in den Entscheidungsprozeß der Schule hängt weitgehend vom Führungsstil, von der Persönlichkeitsstruktur und der sozialen Fähigkeit des Direktors ab.

Gelingt es den Lehrern, die institutionellen Bedingungen den veränderten Notwendigkeiten einer kooperativen Unterrichtsgestaltung anzupassen, die dem Ziel der Schule, selbständige Schüler zu erziehen, besser entspricht, so hat die Verwirklichung dieses Zieles wieder Rückwirkung auf die *Freude* der Lehrer an ihrer *Arbeit.* Selbstgestaltete Arbeit ist wesentlich für das Maß der *Selbstverwirklichung.*

Zusammenfassend zeigt ein Modell die Veränderungsmöglichkeiten durch einen Organisationsentwicklungsprozeß für das schulische Lernfeld. Ansatzpunkt ist die Interaktionsebene der Lehrer.

Modell: KOOPERATIONSBEDINGUNGEN VON LEHRERN DURCH OE = Organisationsentwicklung s. S. 42

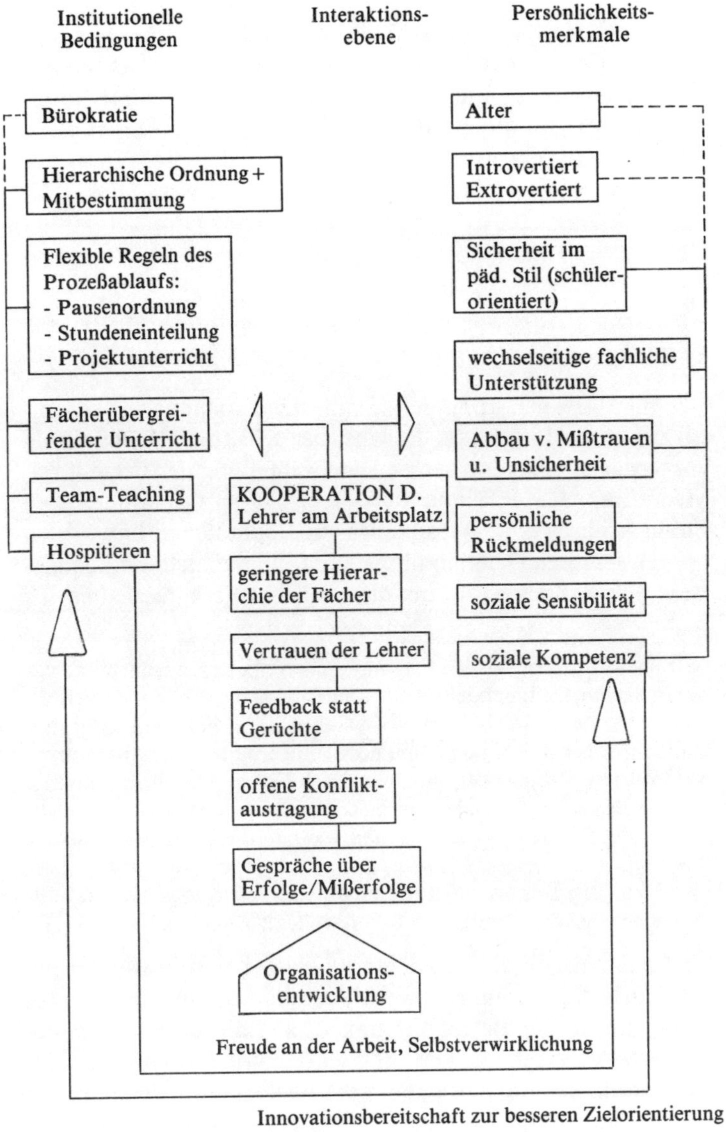

2.3. Methodische Fragen des Interviews als qualitatives Forschungsinstrument

Zur Erhebung der sozialen Situation in der Schule (3. BG in Linz) und der Feststellung der Veränderungen im Lehrkörper wurden narrative Interviews durchgeführt. Bei der Begründung dieser an qualitativen Daten orientierten Erhebungsmethode ist die Auseinandersetzung mit den Vertretern der quantitativen Sozialforschung zu führen. Es gibt dabei zahlreiche Bezugspunkte zur Kritik der Handlungsforschung und Organisationsberatung.

Abgrenzung von quantitativen und qualitativen Interviewmethoden

Das Interview gehört zu den wichtigsten Erhebungsinstrumenten der Sozialforschung. Es wird der schriftlichen Befragung vorgezogen, wenn es um eine Datensammlung der Perzeption, Meinungen, Gefühle und Motivationen, Antizipationen und Zukunftsideen geht. Atteslander weist darauf hin, daß es sich bei den erfaßten Daten um Einstellungen und nicht um soziales Verhalten handelt, d. h. um menschliches Verbalverhalten. Er sagt:

> Befragungen geben also nicht unmittelbar Aufschluß darüber, wie Menschen wirklich handeln, fühlen oder denken, sondern sie vermitteln uns sprachliche Informationen über diese Vorgänge. Die dermaßen erhobenen Vorgänge sind notwendigerweise subjektiv gefärbt. Mit anderen Worten: Wir erhalten durch Fragen vor allem Hinweise auf die Bewertung sozialen Verhaltens, also Informationen, welche bereits durch einen sozialen Filter verändert worden sind. Solche bewertende Färbungen können bewußt oder unbewußt sein... Dies gilt es vor allem zu beachten, wenn wir von Befragungsdaten auf tatsächliches soziales Handeln schließen wollen." (Atteslander 1969, 21)

Neben der wichtigen Unterscheidung von Einstellungen und sozialem Verhalten, weist Atteslander auf ein weiteres Kernproblem der Befragung hin, u. zw. die subjektive Filterung der Aussagen, die bewußt oder unbewußt stattfindet. Diese Problemstellung hat eine unterschiedliche Entwicklung der wissenschaftlichen Befragungsmethoden hervorgerufen. Auf der einen Seite wurden Methoden entwickelt, die versuchen den subjektiven Faktor auszuschalten, zu neutralisieren oder zu kontrollieren – das standardisierte Interview. Die andere Entwicklung hatte zum Ziel, die Subjektivität des Befragten sichtbar und damit verständlich zu machen – das narrative oder offene Interview.

Den subjektiven Faktor meint Scheuch, wenn er im Handbuch der empirischen Sozialforschung vom „Befragten als Fehlerquelle“ und vom „Interviewer als Fehlerquelle“ spricht, denn nicht nur der Befragte kann bewußt oder unbewußt Aussagen „verfälschen“, auch der Interviewer kann selektiv hören, seine Wertungen in die Wiedergabe des Gehörten einfließen lassen. So wird folgendes empfohlen zur Überwindung von Tabus, Fragen, die als ungehörig empfunden werden können: „Der Einbau der anstößigen Wendung in einen harmlosen Zusammenhang; die heikle Antwort als Normfall hinzustellen, etwa durch die einleitenden Sätze: ‚die meisten Menschen...‘, dem Befragten die Rolle des Verneinenden zuschieben, indem man unterstellt, daß er die heikle Antwort geben würde; ‚Überlistung’ durch indirekte Fragen“ (Scheuch 1967, 82). Als Problem des Befragten werden „mangelnde Ernsthaftigkeit bei Antworten“, „Stimmungsschwankungen“ „Überforderung der Gedächtnisleistung“, „Empfindlichkeit des Befragten gegenüber bestimmten Themen“ angeführt. Es wird empfohlen, bei der Erstellung der standardisierten Interviews auf diese Fehlerquellen Rücksicht zu nehmen.

Den entgegengesetzten Weg schlug Carl Rogers ein, der in seiner „klientenzentierten Methode“ die Subjektivität des Befragten ernstnahm. Nach dieser Konzeption kommt es darauf an, eine Vertrauenssituation zwischen dem Interviewer und dem Befragten herzustellen: Die Entwicklung des Gesprächs wird weitgehend vom Interviewten und seinen Antworten bestimmt, wobei der Interviewer durch verstehendes Wiedergeben und freies Nachfragen auch tieferliegende Zusammenhänge sichtbar machen hilft. Rogers charakterisiert die nicht-direktive Methode folgendermaßen: „Der Klient kann in der nicht-direktiven Methode seine Probleme ansprechen“, der Berater will durch „das Erkennen und Interpretieren der verbal oder in Handlungen ausgedrückten Gefühlen des Klienten“ erreichen, daß dem Patienten seine „Einstellungen und Gefühle bewußter werden und er demzufolge Einsicht und Selbstverständnis gewinnt" (Rogers 1972, 115).

Diese Beschreibung der nicht-direktiven Methode gewinnt Rogers nicht aus sozialwissenschaftlichen Interviewsituationen, sondern aus der Beratung. Ein wesentlicher Unterschied zwischen Befragung und Beratung ist das Initiieren der Begegnung. Beim Forschungsinterview geht die Anregung zu dem Gespräch vom Sozialwissenschafter oder Interviewer aus, die Beratung dagegen wird vom Klienten herbeigeführt, der (durch ein Problem) einen Leidensdruck hat. Im Gegensatz zur direktiven Beratungsmethode, bei der der Berater durch Fragen die Gesprächsentwicklung dirigiert, wird in der nicht-direktiven Methode dem Patienten die Problemdefinition und die Aktivität im Gespräch überlassen. Der Berater beschränkt sich darauf, die vom Patienten ausgedrückten Gefühle durch Verstehen und Interpretieren bewußter zu machen und so Einsicht in die Ursachen der Probleme herbeizuführen.

Wenn wir im folgenden vom „narrativen Interview" sprechen, so ist damit eine Interviewmethode verstanden, die an der nicht-direktiven Gesprächsführung orientiert ist, wobei jedoch wesentliche Unterschiede anzuführen sind. Das Übertragen der Aktivität an den Klienten ist für eine therapeutische oder beratende Situation adäquat, nicht jedoch für eine empirische Untersuchung. Bei „narrativen Interviews" liegt die Themenbestimmung beim Interviewer, der bestimmte Fragestellungen an den Befragten heranbringen will. Anhand eines Interviewleitfadens (interviewer guide) werden Erhebungspunkte angeführt. Die Formulierung der Fragen und die Reihenfolge bleiben dem Ermessen des Interviewers und dem Gesprächsverlauf überlassen. Bevor wir diese unterschiedlichen Forschungsmethoden auf deren zugrundeliegende Haltung, ihren Forschungsgegenstand sowie ihre Validität und Reliabilität untersuchen werden, wollen wir auf terminologische Schwierigkeiten hinweisen.

Die Terminologien zur Kennzeichnung der Interviewmethode sind uneinheitlich. Berelson/Steiner sprechen von der freien Assoziation (psychoanalytischem Interview), dem unstrukturierten oder Tiefeninterview, dem halbstrukturierten, dem strukturierten Interview und dem formalen Test. (Berelson u. a. 1964) Atteslander unterscheidet zwischen standardisierten, halbstandardisierten, nichtstandardisierten Interviews in bezug auf den vorher festgelegten Interviewverlauf; zur Haltung des Interviewers zum Befragten unterscheidet er zwischen weichen, harten und neutralen Interviews und der Panal-Befragung. (Atteslander 1969)

In der „Einführung in die Methoden der empirischen Soziologie“ wird eine vierfache Unterteilung vorgenommen, u. zw. (1) nach dem Grad der Standardisierung: ungelenkte (qualitative, unstrukturierte) Interviews, Intensivinterviews und Befragungen mittels standardisierter Fragebogen; (2) nach der Technik der Durchführung mündlich oder schriftlich; (3) nach der Anzahl der Untersuchungseinheiten Interviews mit Einzelnen oder mit Gruppen; (4) nach der Anzahl der Befragungen einmalige und Panal-Befragungen. (Mayntz u. a. 1969)

Kohli nennt die Unterscheidung „geschlossene“ und offene Interviews. (Kohli 1978) Wir haben uns hier für den Terminus „narrative Interviews“ entschieden, weil der Befragte durch die offenen Fragen ermutigt wird, längere Antworten zu geben, lebensgeschichtliche Zusammenhänge in die Fragestellung einfließen zu lassen. Zu Beginn der Interviews waren die Interviewer angewiesen, den Befragten zu bitten, jeweils etwas von sich „zu erzählen“.

Um den wissenschaftlichen Stellenwert der qualitativen Methode der narrativen Interviews im Gegensatz zur quantitativen Analyse standardisierter Interviews ist eine alte Kontroverse im Gang, die durch die Diskussion der Handlungs- oder Aktionsforschung neu belebt wurde. Der Hauptkritikpunkt gegen die standardisierten Interviews ist ihre Oberflächlichkeit, während den narrativen Interviews mangelnde Vergleichbarkeit nachgesagt wird.

Zur klaren Differenzierung wollen wir nicht nur die Unterscheidung in standardisierte und narrative Interviews vornehmen, sondern auch die Methode der nicht-direktiven Beratung berücksichtigen. Dieses Vorgehen erscheint als notwendig, da in der Diskussion um qualitative Methoden der Anspruch und die Kritik an „therapeutischen“ bzw. kathartischen Ansprüchen laut wird, die unserer Meinung nach, einen anderen

Zugang erfordern als den für diese Untersuchung gewählten narrativen Interviews.

Unterschiedliches Selbstverständnis

Das standardisierte Interview definiert Schmidtchen (1979) als „Stimulus, der eine Reaktion hervorruft". Er versteht das standardisierte Interview als eine „Begegnung mit einem großen System von Fragen und Tests, auf die die Auskunftsperson rasch und ohne sich lang zu besinnen, reagiert". Das Denkmodell ist aus der Lernpsychologie entlehnt, das den Menschen auf ein Reiz-Reaktionsschema festlegt. Das Modell ist in Analogie zur Naturwissenschaft entwickelt, wenn Schmidtchen weiter schreibt „der Forscher erzeugt Effekte und versucht ihr Auftreten zu erklären". Im behavioristischen Modell geht es beim Interview um eine Art sozialen Experiments, bei dem es darauf ankommt, die Versuchsanordnung gleichförmig zu halten, damit dieselben Reize auf die Versuchsperson einwirken. Interessant ist für den Forscher nicht, wie die Wirklichkeit ist, sondern, ob sie mit den zu untersuchenden Hypothesen übereinstimmt oder nicht. Anhand eines möglichst genau zu messenden Experimentes sollen Reaktionen auf die gesetzten Reize gemessen werden.

Im Gegensatz zum Selbstverständnis als Experimentator kann sich der Forscher, der sich qualitativer Methoden wie des narrativen Interviews bedient, als Archäologe verstehen. Ein Archäologe versucht, Reste einer vergangen Kultur, die unter der Erde liegen, zu erforschen, indem er vorsichtig die darüberliegenden Erdschichten entfernt. Ein rasches Vorgehen könnte die Funde zerstören, bevor der Forscher sie sieht. Ziel des narrativen Interviews ist es, dem Befragten zu helfen, seine Situation klarer zu erkennen, Motive, Hintergründe und Zusammenhänge darstellen zu können. Da der Befragte nicht als passives Objekt gesehen wird, der jeweils durch einen Reiz zu einer Reaktion gebracht werden muß, ist der Gesprächs- bzw. Interviewverlauf nicht festgelegt, sondern ist von den verbalen und non-verbalen Äußerungen des Befragten abhängig. Gerade die non-verbalen Mitteilungen, die Mimik, der Tonfall, das

Zaudern kann Anlaß zu einer weiterführenden Frage sein, die Motive und Gefühle zutage fördert. Die wichtigsten Grundregeln für das narrative Interview lauten deshalb:

— Zuhören statt selber zu reden (überzeugen wollen)
— offene Fragen stellen statt suggestive Fragestellungen, die eine bestimmte Antwort nahelegen
— alle Aussagen annehmen, statt zurückweisen (widersprechen, Zweifel äußern, mißbilligen)
— ausreden lassen ohne Unterbrechung
— auch Pausen zulassen können
— einfache und verständliche Fragen stellen (vermeiden von Fachjargon und Fremdwörtern)
— allgemeine Aussagen durch Zusatzfragen konkretisieren (wie war das damals eigentlich ... wie wichtig ist ... etc.)

Wesentlich bei narrativen Interviews ist es, die lebensgeschichtliche Genese, Erfahrungen zu erfragen, die erst eine gefühlsmäßige Position, Einstellungen oder Motive verstehbar machen. Kriterium eines guten Interviews ist daher die vielschichtige und ausführliche Antwort des Befragten.

Die Forderung nach einer akzeptierenden und verstehenden Grundhaltung des Interviewers, wie sie bei der qualitativen Forschung gefordert werden, um tiefere Schichten von Einstellungen zu erfahren, wurde vielfach kritisiert und mißverstanden. So kritisiert Schmidtchen die qualitative Befragungsmethode indem er sagt:

> „Unterlegt ist ein mystisches Bild von menschlicher Motivation, die sich nur in sprachlicher Selbstdarstellung erschließt. An die methodologische Überlegenheit der freien Selbstdarstellung kann man schon deshalb nicht glauben, weil nachweislich die Tendenz zu einer positiven Verfälschung des Selbstbildes besteht, mithin die Selbstperzeption einer sprachlich-konventionellen Ebene bereits gestört ist."
>
> (Schmidtchen 1979, 136)

Dieser Einwand der positiven Verfälschung richtet sich bei genauerer Betrachtung auch auf die standardisierte Methode des Kritikers. Bei der Beantwortung standardisierter Fragen durch Ja/Nein Antworten ist eine positive Verfälschung nicht eindeutig festzustellen, während bei narrativen Interviews das Wunschbild und die reale Situation in ihrer Zwiespältigkeit zutage treten. So beschreibt ein befragter Lehrer (P) die Änderung seiner Lehrerpersönlichkeit. Er habe in seinen Anfangsjahren nur das Fachliche und die Disziplin betont, während er sich jetzt viel stärker um die Schüler bemühe. Bei einem standardisierten Interview müßte er sich zu einer vorgegebenen Kategorie von Führungsstilen „autoritär", „demokratisch" oder „laisse-fair" zuordnen (lassen). Wesentlicher jedoch als die Aussage über den Wandel seiner Prioritäten ist die Analyse der Hintergründe, die Lehrer P. gibt. Er sei am Anfang noch sehr unsicher gewesen und habe deshalb zu autoritären Mitteln gegriffen. Jetzt sei er wesentlich sicherer geworden und könne deshalb „viel gelöster und toleranter zu den Schülern" sein. Früher habe er das Vergessen der Aufgabe als persönliche Beleidigung empfunden. Während er das erzählt, ist er sehr unsicher, lacht entschuldigend – man merkt, wie er sich über diese Entwicklung freut. Bei der Interpretation kann auf die Scheu, Peinlichkeit oder Bagetellisierung Rücksicht genommen werden. D. h. die positive (oder negative) Verfälschung ist Teil der interpretierten Persönlichkeit und damit Aussage über den Befragten, während sie beim standardisierten Interview als Fehler, Widerspruch oder Verzerrung der überprüften Hypothese nicht mehr korrigierbar ist.

Ähnlich in der Tendenz wenn auch radikaler ist die Kritik von Hyman, der die Grundannahme einer tieferliegenden Struktur menschlicher Motivation bereits eine gefährliche Verzerrung nennt: Er sagt: „Wir können ... die Situation ebenso verzerren, wenn wir vergessen, daß es in dieser Welt Menschen ohne verborgener Tiefen gibt mit lediglich oberflächlichen Einstellungen zu gewissen Themen." (Hyman u. a. 1954)

Neben der heute bereits unverständlichen Ignoranz der von Freud entdeckten Dimension des Unbewußten, kann man sich dabei des Gefühls nicht erwehren, daß es für Hyman zwei Kategorien von Menschen gäbe, die, bei denen es „verborgene Tiefen" gibt – vermutlich geht es dabei um gebildete Personen der Oberschicht –, und solchen „mit lediglich oberflächlichen Einstellungen", vermutlich die Angehörigen der Grundschicht, ergänzbar um Neger und Frauen?

In ähnliche Richtung geht die Kritik:

„Eine erst nach wiederholtem Nachfragen mühsam erhaltene Antwort mag von so geringem Wert sein als die erste reflexartige Reaktion. Wahrscheinlich werden bei dem Nachdruck auf äußerst indirekte Lenkung des Befragten und hohem Rapport auch vorwissenschaftliche Erfahrungen einer sozialen Schicht, nämlich der oberen Mittelklasse, ungerechtfertigt verallgemeinert – der hier übliche Respekt gegenüber dem anderen und das Eingehen auf seine Gefühle mag für Angehörige der Unterklasse, die ein höheres Maß an Aggressivität und Rücksichtslosigkeit gegenüber dem Nächsten für selbstverständlich halten, befremdend wirken." (Barrom 1960, 154 – 162)[9])

Wir können hier die „tieferliegenden" Schichten der Kritik klarlegen. Die Aussage „erst nach wiederholten Nachfragen mühsam erhaltene Antworten" läßt darauf schließen, daß entweder die geforderte Grundhaltung nicht verstanden wurde oder die Interviewer nicht zureichend qualifiziert waren. Sehr oft wird nicht-direktive Gesprächsführung mit drängenden Nachfragen, bzw. Nachbohren verwechselt. Eine drängende Grundhaltung des Interviewers wird die Bereitschaft, über die eigene Situation zu sprechen, jedoch eher verhindern als ermutigen. Gefordert wird ja in den oben genannten Grundregeln die gegensätzliche Haltung, nämlich dem Befragten Raum und Zeit zu lassen, seine Gedanken in der ihm adäquaten Weise zu formulieren, der Interviewer soll sich auf den Befragten einlassen und nicht den Befragten in seine Denkbahnen durch ununterbrochene Zwischenfragen zwingen.

Noch deutlicher als bei Hyman werden soziale Vorurteile gegen sozial Minderpriviligierte sichtbar, wenn vom nicht vorhandenen „Respekt gegen den anderen" und „ein höheres Maß an Aggressivität und Rücksichtslosigkeit bei Angehörigen der Unterklasse" gesprochen wird. Inzwischen gilt es als wissenschaftlich erwiesen, daß die Spontanität und Emotionalität bei Angehörigen der Unterschicht weit ausgeprägter ist, daß ihre bildhafte Sprache besseren Zugang zu ihrer Gefühls- und Vorstellungswelt zuläßt als die verdeckte Rationalisierung der Oberschicht.[10])

9 Ähnliche Kritik ist zu finden bei: David Riesman/N. Glaser, 1948.

10 Vgl. dazu die linguistische Analyse des Sprachgebrauchs in therapeutischen Gruppen: Ruth Wodak, Das Wort in der Gruppe, Wien 1981.

Die nicht-direktive Beratung wird von Rogers als „neue Form der Therapie“ bezeichnet und unterscheidet sich grundsätzlich von den beiden oben genannten Formen der Befragung, die der wissenschaftlichen Informationserhebung dienen. (36) Rogers formuliert die zugrundeliegende Hypothese:

„Wirksame Beratung besteht aus einer eindeutig strukturierten, gewährenden Beziehung, die es dem Klienten ermöglicht, zu einem Verständnis seiner selbst in einem Ausmaß zu gelangen, das ihn befähigt, aufgrund dieser neuen Orientierung positive Schritte zu unternehmen.“ (Rogers 1972, 28)

In der Gegenüberstellung zu dem verwendeten Bild des Archäologen des narrativen Interviews sei auf die bildhafte Beschreibung der Therapie nach Robert Wälder zurückgegriffen. Er sagt:

„Ohne in irgendeiner Weise an diesen unaufhörlichen Kämpfen (die inneren Konflikte des Partienten G. D.) teilzunehmen, zielt die Psychoanalyse ausschließlich darauf ab, Licht und Luft auf dieses Schlachtfeld dringen zu lassen, indem sie die unbewußten Elemente dieses Konflikts bewußt macht. Die Vorstellung ist die, daß das reife Ich des Erwachsenen, wenn es vollen Zugang zu allen im Spiel befindlichen Kräften hat, imstande sein sollte, eine angemessene, tragbare, zumindest aber nichtpathologische Lösung für diese Konflikte zu finden, und fähig wird, zu einem ausgeglichenen Verhältnis zwischen der Befriedigung von Wünschen und der wirksamen Kontrolle derselben zu gelangen.“ (Waelder 1940)

Beide Beschreibungen zielen eindeutig auf eine Therapie ab, die dem Patienten helfen soll, seine inneren Konflikte zu bewältigen. Wesentlich ist nicht die Information, die der Therapeut oder Berater erhält, sondern die Einsicht des Patienten – im Gegensatz zur Interviewsituation. Es ist jedoch für viele Sozialforscher schwer, die beschriebene Grundhaltung des Beraters von der therapeutischen Situation loszulösen. So etwa schreibt Hyman:

„Diese Vorstellung, daß der Interviewer gewissermaßen als der allesverstehende und hilfsbereite Freund des Befragten auftreten solle, ist aber wohl eher mit der Situation des Psychotherapeuten vereinbar als mit der Aufgabe des Sozialforschers.“ (Hyman u. a. 1954, 96)

Zu betonen ist nur noch einmal, die unterschiedliche Zielsetzung von Therapie und Interview, das unterschiedliche Setting (freie Assoziation versus Interviewleitfaden), die anders gestaltete Initiative des Interviewers und Patienten (bei der Therapie).

Wie schauen nun die zu untersuchenden Gegenstände der drei beschriebenen Interaktionsformen aus?

Untersuchter Gegenstand

Gegenstand des standardisierten Interviews sind quantifizierbare Aussagen von Befragten, die in einer vergleichbaren und beliebig reproduzierbaren Situation auf einen Stimulus des Interviewers erfolgen. Der Vorteil der standardisierten Interviews liege, so wird etwa von Phillips betont, im Kontext der Begründung, da durch die Standardisierung nachvollziehbare Einsichten in Phänomene erzielt werden können. (Phillips 1970, 117) Um zu verallgemeinerbaren, quantifizierbaren Daten zu kommen, ist es notwendig, sie aus dem subjektiven Kontext zu lösen und sie in allgemeinen Aussagegefügen zu verwenden. Diese Vorgangsweise wird von den Kritikern der quantifizierenden Methode als unzulässige Abstraktion bezeichnet, die zu rein oberflächlichen Erkenntnissen führe. Wer jemals ein standardisiertes Interview beantwortet hat, weiß, daß die Antwortalternativen nur äußerst selten mit der eigenen Meinung übereinstimmen, und noch schwerer mit einem einfachen Ja oder Nein zu beantworten sind, da Ansichten von konkreten Zusammenhängen oder Situationen abhängig sind. Dieses Unbehagen, das die Beantwortung durch vorgegebene Antworten – wie wir meinen, notwendigerweise – hinterläßt, wird von den Forschern gern als Widerstand oder „Verzerrung“ eingestuft statt als prinzipielle Kontradiktion, die darin besteht, Meinungen einer einmaligen Person durch vorgebene Antworten in ein Korsett, in ein Kästchen einfangen zu wollen. Was bleibt, sind meistens nur oberflächliche Konturen. In Beantwortung dieses kritischen Einwandes stellt Scheuch die Frage, „ob ‚oberflächliche‘ Ergebnisse in bestimmten Zusammenhängen nicht gerade das sind, was die Soziologie benötigt, und ob Informationen über die Tiefenschicht der Person – wären sie erhältlich – überhaupt relevant wären". (Scheuch 1967, 162) Bevor wir uns mit der Frage beschäftigen, welche Forschungsinteressen welche Form der Forschung „nötig" machen, wollen wir den Gegenstandsbezug anhand eines Bildes beleuchten.

Betrachten wir das standardisierte Interview als ein Düsenflugzeug, das in großer Höhe über einige Länder und Meere fliegt, so ist es dem Piloten bei guter Sicht möglich, Besiedlungsstrukturen, topographische Bestimmungen der Landschaft etc. festzustellen. Seine Aussagen müssen ebenso wie seine Wahrnehmungen allgemein und damit oberflächlich, jedoch im großen Kontext bleiben. Wenn wir das Beispiel weiter ausspinnen wollen, können wir sagen, daß ein Düsenflugzeug nicht vom Inhaber der Fluglinie geflogen wird, sondern von einem der Piloten, der täglich dieselbe Route fliegen muß – was den trainierten Interviewern entspricht, die geschult werden, jeweils möglichst gleichartige Stimuli zu senden. Die Entfernung zwischen Piloten und Erdbewohnern ist groß, ähnlich der Distanz, die zwischen Interviewer und Befragten oder noch größer, zwischen Sozialforscher und Befragten besteht, der die Befragten oft nicht einmal zu Gesicht bekommt. Diese große Distanz zwischen Forscher und Untersuchungsgegenstand versteht Devereux als Abwehr der Angst, die verhaltenswissenschaftliche Daten bei den Forschern hervorrufen. Die Methode ist das Mittel der Distanzierung. Er sagt:

„Die empirische Wissenschaft sieht sich gezwungen, mehr und mehr Filter – Tests, Interviews, technische Errungenschaften und andere heuristische Kunstgriffe – zwischen uns und unsere Objekte zu schieben, um die aus der Subjektivität resultierenden Verzerrungen auf ein Minimum zu reduzieren. Es mag sogar den Anschein haben, als wolle sie die Folgerung nahelegen, der beste ‚Beobachter' sei eine Maschine und der menschliche Beobachter solle eine Unsichtbarkeit anstreben, die – wäre sie erreichbar – den Beobachter aus der Beobachtungssituation eleminieren würde." (Devereux 1967, 18)

Diese Erklärung Devereux' richtet sich nicht gegen standardisierte Interviews, sondern gegen die Ausschaltung der Subjektivität des Forschers und des Befragten in den Verhaltenswissenschaften. Als Lösung schlägt er vor, sich jeweils auf die eigenen Gegenübertragungsphänomene einzulassen. Neben den oben angeführten vorurteilsbeladenen Aussagen über nie gesehene Befragte (Devereux 1976, 8f) führt Scheuch methodische Vorschläge an, die den Wunsch nach Ausschaltung des Forschers, wie sie Devereux formuliert hat, weitgehend entsprechen. Beim „neutralen Interview", so führt Scheuch aus, „soll der Interviewer prinzipiell nur Forschungswerkzeug sein, ein gewissermaßen leider (!) nicht zu entbehrender Übermittler von Stimuli und Berichterstatter von Reaktionen (Scheuch 1976, 97). Beim neutralen Interview erfordert die Objektivität ein möglichst unpersönliches Verhältnis zwischen Befragten und Interviewer. Hamilton verschärfte die Bestimmungen, indem er Faktoren wie den physischen Abstand und die Frageformulierung im sogenannten „Laboratoriumsinterview" konstant hielt. Während der Untersuchung über das Sexualverhalten wurden die Stühle des Befragten und des Interviewers in einem vorgeplanten Abstand am Boden fixiert, ferner durfte der Interviewer keine Fragen verlesen, sondern dem Befragten lediglich schweigend Karten identischer Größe, auf denen die Fragen formuliert waren, überreichen und schweigend die Reaktionen notieren. (Hamilton 1929) Eine Interpretation ist hier überflüssig.

Wenn wir die Unterschiedlichkeit des Gegenstandes der narrativen Interviews anschaulich machen wollen, so können wir eine Untersuchung über Heirat, wie sie in den angeführten Laboratoriumsinterviews durchgeführt wurde, aufgreifen. Geht es bei quantitativen Interviews um „eindeutige" Stellungnahmen, so ist der Gegenstand der qualitativen Methode die Vielschichtigkeit des untersuchten Subjekts. Die „Fehler" der Interviewten der standardisierten Interviews sind ein wichtiger Bestandteil der narrativen Interviews. Ein Befragter, der eine ambivalente Einstellung zur Heirat hat, kann etwa seine Wünsche nach Sicherheit in der Ehe formulieren oder nur den anderen Gefühlsanteil der Angst vor dem Verlassenwerden. Diese „Widersprüche" sollten durch „Kontrollfragen" im standardisierten Interview eliminiert werden, beim narrativen Interview kommt es aber gerade darauf an, die Hintergründe dieser Ambivalenz zu erforschen. So wäre es wichtig zu erfahren, daß der Befragte vor kurzer Zeit von seiner Frau verlassen wurde und nun nicht weiß, ob er noch einmal eine Ehe eingehen soll. Es ist wichtig zu sehen, ob er den Anteil seiner narzistischen Kränkung von der Analyse des Scheiterns der Ehe trennen kann, ob er das Gefühl hat, einen Besitz verloren zu haben oder unglücklich verliebt ist. Seit Freud wissen wir, daß viele Handlungen des Menschen erst durch das gleichzeitige Anwesendsein gegensätzlicher Gefühle wie Liebe und Haß, Begehren und Ekel etc. verstehbar sind. Die standardisierten Interviews orientieren sich nach der Logik, die besagt, daß von zwei einander widersprechenden Meinungen eine falsch sein muß – und geht damit am Wesen der menschlichen Gefühlswelt vorbei.[11])

Auf unseren Vergleich mit dem Flugzeug zurückkommend, wäre die qualitative Methode mit einem geländegängigen Hubschrauber gleichzusetzen, dem es möglich ist, in Täler hineinzufliegen, auf Klippen zu landen, den fjordmäßigen Verlauf der Küsten zu erkennen, d. h. die Einmaligkeit eines begrenzten Landschaftsgebietes zu erforschen. Das Forscherteam könnte abwechselnd als Pilot die Strecke des Fluges festlegen.

Als Vorteil der qualitativen Interviews wird nun auch – zu unserem Beispiel passend – die Flexibilität genannt, der Möglichkeit das Vorgehen an den einzelnen Befragten anzupassen. Phillips nennt als Vorteil der nicht-standardisierten Interviews den Einsatz im Kontext der Entdeckung. „Ein geschickter Interviewer, der mit der Zielsetzung der Studie vertraut ist, kann neue Ideen über die Untersuchung entwickeln“ (Phillips 1970, 137), übernimmt also zusätzlich Funktionen als Forscher. Es ist auch durchaus üblich, daß Forscher selbst einen Teil der narrativen Interviews durchführen, um durch persönlichen Kontakt mit den Befragten mehr Sensibilität für die Sitiuation der untersuchten Population zu gewinnen.

---

11 Man stelle sich vor, daß etwa Friedrich Hofreiter, der Antiheld aus Schnitzlers „Das weite Land“ von Hamilton zu seiner Einstellung zu Ehe und Sexualität befragt worden wäre – statistisch in einer glücklichen Ehe lebend, mit äußerst liberalen Ansichten zu Ehe und Seitensprung, der jedoch den jungen Liebhaber seiner Frau aus gekränkter Eitelkeit tötet.
Arthur Schnitzler, Ausgewählte Werke, S. Fischer Verlag, Frankfurt 1962, 356–454.

Wenn wir nun die Unterschiede des standardisierten und des narrativen Interviews in der Vorgangsweise betrachten, so fällt zweierlei auf. Der Kontext der Entdeckung ist auf die Lebenswelt der Lehrer einer bestimmten Schule gerichtet, auf die Fragen: „Wie sind Sie mit Ihrer Situation in der Schule zufrieden, wie schätzen Sie das Verhältnis der Lehrer zum Direktor ein, welche Probleme und Konflikte gibt es in der Schule, warum sind Sie Lehrer geworden, welche Ideale haben Sie (etc.)?" Das narrative Interview dient als Instrument zur Erforschung der Lebenswelt, deren Komplexität und Vielfalt es gerecht zu werden gilt. Da die Grundlagen der Lebenswelt des Menschen die konkreten Bedingungen seiner Arbeit, seiner privaten Existenz, seines politischen und gesellschaftlichen Lebens beinhalten, die in einem historischen Entwicklungsprozeß und den allgemeinen Strukturen der Gesellschaft eingebettet sind, muß der Interviewleitfaden bestimmte Dimensionen herausgreifen. Wesentlich bleibt jedoch das Postulat, den Befragten als Co-Subjekt zu behandeln. Als Kriterium der Wissenschaftlichkeit werden die Gültigkeit und die Verläßlichkeit der Messung angeführt, die es in bezug auf narrative Interviews zu untersuchen gilt.

Kriterium der Gültigkeit und Verläßlichkeit

Die Termini der Gültigkeit (Validität), Zuverlässigkeit (Reliabilität) und Konsistenz (Beständigkeit) entstammen dem Paradigma der analytisch-empirischen Wissenschaft. In Analogie zur Naturwissenschaft wird postuliert, daß nur solche Sätze als sinnvoll anzusehen sind, wenn man angeben kann, unter welchen Bedingungen ein Satz wahr ist, d. h. sinnlich wahrnehmbar ist (empirische Inhalte können nur durch Sinneserfahrung gewonnen werden). (Carnap 1975)[12]) Die Gewinnung von Daten wird auf beobachtbare Verhaltensweisen und verbalisierbare Einstellungen beschränkt, die gemessen werden können. Die

12 Carnap als Mitbegründer des Wiener Kreises formulierte diesen Grundsatz, um damit transzendentalkritische Aussagen bzw. Metaphysik aus der Philosophie zu eliminieren.

Funktion der Messung besteht darin, Daten zur Überprüfung bestimmter Hypothesen zu gewinnen. Analog zu den Meßinstrumenten der Physik, die das Gewicht (Waage) oder die Länge eines Gegenstandes (Maßstab) mißt, sollen Meßinstrumente für den Menschen und sein Verhalten entwickelt werden.

Die Gültigkeit „ist das Ausmaß, in dem sinnvolle Schlüsse von manifesten (der Operation und ihrem Ergebnis) auf das latente Niveau (die zu messende Größe) zuverlässig und vertretbar sind" (Münch 1971) – nichts anderes als das Problem der Verbindung zwischen Beobachtung und theoretischer Sprache. Ein Konzept gilt als valide, wenn es tatsächlich das mißt, was es messen soll. Die Gültigkeit des Meßinstruments standardisiertes Interview gilt schon als problematisch, da zahlreiche Verzerrungen auftreten können, die beim narrativen Interview so wachsen, daß es nach Scheuch als Instrument zur Überprüfung ausfällt. Scheuch sagt:

„Dennoch muß man unseres Erachtens dem Tiefeninterview weitgehend den Charakter eines Beweisinstruments absprechen. Das Geschick des Interviewers ... ist kein Ersatz für die üblichen Kriterien interpersoneller Konstanz der Ergebnisse bei gleicher Vorgangsweise." (Scheuch 1967, 122)

Unter der Zuverlässigkeit (Reliabilität) ist das Ausmaß zu verstehen, „in dem ein Indikator unzweideutige Ergebnisse liefert" (Münch 1971, 43). D. h. daß ein Meßinstrument präzise und konstant arbeitet. Eine Waage, die gleiches Gewicht zu verschiedenen Zeiten verschieden bestimmt, ist nicht zuverlässig. Nicht nur für denselben Beobachter müssen bei mehreren Messungen derselben Objekte gleiche Ergebnisse vorliegen, sondern auch, wenn andere die Messung wiederholen – so lautet das Postulat der Intersubjektivität.

Kritiker der qualitativen Methode wie Scheuch und Schmidtchen sprechen dem narrativen Interview den Charakter eines Beweisinstruments zur Überprüfung von Hypothesen ab, da es die Anforderungen nach Validität und Reliabilität nicht erfüllt. Den Anspruch, Interviews ausschließlich nach der wissenschaftlichen Rationalität (Reliabilität, Validität, Konsistenz, intersubjektive Überprüfbarkeit) zu organisieren, weist Cicourel als unhaltbar zurück, da es sich beim Interview um einen sozialen Prozeß handelt, bei dem „Common-sense-Wissen und Alltagsprache und -bedeutungen in den Rollenübernahmsprozeß des Interviews Eingang finden“ (Cicourel 1970, 11). In jeder „normalen“ zwischenmenschlichen Beziehung interpretieren die Personen einander als soziale Objekte. Jedes Interview konstituiert, so führt Cicourel aus, ein einzigartiges Ereignis in dem Sinn, daß die identischen Bedingungen, welche die Eigenschaften (Daten) hervorbringen, nicht wieder existieren werden. In einem statistischen Sinn schließt die Einmaligkeit solcher Ereignisse aus, daß wir eine Reihe von Daten identische Maße der gleichen Eigenschaft verschiedener Objekte nennen. Zur Überwindung der Einmaligkeit der Feldforschung ist es, nach Cicourel, notwendig, die Strukturen von Common-sense-Bedeutungen im Alltag zu spezifizieren, wie etwa Schütz es versucht hat. Das Interview muß seine Wurzeln in den Denkkategorien des Alltagslebens (Common-sense) verstehen, da sonst keine Gemeinschaft von Interviewer und Interviewten herstellbar wäre. Nach Schütz werden die Relevanzen, die für die Synchronisierung von Bedeutung notwendig sind, vorausgesetzt. (Schütz 1971) Der vorhandene Wissensstand des Befragten und des Interviewers von ihrer Definition der Situation werden ihre wechselseitige Reaktionen auf die gestellte Frage bestimmen. Durch das Aufzeigen der zugrundeliegenden sozialen Interaktion beim Interview treten die erkenntnistheoretischen Probleme, die Scheuch als „Fehlerquellen“ und damit als forschungstechnisches Problem bezeichnete, in den Blickpunkt. Cicourel greift mit der Dimension des Common-Sense die grundlegende Frage des induktiven Vorgehens auf, wenn sie den Menschen als Gegenstand der Untersuchung wählt. Die prinzipiellen Probleme der sozialen Interaktion tauchen nicht bei naturwissenschaftlichen Fragestellungen auf, sondern erst wenn es um Einstellungen des Menschen geht. Theodor Litt hat in seiner Schrift „Das Allgemeine im Aufbau der geisteswissenschaftlichen Erkenntnis“ auf den grundsätzlichen Unterschied am Gegenstand der Erkenntnis hingewiesen. Haben wir es im Fall der Botanik (als Beispiel induktiven Vorgehens) mit Erscheinungen der „außer- und untermenschlichen Wirklichkeit“, der sogenannten Natur zu tun, so haben wir es bei sozialwissenschaftlichen Fragen mit der durch den Menschen zu schaffenden und zu behaltenden Wirklichkeit zu tun, „mit der Wirklichkeit des geistig-geschichtlichen Seins". (Litt 1941, 8) Die „Tatsachen" der menschlich-geschichtlichen Welt sind nicht bloß Tatsachen, sondern haben auch einen sinnhaften Gehalt, sind „Selbstbesinnung des Wissens auf sich selbst". Das Allgemeine als Resultat der induktiven Logik trennt das Besondere als das zu Subsumierende von sich ab. Das Allgemeine der Geisteswissenschaften hält das Besondere in der Einheit mit sich fest. Dies ist der wesentliche Unterschied der quantifizierenden Methode, die induktiv vorgeht und der qualitativen Methode, die im Besonderen das Allgemeine sichtbar macht.

Ziel der qualitativen Analyse ist es, am besonderen Einzelfall einer Schule die Probleme der Kooperation und deren Verbesserungsmöglichkeiten aufzuzeigen. Dadurch soll es möglich sein, die höhere Ebene der Abstraktheit auf die jeweilige aktuelle Einzelsituation zurückführen zu können. Es ist u. M. n. aussagekräftiger, eine Anzahl von konkreten Einschätzungen derselben Schule kennenzulernen, als allgemeine Aussagen einer „repräsentativen Stichprobe" zur Verfügung zu haben, deren Aussagen eine Mischung zwischen Einschätzungen der institutionellen Bedingungen der Schule und den individuellen Erfahrungen an einer bestimmten Schule darstellen. Ob und wieweit die untersuchten Einzelfälle Allgemeingültigkeit beanspruchen können, läßt sich durch eine vergleichende Analyse verschiedener Einzelfälle beantworten. Die Allgemeingültigkeit läßt sich jedoch nicht als „Standardproblem" betrachten, von denen es dann Abweichungen gibt, sondern es geht in der Untersuchung darum, die Bandbreite der sozialen Situationen und ihre wiederkehrenden Grundmuster sichtbar und verstehbar zu machen. Einzelfälle gestatten es, Einblicke in die Denk- und Lebensformen der Untersuchten zu gewinnen, wie sie in jeweils einmaliger Form stattfinden, während die Auswertung repräsentativer Stichproben nur den statistischen Mittelwert ergibt.

Bei der hermeneutischen Vorgangsweise geht es um das Verstehen des Sinngehalts menschlichen Handelns, das unter Zuhilfenahme von (interaktionellen, psychoanalytischen, systemtheoretischen und sozialpsychologischen) Theorien interpretiert wird. Das Interview wird als Produkt eines Verständigungsprozesses zwischen Befragten und Interviewer aufgefaßt. Auch Heinze/Klusemann gehen bei der qualitativen Analyse der Interviews zur Lebenswelt der Fernstudenten (Hagen) von einem hermeneutischen Verstehensbegriff aus, verlieren jedoch die spezifische Interviewsituation aus den Augen, wenn sie nur die Ähnlichkeit des Interviews zur Alltagspraxis des kommunikativen Verstehens betonen. Sie sagen: „Ähnlich wie in Umgangssprache und Alltagskommunikation versuchen wir als Wissenschafter (Interpreten) die Bedeutungs- und Sinngehalte aus den Interviewprotokollen zu erschließen ... deshalb bedarf es der Beteiligung der Betroffenen an der Interpretation.“ (Heinze u. a. 1980) Die postulierte „kommunikative Validierung“ als gemeinsame Interpretation und einer dabei erzielten Übereinstimmung der Interpretation zwischen Interviewer und Interviewten ist u. M. n. nicht einzulösen, da die Interpreten (Wissenschafter) jeweils von einem bestimmten Theoriekonzept ausgehen, das notwendigerweise eine komplexere Sichtweise zum Ziel hat als eine naive Selbstinterpretation des Betroffenen. Eine hermeneutische Entschlüsselung des Sinns muß notwendigerweise auch zu erklären versuchen, ob es etwa zu selektiven Wahrnehmungen, Deformationen und Verzerrungen des Selbstbildes kommt. Gerade wenn im Design viele Beschreibungen derselben sozialen Situation geplant sind, kann der Interpret aus der unterschiedlichen Darstellung Rückschlüsse ziehen. Das Leitbild der konsensualen Interpretation entstammt der psychoanalytischen Deutung in der Therapie, das jedoch nicht vom psychoanalytischen Setting losgelöst werden kann. Eine Deutung im Sinn einer Hinführung auf verdrängte Sichtweisen ist, so meinen wir, nur in einer therapeutischen Situation möglich, wo durch die stabile und regelmäßige Gesprächssituation ein dauerhaftes Vertrauensverhältnis etabliert werden kann – was nicht mit einer einmaligen Interviewsituation verglichen werden kann. Die in dem Projekt getroffene Vereinbarung, keine Daten oder Interpretationen ohne Zustimmung der Untersuchten zu veröffentlichen, entsprang dem Postulat, Untersuchte als Co-Objekte zu verstehen, die das Recht haben, Änderungen oder Anregungen zur Untersuchung zu geben. Das Prinzip der konsensualen Interpretation liegt als Leitbild dem Kooperationsseminar (OE) zugrunde, beim Interview geht es vorrangig um die Gewinnung von Daten.

3. Modellstudie: Soziales und politisches Lernen am 3. BG Linz

Das dargestellte Projekt ist als Modellstudie konzipiert, mit dem Ziel, die Kooperationsfähigkeit der Schule (3. BG Linz) zu erhöhen. Die beigezogenen externen Berater[1]) orientierten sich an dem oben beschriebenen „Human-Relation-Modell“ einer prozeßorientierten Organisationsberatung. Ansatzpunkt der Beratung war die Interaktion der Lehrer. Wir gingen dabei von der systemischen Grundannahme aus, daß eine verbesserte Kooperation der Lehrer auch Auswirkungen auf die Interaktion der anderen Beteiligten, Schüler und Eltern hat. Untersucht wurden in diesem Projekt vorrangig die Aspekte der Teilsysteme „Lehrer – Lehrer“ und „Lehrer – Schüler“.

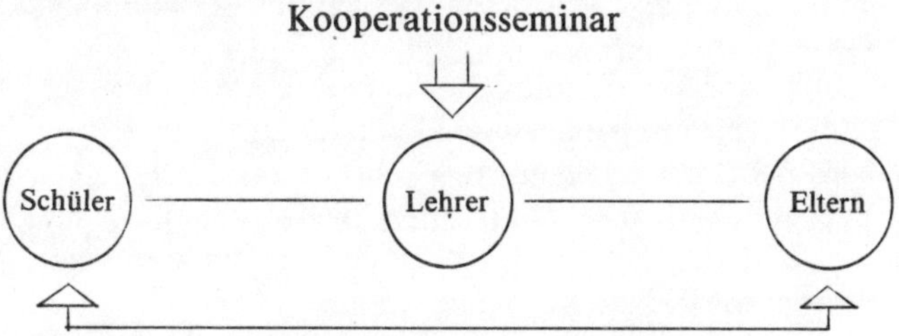

Im Vergleich mit anderen Vorhaben zur Besserung der organisatorischen Arbeitsweise in Schulen stellt die beschriebene Modellstudie eine Kombination aus vier Merkmalen dar:

1. Die Sozialintervention wurde von der betreffenden Schule selbst initiiert und (auf dem Amtsweg) durchgesetzt.
2. Das Kooperationsseminar fand in Gruppen dieser Schule statt und umfaßte die Hälfte des Lehrkörpers.

1 Der Trainerstab zur Durchführung der Organisationsberatung bestand aus Peter Heintel, Rudolf Wimmer und Gertraud Diem-Wille, die alle Mitglieder der ÖGGG (Österreichische Gesellschaft für Gruppendynamik und Gruppenpädagogik) sind.

3. Die Bearbeitung und Lösung von Problemen konnte anhand konkreter sozialer Konflikte gelernt werden.
4. Die Themen des Kooperationsseminars umfaßten neben der individuellen Lernebene die Reflexion organischer Strukturen.

3.1. Hypothesen und Ziele einer Organisationsentwicklung in der Schule

Das Leitziel für Organisationsentwicklung in der Schule ist die Demokratisierung des gesamten Systems. Die Schule als System soll in die Lage versetzt werden, die für die Erreichung der pädagogischen und fachlichen Zielsetzungen günstigen Organisationsformen zu entwickeln, „innovativ" zu sein und auftretende Probleme selbst zu lösen. (Vgl. 60ff) Das genannte Leitziel der Demokratisierung der Schule soll anhand folgender Hypothesen[2]) untersucht werden:

Im Rahmen einer Organisationsberatung wird:

1. den Schulmitgliedern Schule als gestaltungsfähige Organisation bewußt,
2. erfolgt eine Teambildung der Lehrer mit mehr Verlagerung der Entscheidung nach unten,
3. wird bei den Mitgliedern des Lehrkörpers die Fähigkeit zur Zusammenarbeit erhöht (Professionalisierung),
4. wird die Problemlösungsfähigkeit der Schule als soziales System erhöht,
5. tritt eine Orientierung an der Zielsetzung der Schule (die Wahrnehmung pädagogischer Aufgaben) verstärkt auf,
6. werden Veränderungen in der konkreten Schule „vor Ort" durchgeführt.

Die genannten sechs Hypothesen hängen eng miteinander zusammen, sie wurden aus analytischen Gründen isoliert.

---

2 Die Hypothesen stützen sich auf die bei Steuer analysierten „Probleme der sozialen Organisation Schule". Er nennt dort: 1. Unzureichende Bewußtheit der Schulmitglieder, 2. Unzureichende Gruppenstruktur, 3. Unzureichende Kooperation und 4. Unzureichende Problemlösungsfähigkeit. (Steuer 1983, 29ff)

3.2. Untersuchungsdesign

Um den Beratungsprozeß dokumentieren zu können, mußte eine Erhebung vor und einige Zeit nach dem Kooperationstraining erfolgen. Im konkreten Fall war es sinnvoll, die zweite Erhebung noch vor Schulschluß, das waren drei Monate nach dem Kooperationsseminar, durchzuführen. Im Sinn der Handlungsforschung haben alle gewonnenen Daten eine doppelte Funktion: Diagnoseinstrument für die Intervention der Organisationsentwicklung zu sein und als Grundlage für die Evaluation der Intervention zu dienen.

Vorerhebung

Die Vorerhebung wurde auf mehreren Ebenen und wie betont mittels qualitativer und quantitativer Methoden durchgeführt. Es wurden *narrative Interviews* mit 26 Lehrern des Lehrkörpers durchgeführt, sowohl mit potentiellen Seminarteilnehmern als auch mit Nicht-Seminarteilnehmern. Die Auswahl der Lehrer erfolgte durch das Los. Die Interviews fanden im März, d. h. ein Monat vor dem Kooperationsseminar in der Schule statt. Es wurde ein Interviewleitfaden erstellt (Anhang), der

1. die Situation und Selbsteinschätzung der Lehrer als Berufsgruppe und
2. ihre Einschätzung der konkreten sozialen Situation an ihrer Schule zum Thema hatte.

Parallel dazu wurden an zwei verschiedenen Tagen jene Tests bzw. Fragebogen vorgegeben, durch die die vermuteten Trainingserfolge statistisch nachweisbar sein sollten. Konkret waren es der Gießentest (GTS) zur Selbsteinschätzung sozialrelevanter Persönlichkeitsmerkmale (Beckmann/Richter 1975), ein adaptierter Fragebogen zu Einstellungen und Verhaltensdispositionen von Lehrern (EVL) nach Sandner (1978), der Konstanzer Fragebogen zu schulrelevanten Einstellungen von Lehrern (KSE) von Koch/Cloetta/Müller-Fohrbrodt (1972) und schließlich wurde noch gemessen, ob sich auch ein für die Schüler wahrnehmbarer Effekt im Führungsstil der Lehrer zu unterstützendem Verhalten hin zeigte. Als Meßinstrument wurde die Dortmunder Skala zum Lehrerverhalten im Unterricht (DSL) von Masendorf/Tücke/Kretschmann/Bartram (1976) herangezogen.

Sozialintervention

Als Sozialintervention erfolgte ein einwöchiges Kooperationsseminar, das durch eine Diagnose der sozialen Situation und der Problemfelder Anlaß für soziale Lernprozesse darstellte. Das Kooperationsseminar fand zur Hälfte während der Dienstzeit statt (Freistellung) und zur anderen Hälfte in der Freizeit der Lehrer. Die Freistellung stellt eine erste Anerkennung der Schulverwaltung dar, Kooperationen und deren Einübung als Teil der Arbeitszeit der Lehrer zu akzeptieren.

Das Training wurde über Tonbandkontrolle und durch drei Beobachter dokumentiert. Immanent sollte ja nachgewiesen werden, welche Interventionen und Prozesse welche Entwicklungsschritte ermöglichen. Dazu war es methodisch nötig, Analysekategorien zu entwickeln, die in Zusammenhang mit den Auswertungskategorien der narrativen Interviews standen.

Nacherhebung

Zirka drei Monate nach dem Seminar wurden die Tests, die in der Vorerhebung vorgegeben worden waren, wiederholt, um Daten über Veränderungen der Einstellungen der Lehrer zu erhalten.

Nach dem Training wurden noch einmal 20 Lehrer befragt, wieder Seminarteilnehmer und Nicht-Seminarteilnehmer gemischt. Ziel der Befragung war die Erfassung der konkreten Veränderungen vor Ort: Diese betrafen

— die Beziehungen der Lehrer zum Direktor
— die Einbeziehung der Lehrer bei der Meinungsbildung und Entscheidung besonders in Konferenzen
— Zusammenarbeit bei der Vorbereitung und Durchführung des Unterrichts
— die Beziehung der Lehrer untereinander
— der faktische Umgang mit Problemen

— manifestgewordene Orientierungen an pädagogischen Zielsetzungen wie z. B. die Einbeziehung von Schülern in Entscheidungsprozesse.

3.3. Analyse der Einschätzung der Schule durch die Lehrer

Die Daten über die Einschätzung der Schule durch die Lehrer stammen aus den durchgeführten narrativen Interviews. Die Gesprächsatmosphäre während der mindestens einstündigen Interviews war unterschiedlich. Manche der Interviewten sprachen sehr offen, schienen froh über ein ausführliches Gespräch über ihre Sichtweise. Manche waren verschlossen und abweisend – was sich jedoch manchmal während des Gesprächs änderte.

Häufig wurde die Bitte geäußert, die Erzählungen vertraulich und anonym zu behandeln, besonders als nach den konkreten Konflikten im Lehrkörper gefragt wurde. Die Durchführung durch die Begleitforschung selbst, d. h. von den „Wissenschaftern" statt wie erwartet von Studenten, hat sich – wie wir aus diesbezüglichen Äußerungen schließen dürfen – positiv auf die emotionale Situation ausgewirkt. Es wurde als Wertschätzung der Lehrer, als Betonung der Wichtigkeit der Fragestellung, erlebt. Die Interviews mit den Nicht-Seminarteilnehmern konnten viele Ängste abbauen und dürften sich als eine förderliche Bedingung für die rasche Integration ausgewirkt haben. Tatsächlich ist es für eine Organisationsberatung von großem Vorteil, die Stimmung auch der Nicht-unmittelbar-Betroffenen mitzudenken.

Die Auswertung der narrativen Interviews erfolgte nach der Transkription der Tonbänder nach einem vorher erarbeiteten Kategorienraster.

Die qualitativen Erhebungen hatten einen doppelten Stellenwert innerhalb des Gesamtprojektes. Einmal im Rahmen der Handlungsforschung als Diagnoseinstrument Auskunft über die konkrete Situation der Schule und besonders des Lehrkörpers zu geben. Die zweite Dimension bestand in einer Dokumentation der Ausgangssituation und des Veränderungsprozesses.

3.3.1. Selbsteinschätzung der Lehrer als Berufsgruppe

Der erste Teil der narrativen Interviews bezieht sich auf die Situation der Lehrer im allgemeinen: den Motiven zur Berufswahl, den Vorstellungen und deren Realisierung im Schulalltag, den Arbeitsbedingungen in der Klasse, Probleme des Beamtenstatus, der Einschätzung der institutionellen Rahmenbedingungen. Als Material der Analyse der Selbsteinschätzung werden neben den Interviews auch Äußerungen in den Arbeitsgruppen am Kooperationsseminar verwendet.

3.3.1.1. Motive zur Berufswahl des Lehrers

Als Motive, die zur Wahl des Lehrberufs geführt haben, bezeichnen wir die bewußten Beweggründe. Motive werden als Grundlage einer planenden Handlung des Menschen verstanden. Die Beweggründe, den Lehrberuf auszuüben, können unterschiedlich sein. Sie sind nicht nach äußerer Erscheinungsweise, sondern nach ihrer Gerichtetheit auf bestimmte Ziele zu unterscheiden. Motive können selten auf ein Moment eingeengt werden, meist erfolgt eine Handlung aufgrund unterschiedlicher Antriebe. Die Vielschichtigkeit der Berufsmotivation spricht eine Lehrerin an, indem sie sagt: „Das ganze ist irrsinnig umfangreich zum Erklären." (T/1)[3]) Mit diesem multicausalen Ansatz unterscheiden wir uns von eindimensionalen Erklärungsmustern wie sie etwa Zwettler gibt, indem sie eine tieferliegende Grundmotivation aufzudecken meint. Ihre trivial-psychoanalytische Erklärung lautet: „Lehrer wiederholen ihre Schulzeit, um unerfüllte Kindheitswünsche nachzuholen. Die Ausübung des Lehrberufes gibt ihnen das Recht und die Macht, den Wunsch nach Zuwendung durchzusetzen." (Zwettler 1981, 13)

Für eine Berufswahl ist eine dauerhafte Motivation notwendig, da hier lebensrelevante Entscheidungen getroffen wer-

3 Der Klammerausdruck kennzeichnet mit dem Buchstaben einen Befragten, die Zahl bezieht sich auf die Seitenzahl des transskribierten Tonbandinterviews.

den. Dauerhafte Motive werden dabei nicht als statische Eigenschaften verstanden, sondern als ein dynamisches System, das sich ständig stabilisiert. Die Motive zur Berufswahl schlagen sich in den Erwartungen, die an die Berufsausübung gerichtet werden, nieder. Das Maß ihrer Realisierung ist ein wichtiger Indikator für die Zufriedenheit oder Unzufriedenheit, die Selbsteinschätzung und Sinnfindung im Beruf.

Unterschieden werden folgende Kategorien:

— individualgeschichtliche Motive
— idealistische Motive und
— instrumentelle Motive.

Eine quantitative Auszählung ergab folgende Zuordnung:

individualgeschichtlich	idealistisch	instrumentell	ohne Antwort
13	25	15	1

N = 26, Mehrfachnennungen

Auffallend bei der Verteilung der Antworten ist, daß fast alle Lehrer (96%) idealistische Motive nannten, wobei nur zwei Lehrerinnen sie als nicht ausschlaggebend bezeichnen. Jeweils die Hälfte gibt zusätzlich instrumentelle oder individualgeschichtliche Beweggründe an.

Individualgeschichtliche Motive

Unter dieser Kategorie wurden jene Motive erfaßt, die sich aus bestimmten Lebenssituationen ergaben (6 Nennungen), aus einer Familientradition (4 Nennungen) und eigenen Schulerfahrungen (3 Nennungen). Der Entschluß, den Lehrberuf zu ergreifen, stellte eine Lösung einer Problemsituation dar, wie etwa nach einer Scheidung keinen Beruf zu haben oder nach dem Krieg „als Seeoffizier brotlos" geworden zu sein.

„So wie zur Zeit Friedrich des Großen – sind die gestrandeten Offiziere Lehrer geworden." (Q/1)

Positiver Antrieb war die eigene Erfahrung im Umgang mit Jugendgruppen, in der Jugendbewegung oder als Nachhilfelehrer. (Vgl. L, Z, M)

„Ich war seit meinem 15. Lebensjahr Übungsleiter für Sport in einem Verein, dort habe ich eine eigene Gruppe geführt." (L/1)

Die eigene Erfahrung in der Schule als Schüler/in wird hingegen selten genannt, nur zwei Lehrerinnen sagen, daß sie „gute Schülerinnen" waren und „gern in die Schule gegangen sind". Man ist jedoch Lehrer geworden „trotz des Klassenvorstandes, der gefürchtet war" (G/1); ähnlich äußert sich auch Lehrer L:

„... obwohl ich einen Klassenvorstand hatte, der berühmt dafür war, daß er keinen Zugang zu Jugendlichen gefunden hat, der genau das Gegenteil produziert hatte (als den Wunsch Lehrer zu werden, v. Verf.) – aber das hat mich also nicht abschrecken können." (L/1)

Die geringe Nennung der Beziehung zu den eigenen Lehrern als Bezugsperson ist überraschend, da die Entscheidung für den Lehrberuf bei 46% der Lehrer schon während der Schulzeit getroffen wurde, wo sicherlich eine starke emotionale Beziehung zwischen Schülern und Lehrern angenommen werden kann.[4]) Auch bei tiefergehenden Bearbeitungen der Beweggründe zur Berufswahl in Balintgruppen zeigen sich in fast allen Fällen starke (positive oder negative) Bezüge zu eigenen Lehrern der Schulzeit.

Für eine Gruppe von Lehrern war die Berufswahl eine Selbstverständlichkeit, weil sie damit eine Tradition in der Familie fortsetzten. Frau R. sagt:

---

4 Freud weist auf die große emotionale Bedeutung der Lehrer für die Schüler hin, wenn er schreibt: „Ich weiß nicht, was uns stärker in Anspruch nahm und bedeutender für uns wurde, die Beschäftigung mit den uns vorgetragenen Wissenschaften oder die mit den Persönlichkeiten unserer Lehrer... Wir warben um sie oder wandten uns von ihnen ab, imaginierten bei ihnen Sympathien oder Antipathien, die wahrscheinlich nicht bestanden, studierten ihre Charaktere und bildeten oder verbildeten an ihnen unsere eigenen. Sie riefen unsere stärksten Auflehnungen hervor und zwangen uns zur vollständigen Unterwerfung; wir spähten nach ihren kleinen Schwächen und waren stolz auf ihre großen Vorzüge, ihr Wissen und ihre Gerechtigkeit. Im Grunde liebten wir sie sehr, wenn sie uns irgendeine Begründung dazu gaben; ich weiß nicht, ob alle unsere Lehrer dies bemerkt haben."
Sigmund Freud: Zur Psychologie des Gymnasiasten, in: Studienausgabe, Bd. IV., 238.

„Ich habe Vorbilder gehabt in meiner Familie. Ich komme aus einer Lehrerfamilie ... es hat sich also bewährt in unserer Familie, also warum ich nicht auch.“ (Mutter, Großvater, dessen Vater waren alle Lehrer!) (R/2)

Diese Haltung, die eigene Berufsentscheidung als Fortsetzung der Berufsausübung der Eltern zu sehen, ist Ausdruck eines „Traditionalismus“.[5]) Der Lehrberuf hat durch seinen Beamtenstatus eine staatstragende Funktion, wie es R. Wimmer (1979) in der Analyse der Lehrerdienstpragmatik seit der Aufklärung nachweisen konnte. Als Gegenwert für die staatserhaltende Aufgabe des Lehrers, die große Anforderung an seine Lebensführung innerhalb und außerhalb der Schule stellt, wird soziale und ökonomische Sicherheit geboten. Direkt angesprochen wird das Motiv Sicherheit nur einmal, indirekt liegt sie den Sekundärentscheidungen zugrunde. Eine Lehrerin sagt:

„Ich komme aus einem sehr – aus einem Elternhaus, wo die berufliche Sicherheit immer an erster Stelle gestanden ist. Also in der ganzen Erziehung. Und für meinen Vater eine pragmatisierte Stelle einfach das Erstrebenswerte war, ganz egal, wo man pragmatisiert war, ob das in der VOEST war oder als Angestellte beim Magistrat. Verständlich, weil mein Vater eben in früheren Jahren sehr viel mitgemacht hat... Und wenn das nicht der Fall gewesen wäre, hätte ich vielleicht etwas anderes gemacht.“ (I/1)

Frau I spricht die ökonomische Unsicherheit der Elterngeneration an, die für sie als folgende Generation ausschlaggebend war. Die Entscheidung selbst scheint weniger von ihr selbst als von ihrem Vater getroffen worden zu sein – ein weiteres Moment einer traditionalistischen Haltung. In dieselbe Richtung geht die Aussage von 4 Lehrern, daß sie selbst in derselben Schule maturiert hätten (= ca. 15%), d. h. daß abgesehen vom Studium der Lebensrhythmus der eigenen Schulzeit weiterbesteht.

Das ursprünglich hohe Prestige und der hohe Sozialstatus des Lehrers als Beamter hat sich gewandelt, als andere Wertun-

---

5 Max Weber charakterisiert Traditionalismus als Haltung der Katholiken (im Gegensatz zu den Protestanten) den elterlichen Beruf zu ergreifen, eher im handwerklichen Bereich zu bleiben, als in die Industrie zu gehen, weniger aufstiegsorientiert zu sein. (Max Weber 1975, 32)

gen gesellschaftlich anerkannt wurden wie Karriere, Geldverdienst, Aufstieg, Selbständigkeit der Arbeit. „Ende der 40er Jahre war der Beruf Lehrer noch ein Beruf, der für viele verlockend erschien“, sagt ein Lehrer mit der Begründung:

„Man hat einfach die Meinung gehabt, das ist ein Beruf mit schönen und hohen Aufgaben. Vielleicht hat auch ein bißchen mitgespielt, daß der Lehrer damals noch ein gewisses Maß an Autorität zugestanden bekommen hat.“ (B/2)

Der Prestigewandel oder die nun fast schon eingetretene Diskriminierung des Lehrberufs wird von Peter primär auf die ökonomische Ursache zurückgeführt, „da seine Arbeit (d. Lehrers) sich nicht den Wertvorstellungen einer auf materielle Leistung hin orientierte Gesellschaft subsumieren läßt: Der Lehrer produziert dem öffentlichen Bewußtsein nach keine Werte, und er übt keine reale Macht aus, so daß dem Lehrberuf für das öffentliche Bewußtsein unverkennbar ein gewisses Aroma des gesellschaftlich nicht ganz Vollkommenen anhaftet.“ (Peter 1973, 104) Dem Lehrer vermittelt sich dieser Eindruck der Abwertung durch Gespräche mit Maturanten:

„In späteren Jahren, wie es diesen Lehrermangel gegeben hat, hat man auf den Lehrberuf ein bißchen mitleidig heruntergeschaut, weil damals die Privatwirtschaft sehr gute Angebote gemacht hat. Ich erinnere mich zurück, daß wir oft unsere Maturanten gefragt haben, was macht ihr, wollt ihr nicht auch das Lehrfach machen – Um Gottes Willen! Das wurde damals auf breiter Front abgelehnt.“ (B/2)

Diese erlebte Abwertung des Lehrberufs wird bei unseren Befragten wettgemacht durch eine durchgängig idealistische Motivation, d. h. es werden nicht-materielle Werte betont.

Idealistische Motive

Mit einer Ausnahme hatten alle Befragten idealistische Beweggründe genannt, wobei 13mal das „Interesse für das Fach“ und 12mal „Spaß an der Arbeit mit Kindern und Jugendlichen“ angegeben wurde. Das *Interesse für die Fächer* wird emotional unterschiedlich beschrieben, einmal eher kühl: „Ich habe unreflektiert die Fächer studiert, die ich als Schüler gern gemacht habe“ (G/1) und sehr engagiert: „Ich habe die Fächer studiert, die mich wirklich wahnsinnig interessiert haben ... es war eine echte Leidenschaft.“ (R/1) Welche Berufsausübung mit einem Studium verbunden ist, wird oft erst später reflektiert“ ... und ich habe mir nie gedacht, was ich daraus mache, was für einen Beruf.“ (ebenda)

Diese Orientierung an den Schulfächern läßt den Verdacht aufkommen, daß von vielen Schülern die Einteilung der Schulfächer als Einteilung der Welt und der Berufe übernommen wird. Man kann seine Interessen nur nach den Kategorien der Fachzersplitterung einstufen. Der Lehrberuf ist auch der einzige Beruf neben dem dem Hausfrau und Mutter, den die Schüler aus ihrem eigenen Alltag kennen, der also schon vertraut ist. Allerdings ist die Wahrnehmung der Lehrerrolle aus der Schülerperspektive auf die Klassensituation eingeschränkt, was eine realistische Einschätzung der Funktionen des Lehrers, seiner Stellung in der Organisation, dem bürokratischen Reglements erschwert. In derselben Dimension meint Peters, „daß die Kollision von falschen Berufserwartungen mit einer Organisationswirklichkeit die Rollenkonflikte des Lehrers begünstigen“ (Peters 1973, 57). Die Begeisterung für das studierte Fach kann die ganze Person erfassen. So beschreibt Lehrer B:

„Ich war ein recht guter Zeichner in der Schule ... (und auf die Frage: Malen Sie jetzt eigentlich noch?) ... Ich male jetzt noch sehr, das hat nie aufgehört. Das ist für mich eine Art notwendiger Ausgleich und Erfüllung, die ich mir immer wieder verschaffe. Natürlich muß ich den Großteil meiner Freizeit dafür aufwenden, und das ist auch eine Gewohnheit, die bei mir seit Jahren so ist. Es macht Freude, aber es ist natürlich immer wieder Arbeit. Wie der Laie sagt, das schüttelt man aus dem Ellbogengelenk, so ist das nicht. Es ist jedes Bild Arbeit, und es gelingen weniger Bilder als gelingen sollten, und ein Bild, das nicht so richtig gelungen ist ... das belastet sehr, das trägt man tagelang mit sich herum, das rumort in einem. Dann darf man sich auch nicht die Tage zu wählerisch aussuchen. Man muß sich auch bei schlechtem Wetter einmal hinaus in die Natur setzen. Ich bin oft lange Stunden im Winter draußen gesessen – als Jüngerer war ich da überhaupt ein bißchen fanatisch – ich bin da wirklich an frostigen Tagen drei, vier Stunden draußen im Schnee gesessen und habe mir eingebildet, ich müsse den Frost voll erleben, um das Bild wirklich als entsprechendes Winterbild entstehen zu lassen. Obwohl man natürlich mit entsprechender Erfahrung auch ganz gute Bilder aus dem Gedächtnis malen könnte, wenn man viel Erfahrung hat, nach Skizzen und Notizen. Speziell ich habe in der Malerei immer den unmittelbaren Kontakt mit der Natur gewünscht, das war für mich etwas Unentbehrliches." (B/4)

Es ist nachzuempfinden, wie die Malerei die Brücke zwischen ihm und seinen Gefühlen mit der Außenwelt bildet, über die er sich mitteilen und ausdrücken kann. Diese Begeisterung stellt für seinen Bezug zu den Schülern einen Vorteil und einen Nachteil dar. Vorteil deshalb, weil viele Schüler seine Begeisterung miterleben, als Nachteil, weil von seiner Begeisterung eine Forderung ausgeht, eine Erwartung, alle zu diesem Bezug führen zu können (müssen).

Die *Arbeit mit Jugendlichen* und Kindern bezeichneten 48% der Befragten (12 Nennungen) als emotional befriedigend, denn „man weiß, das ist ein Beruf, wo man jeden Tag viel Kontakt mit vielen Menschen hat" (D/1). Den Umgang mit Jugendlichen erlebte man schon als Nachhilfe- oder Sportlehrer als befriedigend. Herr M sagt:

„Schon in der 7., 8. Klasse ungefähr, da habe ich ziemlich viele Nachhilfestunden gegeben, und da bin ich draufgekommen, daß es den Leuten eigentlich taugt, und daß ich ihnen Mathematik so erklären konnte, daß sie dann auch relativ gut gewesen sind." (M/1)

Der Erfolg als Nachhilfelehrer ist ein Erfolgserlebnis, das Freude über das Vermittelnkönnen hervorruft, besonders wenn der Stoff als sinnvoll und wichtig eingeschätzt wird.

„Mir hat das ganz einfach Spaß gemacht, anderen etwas beizubringen. In der Volksschule habe ich versucht, den Kleineren irgendetwas beizubringen. ... Mir macht es Freude, wenn ich etwas vermitteln kann, von dem ich überzeugt bin, und was ich als sehr wichtig und wesentlich erachte ..." (S/1)

In der psychoanalytisch orientierten Pädagogik wird der Wunsch nach der Beschäftigung mit Kindern in bezug zur eigenen psychischen Entwicklung gesetzt. Kinder würden, so führt Freud aus, wegen ihrer „polymorph perversen" Triebeinstellung (ihrer noch mangelhaften Triebkontrolle) und wegen ihrer noch nicht auf das Erlaubte und Gewohnte eingeschliffenen freien Ausübung von Fähigkeiten und Interessen eine Bedrohung der erlernten Triebkontrolle des Erwachsenen (Lehrer oder Eltern) darstellen. In der Begegnung mit dem Kind käme es, so führt Bernfeld den Gedanken weiter, zu einer unbewußten Wiederbelebung der Auseinandersetzung mit den eigenen Eltern.[6]) Bei so viel Bedrohung und Regression ist verwunderlich, warum hier von „Spaß bei der Beschäftigung mit Kindern“ die Rede sein kann. Schon die Motivation zum Lehrberuf ist nur erklärlich, wenn angenommen wird, daß Lehrer in ihrer Tätigkeit dieselben aggressiven Impulse abreagieren können, die sie als Kind selbst erlitten haben (Identifikation mit dem Aggressor). Wir wollen zu einer anderen, plausibleren Erklärung greifen.

Die Prämisse des Zusammenhanges des Wunsches sich mit Kindern zu beschäftigen mit der eigenen psychischen Entwicklung wollen wir beibehalten, da die Äußerungen zu dieser Frage auf eine große emotionale Betroffenheit schließen lassen. Das Wiederbeleben eigener kindlicher Erlebnisformen kann unserer Meinung nach eine *Befreiung* oder *Bedrohung* sein. Regression wird in der klassischen Psychoanalyse als Zeichen einer „unvollständigen und unsicheren Überwindung der eigenen Infantilität“ betrachtet. (Fürstenau 1974, 268) Hilfreich für das Verständnis des komplexen Zusammenhanges ist die Unterscheidung des „Ich“ in drei Stadien: das Kindheits-Ich, das Erwachsenen-Ich und das Eltern-Ich, wie es Eric Berne getroffen hat. Für unseren Zusammenhang interessieren die Funktionen des Kindheits-Ich. Das Kindheits-Ich umfaßt Teile der Persönlichkeit, die aus der kindlichen Erlebniswelt stammen, u. zw. Impulse wie Freude, Spiel, Sexualität, Neugierde, Entdeckungsdrang, Aggression, Egozentrik, Intuition, Kreativität, Ängstlichkeit.[7]) Wesentlich für die Persönlichkeitsentwicklung ist es, ob und wie es gelingt, diese Impulse mit dem Erwachsenen-Ich (Planungs- und Entscheidungsinstanz) und

6 S. Bernfeld, Sisyphos oder die Grenzen der Erziehung, Frankfurt 1967 und P. Fürstenau, Zur Psychoanalyse der Schule als Institution, in: Fürstenau 1974, 269f.

7 Die weiteren Differenzierungen werden hier vernachlässigt (Natural Child, Little Professor and Adapted Child). Murial James, D. Jongeward, 1978, 139 – 177.

dem Eltern-Ich (Instanz für Strafe und Belohnung, Kritik u. Ermutigung) zu integrieren. Zeichen einer gelungenen Integration ist die Fähigkeit des Erwachsenen, sich fallen zu lassen (zu regretieren als Positivum!), Spaß zu haben, lachen zu können, zu spielen, ohne dabei die Umschau und die Achtsamkeit und Verantwortung zu verlieren, d. h. seine kindlichen Anteile leben zu können. Damit wird ein Gegensatz zu der von Fürstenau genannten „unsicheren Überwindung der Infantilität" als Norm postuliert, wonach dem Kindlichseinkönnen eine wichtige positive Funktion zugesprochen wird. Nur wenn diese kindlichen Anteile abgewehrt werden müssen, können Probleme, Bedrohungen, Konflikte entstehen. In Anwendung auf unsere Fragen können wir folgende These formulieren: Die Arbeit mit Kindern kann ebenso eine Befreiung wie eine Bedrohung darstellen, wenn der Wunsch enthalten ist, eigene kindliche Möglichkeiten nachzuholen, Kindern das zu gestatten, was man selbst nicht durfte (Delegation) oder die Integration von kindlichen Wünschen und rationalen und moralischen Ansprüchen neu zu gestalten. All diese Zusammenhänge sind unbewußt und lassen sich nur aus Äußerungen erschließen. Dazu Beispiele:

— Eine Lehrerin, die als Kind sehr streng erzogen wurde, ein braves und stilles Kind war, erlebte es als große Befriedigung, ihren Unterricht so zu gestalten, daß die Schüler viel sprechen konnten; sie organisierte Rollenspiele und Dialoge, Gruppenunterricht und Unterrichtsprojekte. Als größten Erfolg wertete sie die Aktivität der Schüler, den selbständigen Zugang zu Informationen. Damit gelang es ihr, die ihr versagt gebliebene Selbständigkeit als Erwachsene nachzuholen.

— Ein befragter Lehrer berichtete, daß er durch seine Tätigkeit als Lehrer viel lockerer geworden sei, nicht mehr so distanziert sei, sondern auch emotionale Nähe zu den Schülern zulassen könne. Ein Beispiel einer Neuorientierung des Umgangs mit seinen Wünschen. Er beschreibt das folgendermaßen:

„Ich habe mich selbst immer wieder in Frage gestellt und habe mich in den sechs Jahren, in denen ich in der Schule bin, radikal verändert.

Brauchen Sie nur Schüler fragen, die ich im ersten, zweiten und dritten Jahr hatte und Schüler, die ich jetzt hab'. Die werden ihnen eine Lehrerpersönlichkeit beschreiben, die 100prozentig fast konträr ist."
I: „In welcher Richtung haben sie sich verändert?"
„Ich war am Anfang irrsinnig, also nur auf das Fachliche und was Disziplin anbelangt total auf autoritär, wahrscheinlich weil ich unsicher war am Anfang. Wogegen ich jetzt – ich merke es immer mehr (lachen) – Sicherheit gewinne. Eben mehr Sicherheit auch im Umgang mit Schülern – mit den Schülern, Direktor und Kollegen weniger (lachen)."
I: „Das kommt schon noch!"
„Das wird schon noch kommen – und daß ich dadurch viel gelöster bin, viel toleranter bin den Schülern gegenüber." (P/10f)

Lehrer P beschreibt sehr klar, daß bei ihm ein direkter Zusammenhang zwischen seiner Unsicherheit und Angst und seinem strengen, starr fachlich ausgerichteten Umgang mit den Schülern bestanden hat.[8]) Uns scheint es wichtig, bei der Deutung der Motive auch offen für Entwicklungschancen der Persönlichkeit zu sein.

Eng verknüpft mit den idealistischen Motiven des Interesses für die Fächer sind die instrumentellen Motive.

Instrumentelle Motive

Als instrumentelle Motive wurden die „kurze Arbeitszeit" (2) Nennungen bezeichnet, die Berufssicherheit (4), und sekundäre Entscheidungen (9). Vor allem für Frauen spielt die kurze außerhäusliche Arbeitszeit eine große Rolle, weil sie dann ihre Aufgaben als Mutter und Lehrerin gut verbinden zu können glauben. „Für eine Frau ist das ein Beruf, der sich mit der Familie vereinbaren läßt." (V/1) Die Gründe für die Berufssicherheit wurden bereits bei den individualgeschichtlichen Motiven genannt. Die meisten Nennungen wurden der „Sekundärentscheidung" zugeordnet. Unter Sekundärentscheidung verste-

8 Vgl. dazu die Ausführungen zur Lehrerpersönlichkeit, bei dem Bolterauer ausführlich auf den Zusammenhang von Angst und Lehrerverhalten eingeht. Bolterauer, L., Psychologie der Erzieherpersönlichkeit, in: Erziehung und Unterricht, 1948, H. 11 – 12.

hen wir mit J. Kolb die Tatsache, daß der Lehrberuf häufig ein „Auffangberuf" für diejenigen ist, die zunächst andere, in den meisten Fällen als „höher" eingeschätzte Berufswünsche hatten und diese, aus welchen Gründen auch immer, nicht realisieren konnten. (Kolb 1958, 32)

Anlaß für Sekundärentscheidungen sind finanzielle Probleme der Eltern, Lebenskrisen wie Ehescheidung, keine anderen Berufsaussichten mit dem abgeschlossenen Studium. Der Lehrberuf wird von einigen Befragten im oben genannten Sinn als „Auffangberuf" bezeichnet. So sagt Lehrer A:

„Ich habe ja zuerst Theologie studiert, ich wollte zuerst Priester werden und habe dann nicht Theologie fertig gemacht, sondern ich bin Lehrer geworden. Gut, das hängt mit Theologie zusammen, mit Priester werden..."
I: „Was waren ihre Vorstellungen vom Lehrberuf, als sie sich entschlossen haben, von Theologie auf Lehramt umzusteigen?"
„Na ja, das war sozusagen einmal eine ähnliche Richtung. Ich habe immer schon gern Kontakt mit Menschen gehabt, sagen wir so. Und wollte nun, das war eh sozusagen die einzige Möglichkeit, ich hatte sozusagen schon 8 Semester Theologie – also wie kann man das sozusagen für das Studium ausnützen. Und interessiert hat es mich." (A/1)

Bei Lehrer A ist der Lehrberuf die einzige Möglichkeit, sein achtsemestriges Studium sinnvoll zu integrieren, nachdem sein primärer Wunsch Priester zu werden, aufgegeben wurde. Es zeigt sich im Gespräch deutlich, daß nach jeder Sekundärmotivation die „Gleichheit" der beruflichen Position angesprochen wird oder das Interesse, Engagement an Menschen.

Eine andere typische Verhaltensweise ist die zuerst getroffene Entscheidung für ein Fach, ohne eine Berufsvorstellung damit zu verbinden. Erst bei Abschluß des Studiums wird die Verdienstmöglichkeit dieses Studiums betrachtet. Dazu die Äußerung eines Befragten, der zuerst die Frage „Warum wollten sie Lehrer werden" nicht verstand, die Erläuterung „Wollten sie Lehrer werden oder..." unterbrach und sagte:

„Nie! Ich habe etwas anderes zu studieren begonnen, Informatik – das hat mir nicht recht zugesagt. Die Alternative in Linz war eben Mathematik und Physik zu studieren. Am Ende habe ich mich dann entschieden, Lehrer zu werden."
I: „Aus welchen Gründen?"

„Es war kein dringender Wunsch – mir wäre jeder andere Beruf genauso recht gewesen. Ich habe theoretisch Physik studiert, und da sind die Chancen, in der Wirtschaft unterzukommen, denkbar gering. Ich war zu der Zeit schon verheiratet, habe schon eine Tochter gehabt. Die einzige Alternative wäre gewesen, woanders hinzugehen. Auf der Uni in Linz war keine Chance für mich.“ (P/1)

Den Zusammenhang zwischen Sekundärentscheidung und dem Hervorkehren anderer Qualitäten, die zeigen, daß man nicht nur Lehrer sei, wie Peter es beschreibt,[9]) konnten wir nicht feststellen. So engagierte sich der oben genannte Lehrer P in seinem Fach innerhalb der Schule und regionalen Arbeitsgruppe Physik, organisierte gemeinsam mit anderen Fachkollegen einen Informatikkurs an der Schule. Das hängt vielleicht mit dem hohen Zusammenhang zwischen idealistischen Motiven und Sekundärentscheidung zusammen, da fast 50% der Lehrer, für die der Lehrberuf nur ein Auffangberuf war, als begleitendes Motiv ihr Interesse an der Arbeit mit Kindern bekundet hatten, zwei andere sehr ehrgeizig waren und jede Aufgabe optimal erfüllen wollten.

Zeitpunkt der Entscheidung

Circa 48% entscheiden sich während der Schulzeit, weil sie schon damals Interesse für das Fach oder Spaß am Umgang mit Kindern gehabt hatten. Es wäre interessant festzustellen, ob diese frühe Berufsentscheidung für das Lehramt kennzeichnend ist, oder ob sie bei anderen Berufen ähnlich hoch liegt.

Zusammenfassung

Zusammenfassend kann gesagt werden, daß bei den lebensgeschichtlichen Beweggründen die Meisterung einer Lebenskrise

9 Peter schreibt: „Diesem Absinken (der Prestigeansprüche, v. Verf.) wird entgegengewirkt durch die Hervorkehrung der primären, höher eingeschätzten Haltung, um die eigene berufliche Position bewußt individuell zu modifizieren, und zwar gewöhnlich in dem Sinne, daß man zeigt, man sei ‚nicht bloß Lehrer‘, sondern auch noch etwas anderes, etwa Wissenschafter, Musiker, industrieller Praktiker u. ä.“ (Peters 1973, 159).

oder eine positive Affinität zum Umgang mit Kindern und Jugendlichen vorhanden war. Durchgängig wurden idealistische Motive genannt, wobei der weiteren Untersuchung der Realisierung der eigenen Vorstellungen im Beruf und den ersten Erfahrungen zu fragen ist, ob diese idealistische Konzeption ein überhöhtes Anspruchsniveau und spätere Enttäuschung verursacht oder das geäußerte Interesse am Fach und an der Beschäftigung mit Kindern zu einer Berufserfüllung geführt haben – beide Verhaltensweisen wären logisch möglich. Zu fragen ist auch, ob die instrumentellen Motive (kurze Arbeitszeit, Sicherheit und Auffangberuf) eine Auffassung des Lehrberufs als Job begünstigen, und ob hier eher ein Desinteresse an schulischen Angelegenheiten festzustellen ist.

Auffallend, wenn auch allgemein verbreitet, ist die Einschränkung der Berufsvorstellung auf die Interaktion mit Kindern und gleichermaßen eine auf das zu unterrichtende Fach. Wir wollen hier nur kurz darauf hinweisen, um diesen Gesichtspunkt in der folgenden Analyse der Berufserwartungen und deren Realisierung nicht aus dem Blick zu verlieren. Anschließend soll dann auf fehlende Dimensionen des Berufsfeldes der Schule eingegangen werden.

3.3.1.2. Berufsvorstellungen und deren Realisierung

Die Antworten auf die Frage nach ihren Berufsvorstellungen und deren Realisierung ergaben folgende Verteilung:

immer gut	gemischt	Anfangssituation negativ	ohne Antwort
10	3	7	6

N = 26

Die Mehrzahl der befragten Lehrer (10) hat das Unterrichten und den Kontakt zu den Schülern immer als gut eingeschätzt. „Es war nie ein Frust, hat mir immer Spaß gemacht" (Z/2) wird gesagt oder „mit den Schülern läuft es verdammt problemlos, also Betonung auf verdammt" (G/2). Der durchgängig positive Eindruck wird auch von den Lehrern vermittelt, die im Probejahr gleich voll unterrichtet haben:

„Jetzt hat man ja wieder das Probejahr, das ist wieder doch ein bißchen etwas anderes. Ich bin ja mit Überstunden mitten hineingestellt worden, Gott sei Dank in Unterstufenklassen damals." (X/13)

Dankbar ist man, wenn man zu Beginn in Unterstufenklassen unterrichtet, wo der Altersunterschied zwischen Junglehrer und Schüler als hilfreich erlebt wird, da die Schüler den Lehrer eher anerkennen.

Trotz guter Erfahrungen klingen in zwei Fällen auch Probleme an, als Konflikte zwischen Leistungsanspruch und Zuwendung zu den Schülern angesprochen werden bzw. die Frage aufgeworfen wird, ob der eigene Unterrichtsstil von den Kollegen heimlich belächelt wird. Frau T sagt:

„Ich habe mir gewisse Ideale gesetzt, wie mein Unterricht ausschauen würde, und was ich vermitteln möchte. Und wenn ich nachher sehe, daß vielleicht durch meine Art, wie der Unterricht abläuft, die Schüler total darauf einsteigen, ohne daß das jetzt nur mit Drohen geht, sondern die Schüler aus sich heraus. Ich glaube, na ich möchte das Wort Vertrauen nicht gebrauchen, aber sie setzten in mich irgendetwas hinein. Ich glaube, ich kann den Wünschen von Schülern entsprechen – fachlich – und ich glaube auch vom Menschen her einfach. Das Negative – vielleicht habe ich da einen Komplex oder etwas – daß ich mir nachher denke, daß ich von anderen Lehrern aus dem Grund weil ich eben neu bin, wenn ich von meinem Unterricht erzähle, daß das nachher belächelt wird. Ich habe das Gefühl, ich werde nicht ernstgenommen, so wie ich es mir in meinem Ideal vorstelle, daß das eigentlich richtig sein könnte – im Vergleich vielleicht zu etwas anderem." (T/2)

Bei der Beschreibung der Beziehung zwischen Lehrer und

---

10 Die Befragten, die zu diesem Thema nicht Stellung bezogen hatten, verweigerten nicht die Antwort dazu, sondern gingen auf andere Themen ausführlicher ein. Beim narrativen Interview liegt die Priorität auf der Vertiefung relevanter Themen zu ungunsten einer Gleichförmigkeit der Fragestellung.

Schüler fällt das Unspezifische auf, es wurde als „problemlos" und „Spaß machend" bezeichnet, ohne daß genauere Beschreibungen über die Besonderheit einer befriedigenden Beziehung deutlich wurden. Frau T nennt nun drei Kriterien: Am wichtigsten ist ihr „das Einsteigen der Schüler", daß sie die Schüler fachlich ansprechen kann und sie als vertrauenserweckend eingestuft wird. In der Art und Weise ihres Sprechens wird deutlich, daß das direkte Sprechen über die Lehrer-Schüler-Beziehung ungewohnt ist, sie will das Wort Vertrauen nicht gebrauchen, unterbricht sich selbst im Satz, schränkt die Aussage durch Ausdrücke wie vielleicht, Konjunktiv etc. ein.

Auffallend ist der Gegensatz, der der Lehrer-Schüler-Beziehung im Hinblick auf die Verwirklichung der Berufsvorstellungen vom Lehrer beigemessen wird, und dem Nichtbesprechen von deren Kriterien im Gespräch zwischen Lehrern. Frau T sagt, daß sie mit Kollegen über ihren Unterricht spricht „weil ich eben neu bin", und unmittelbar nachher spricht sie von ihrer Unsicherheit. Über diesen Zusammenhang sagt sie im weiteren:

„... vielleicht bin ich auch wieder nur verunsichert dadurch, weil ich eben so neu bin, also noch nicht lange die Praxis kenne. Ich meine, ich habe mir selbst ein Ziel gesetzt, wie mein Unterricht ist und wie ich mir das ganze vorstelle, bin aber nicht sicher, ob das überhaupt richtig ist. Ich meine, was ist jetzt richtig, um diese Frage geht es mir. Was will ich echt und was ist den Schülern von meinem Verhalten nachher echt geblieben. Habe ich jetzt erreicht, was ich bezwecken wollte oder bin ich eher an meinem Ziel vorbeigegangen. Und wird das dann vielleicht belächelt von meinen Kollegen, oder ist das von denen berechtigt, weil sie das schon wissen, was ich eben erst erfahren muß, was ich aber noch nicht weiß. Das ist eine gewisse Unsicherheit ... Und ich mache das jetzt einmal stur durch, weil ich einmal die Reaktion von den Schülern – ja die sind einfach positiv." (T/2)

Die Argumentation erinnert an Kafka. Sie sagt, sie ist unsicher, ob ihr Unterrichtsstil richtig ist. Es gibt Kollegen, die bereits mehr Erfahrung haben – die sie dann belächeln. Über diese Erfahrungen scheint aber nicht gesprochen zu werden. Frau T charakterisiert die Kollegen als solche, „die das schon wissen, was ich aber noch nicht weiß". Diese Aussage erinnert an Kafkas Parabel „Vor dem Gesetz", wo ein Mann vom Lande von dem Türhüter des Gesetzes Einlaß verlangt. „Es ist möglich", sagt der Türhüter, „aber jetzt nicht". Der Mann vom Land könnte auch trotz des Verbotes des Türhüters hineingehen, doch wird er gewarnt, weil es viele Türhüter gibt, wovon der erste der unterste ist und jener selbst den Anblick des dritten Türhüters nicht mehr ertragen könne. Bis zu seinem Tode wartet der Mann vom Land auf die Erlaubnis des Türhüters, die er jedoch niemals erhält. Vor seinem Tod fragt er den Türhüter, warum niemand anderer Einlaß verlangt hat, worauf der Mann vom Land die Auskunft erhält: „Hier konnte niemand sonst Einlaß erhalten, denn dieser Einlaß war nur für dich bestimmt. Ich gehe jetzt und schließe ihn." (Kafka 1969, 132) Der Mann vom Land will Einlaß bekommen, die Türe ist nur für ihn bestimmt, doch ein Verbot (Tabu) hindert ihn daran. Er wird zwar darüber informiert, daß er trotz des Verbotes hineingehen könnte, doch ist das gefährlich. Typisch für Tabuisiertes ist auch, daß die Begründungen für das Verbot nicht mehr gegeben wird bzw. gegeben werden kann, weil sie bereits in Vergessenheit geraten sind. Die junge Lehrerin glaubt bei den anderen Lehrern Erfahrungen zu sehen, die sie selbst noch nicht hat. Es wird jedoch nicht darüber gesprochen. Sie vermutet lediglich, daß ihr Unterrichtsstil belächelt wird. Wir schließen daraus, daß der zentrale Punkt des Umgangs des/der Lehrers/in mit den Schülern tabu ist. Unter Tabu verstehen wir „etwas, das sich dem sprachlichen Zugriff aus Gründen moralischer, religiöser oder konventioneller Scheu entzieht, eine sittliche, konventionelle Schranke".[11]) Die reale Basis, die früher zur Entstehung der Tabus geführt hat, ist weitgehend verlorengegangen. Es ist auch müßig, Spekulationen über die früheren Bedeutungen solcher Tabus anzustellen. Ein realer Zusammenhang wird von Frau T angesprochen, u. zw. der Zusammenhang von Lehrerverhalten und Prestige des Lehrers – niedriges Prestige heißt, „belächelt werden" im Sinn von nicht ernstgenommen werden. Die wichtige Frage „was ist richtig" im Umgang mit den Schülern wird von Frau T genannt; sie versucht einen eigenen Weg zu finden, indem sie das Einsteigen der Schüler als Erfolgskriterium bewertet.

11 Vgl.: Duden Fremdwörterbuch, „Tabu", Mannheim 1975, 425.

Das zweite genannte Problem trotz allgemein guter Erfahrungen ist die Spannung zwischen Leistungsdruck und guter Beziehung zu den Schülern. Frau X sagt: nach einem allgemein positiven Statement:

„Ich würde mir zwar manchmal wünschen, daß ich ein anderes Fach studiert hätte, weil es natürlich in Latein wahnsinnige Reibungsflächen gibt und nie populär sein kann, ganz einfach aus dem Grund... Ich meine, wenn man ein Bildungsziel vor sich hat, wenn man den Schülern etwas beibringen will, dann heißt das harte Arbeit. Das heißt, sie müssen lernen; sie müssen trockenen Stoff memorieren, und das ist heutzutage einfach nicht mehr populär und dadurch gibt es immer wieder Schwierigkeiten." (X/2)

Frau X spricht erstmalig die Schwierigkeiten des Lehrers an, der den gesellschaftlichen Auftrag der Vermittlung des Wissens an die nachfolgende Generation übernommen hat. Widerstände gegen das Fach (Schwierigkeit) werden als gegen die Person der Lehrerin gerichtet erlebt. Erklärt werden die Schwierigkeiten von Frau X mit dem Fach, da sie „in den Englischklassen überhaupt keine Probleme" hat, „gern hingeht" und auch von den Schülern recht gern gehabt wird (ebenda). Frau X spricht die „Reibungsflächen" an, die zwischen Lehrer und Schüler im Prozeß der Wissensvermittlung entstehen. Wir meinen, daß diese Widerstände der Schüler gegen neues Wissen ein strukturelles Moment des Lernprozesses darstellt. In der neueren Motivationsforschung wird das Moment des Interesses an Neuem, die Neugierde und das Bedürfnis nach Selbstverwirklichung über Wissenserwerb betont, während die Lernwiderstände weniger beachtet werden. (Maslow 1977) Unausweichlich steht jeder Mensch einer Situation, die ihm unbekannt ist und ihn verändert, mit aktuellen oder latenten Ängsten gegenüber, wobei Gefühle des möglichen Versagens aktualisiert werden. Bradford weist berechtigt auf die Frage hin, „ob nicht die Selbstachtung eines Menschen angegriffen wird, wenn er sich der Betrachtung seiner augenblicklichen Unvollkommenheit in Wissen und Verhalten" (Bradford 1958, 3, 135 – 145, 138) öffnet. Wer kennt nicht das Unbehagen und die Unsicherheit beim Erlernen einer neuen Sprache, in der man sich zu Beginn nur so unvollkommen wie ein kleines Kind ausdrücken kann, grammatikalische Fehler macht, Worte verwechselt und nur abgehackte Satzfetzen lallen kann? Die Ambivalenz des Lehrenden und Lernendes der Neugierde und des Interesses ins „Reich des Unbekannten aufzubrechen“ und die „Widerstände, das Sichere und Vertraute aufzugeben“ macht Bradford für das „passive Lernen“ verantwortlich, in der eine Art der Wissensvermittlung bevorzugt wird, die man leicht aufschreibt.

Die strukturelle Problematik des Lehrens, in dem dem Lehrenden die Konfrontation des Lernenden mit seinem Nichtwissen zugewiesen ist, wird in der Befragung nicht thematisiert, lediglich bei Frau X implizit angesprochen, wenn auch nur auf die Problematik eines bestimmten Faches wie Latein oder Mathematik bezogen.

Die geäußerte Erwartung, daß der Lehrberuf nur die Belastung einer Halbtagsbetätigung mit sich bringe, bewahrheitete sich bei keiner der drei Lehrerinnen. Die Tätigkeit der Hausfrau und Mutter läßt sich nur als Doppelbelastung mit der Lehrerin verbinden „schon allein wegen der Schularbeiten und der ganzen Mehrarbeit – und wenn man ein kleines Kind hat“ (V/1). „Irgendetwas leidet immer.“ (ebenda) Besonders hinderlich wird die häusliche Belastung für die Stundenvorbereitung betrachtet, die immer wieder leidet.

„Ich nehme mir z. B. immer wieder vor, ich bereite micht jetzt wirklich exakter vor. Und dann mache ich es halt doch nicht, weil daheim irgendetwas ist.“ (V/2)

Der Vorteil des halbtägigen Zuhauseseins wird durch den Nachteil, zu Hause nicht ungestört arbeiten zu können, wieder aufgehoben. Vor allem kleine Kinder können nicht verstehen, wenn die arbeitende Mutter keine Zeit hat.

Bei den Äußerungen, die von negativen Erfahrungen sprechen, finden wir ähnlich diffuse Bezugsvorstellungen vom „idealen Lehrer“ wieder, wie bei Frau T, die Angst hatte, von den Kollegen belächelt zu werden, wenn sie anders als dieser ideale Lehrer ist. Frau V antwortet auf die Frage, ob sie meine, ihre Vorstellungen verwirklichen zu können:

„Als Lehrer? Sicher nicht... man merkt erst, wenn man drinnen steht, wie das alles funktioniert und wie das läuft und ob man von vornherein eine natürliche Autorität ist oder nicht. Und ich habe oft feststellen müssen, daß ich das nicht bin. Also es ist schwer, man lernt schon dazu im Laufe der Zeit, aber man macht immer wieder Fehler. Und vor allem finde ich, kann ich mein Wesen nicht verleugnen, und das ist sicher für mich sehr schwierig, weil ich sehr stimmungsanfällig bin. Es sind immer Wellenbewegungen, also es ist nicht das Ideal, daß man sich in der Theorie vorstellt, wie man es machen soll. Ich versuche es zwar immer wieder, das durchzuhalten, konsequent zu sein, aber mein Wesen ist mir ein großes Hindernis, möchte ich sagen.“ (V/2)

Zentrale Aussage ist die Vorstellung einer „natürlichen Autortität“, deren Charakterisierung sich nur an der negativen Abgrenzung der eigenen Fähigkeiten oder Unfähigkeiten erkennen läßt: nicht stimmungsanfällig, sondern konsequent zu sein. Eine solche Beschreibung des idealen Lehrers als Tugendkatalog erschwert oder verhindert die Betrachtung und Analyse der Lehrer-Schüler-Beziehung als Interaktionsprozeß, wobei die Verhaltensweisen beider von einander abhängig sind. Ein guter oder schlechter Lehrer zu sein, ist bei der Konzeption einer natürlichen Autorität ausschließlich von der Persönlichkeitsstruktur des Lehrers abhängig. Er oder sie hat dann nur mehr die Möglichkeit, sein Wesen total zu ändern oder immer wieder zu versagen „mein Wesen ist mir ein großes Hindernis“.

Wie schwierig es ist, Enttäuschungen zu benennen und trotzdem seinen Beruf nicht aufzugeben, zeigt die Äußerung von Frau F.

„Ich muß sagen, das Unterrichten macht mir sehr viel Freude, auch wenn ich manchmal das Gefühl habe, jetzt kann ich nicht mehr.“ (V/1)

Jede positive Äußerung „das Unterrichten macht mir sehr viel Spaß“ wird von einer negativen begleitet „auch wenn ich manchmal das Gefühl habe, jetzt kann ich nicht mehr“. Dieses Verhaltensmuster setzt sich fort „ich wüßte keinen anderen Beruf, in dem ich so aufgehen könnte“ wird gefolgt von „obwohl ich glaube, daß es jetzt immer schwerer wird zu unterrichten“ (ebenda). Eine radikale Unzufriedenheit mit der Unterrichtssituation müßte konsequenterweise zu einer beruflichen Veränderung führen – eine Entscheidung, die in Konflikt steht mit der „Erfüllung durch den Lehrberuf“. Der innere Konflikt bleibt bestehen, die gegebenen Erklärungen, „daß es heute schwerer sei als früher", verhindern kreative Konfliktlösungen, da gegen diese Tendenz nichts zu machen ist, lediglich eine melancholische Grundstimmung gemischt mit Resignation ist zu bemerken.

Anfangssituation

Die Anfangssituation bezeichnen 35% der Lehrer, die zu dieser Frage Stellung genommen hatten, als besonders schwierig. „In der ersten Zeit habe ich sehr darunter gelitten, wenn eine Stunde nicht geklappt hat", sagt Herr J; am Anfang „wollte ich gleich wieder aufhören", sagt Frau I, und hatte schon konkrete Pläne, Steuerberaterin zu werden.

„Der Anfang war schwer. So ganz frisch von der Uni vor Siebzehn- und Achtzehnjährige hingesetzt zu werden – das war ziemlich schrecklich (Lachen)." (E/1).

Diese Äußerungen zeigen, daß die als schrecklich empfundene Anfangssituation nach wie vor emotional zugänglich ist. Obwohl das Sprechen vom „Praxisschock" der Lehrer bereits selbstverständlich geworden ist, ist dessen Zustandekommen nicht plausibel. Moore versucht das Phänomen, daß sich die meisten Arbeitnehmer so verhalten, wie es den Erwartungen ihres Berufes entspricht, durch die „Bestrafungstheorie" zu erklären. Während der Ausbildung und der ersten Zeit der Berufstätigkeit habe der Lehrling oder Anfänger eine Reihe von schwierigen und/oder unangenehmen Tätigkeiten auszuführen, die teilweise ritualisiert und für den Anfänger nicht verständlich seien. (Moore 1971) Nimmt man mit Moore die Fremdheit der beruflichen Institution als Ursache der Verunsicherung bzw. Schwierigkeit, die dann als Bestrafung erlebt werden kann, so spielt diese für die Situation des Junglehrers eine geringe Rolle, da jeder Junglehrer die schulische Institution bereits aus der Perspektive des Schülers mindestens 12 Jahre (ergänzt durch das Studium in einer der Schule sehr ähnlichen Situation an der Universität) kennt. Der Praxisschock der Lehrer wird jedoch als gravierender als bei anderen Berufsgruppen bezeichnet. Dieser enge Kreislauf innerhalb der Lehrerausbildung zwischen Schule – Universität – Schule wird oft als Ursache für mangelnde Vergleichsmöglichkeiten von Lehrern mit anderen Organisationsformen bezeichnet. Was werden nun von den Befragten für Gründe für die Anfangsschwierigkeiten genannt?

Vorrangig wird als Grund das *Autoritätsproblem* und der *Leistungsdruck* bezeichnet. Wenn die Befragten von Leistungsdruck sprechen, ist einmal damit gemeint, daß die Schüler gleichgroßes Interesse wie der Lehrer für das Fach haben sollen, andererseits auch der Druck unter dem der Lehrer steht, den fachlichen Ansprüchen Genüge zu tun. Frau E sagt dazu:

„Die auf der Uni gepredigten Vorstellungen vom Standard ‚keep up our standard'. Nachdem man so lange an der Uni war, verstand man die Situation der Schüler nicht, daß der Schüler außer dem Lernen noch andere Interessen hat." (E/1)

Frau E hat die Standards der Universität übernommen, die sehr stark auf das Fachliche orientiert sind, u. zw. in doppelter Richtung einerseits werden fachliche Anforderungen an die Schüler gesetzt, andererseits ist auch nur derjenige ein guter Lehrer, der fachlich entspricht. Ein ähnlich gelagertes Problem beschreibt ein Lehrer, der sein Interesse am Fach zum Maßstab der Beurteilung bzw. Erwartungen der Schülerbeteiligung macht. Er sagt:

„Ich muß sagen, daß die Erwartungen sicher höher waren, und zwar so, daß man von jedem der jungen Leute ungerechterweise von vornherein das starke Interesse fast vorausgesetzt hat. Man hat sein eigenes Interesse als das gegebene betrachtet, und es schmerzt natürlich immer wieder, wenn man sieht, daß viele eher gleichgültig oder doch sehr gering ambitioniert diesen Dingen gegenüberstehen. Nur sieht man natürlich ein, daß das gar nicht anders sein kann. Wenn man sich selbst prüft und sieht, wie man an anderen Gebieten oft nur flüchtig vorbeigeht, dann muß man das natürlich auch anderen im eigenen Fach zugestehen. Dann muß man halt versuchen mit allen möglichen Mitteln – und vor allem mit Geduld, mit Vernunftgründen oder damit, daß man eben dieses Gebiet wirklich schmackhaft macht, doch die jungen Leute ein bißchen aufzuwecken und schön langsam zu höherem Interesse zu bringen." (B/5)

Es fällt besonders dem jungen Lehrer schwer, sein Interesse nicht zum alleinigen Maßstab zu machen. Man merkt, wie es Herrn B auch jetzt noch schwerfällt, das Desinteresse zu akzeptieren, er muß „Geduld“ und „Vernunftgründe“ heranziehen um „sich davor zu hüten, die Schüler zu überfordern“ (ebenda).

Eine weitere Interpretation der Betonung des Fachlichen bei Junglehrern führt ein Lehrer an, der das Inhaltliche als Sicherheitsquelle bezeichnet.

„Ich glaube, die Problematik für den Junglehrer ist, daß er sich zuerst auf das Fachliche stürzt, daß er zuerst sagt, wie bringe ich überhaupt etwas. Später, wenn er eine gewisse Routine hat, wie er diese Sachen bringt, dann wird die Beziehung (zu den Schülern, v. Verf.) mehr im Vordergrund stehen.“ (C/12)

Der Zusammenhang von Betonung des fachlichen Aspektes im Unterricht und der Unsicherheit und Ängstlichkeit der Junglehrer wird auch durch Aussagen von Lehramtskandidaten belegt, die Angst haben, „daß ihnen der Stoff ausgeht“, daß „sie nicht weiter wissen“, „den Faden verlieren“, sie „Fragen nicht beantworten können“ etc. (Vgl. Diem-Wille 1983)

Als zweiter Problemkreis werden die *Autoritätsschwierigkeiten* bezeichnet, „weil jeder hat Disziplinschwierigkeiten am Anfang, bis man gewisse Tricks heraußen hat“ (C/12). Im Umgang mit der eigenen Autorität werden zwei Verhaltensweisen beschrieben: zuerst autoritär anzufangen und dann lockerer zu werden oder umgekehrt. Lehrer G sagt:

„Ich glaube, ich war Realist ... Es hat sich für mich in den 12 Jahren sehr viel geändert. Ich habe sicher sehr autoritär angefangen. Es waren sicher keine hochgesteckten Ziele dahinter. Es war ... einfach der Wunsch, das möglichst gut zu machen. Das ‚wie‘ hat sich sehr stark geändert.“ (G/8)

Die Lehrer, die nicht autoritär sein wollten, sondern es anders machen wollen als die Lehrer, die sie selbst in der Schule hatten, bezeichnen sich als „idealistisch“.

„Wenn ich mir vorstelle, mit welchen Idealen ich wirklich an die Schule gekommen bin, muß ich sagen, daß davon schon sehr viel heruntergeschraubt worden ist, was das ganze Lehren und Lernen anbelangt. Da bin ich der Meinung, daß es schon ein ständiger Kampf ist.“ (F/12)

Das Herunterschrauben der zu hohen, idealistischen Erwartungen, klingt bei Frau F ein wenig resignativ, wenn sie vom „Kampf" spricht, während Herr J „jetzt eigentlich recht froh ist, daß eine gewisse Ernüchterung eingetreten ist" (J/2), Frau E die Arbeit mit einer besonders schwierigen Klasse sogar „spannend" findet, „man ist wie in eine Löwengrube gestiegen jeden Tag und hat geschaut (lachen), was herauskommt" (E/4).

Die auftretenden Autoritätsprobleme versteht Frau X als mangelnde Fähigkeit, die Autoritätsfunktion zu übernehmen. Wenn man Lehrer ist, so führt sie aus, „ist man jetzt auf der anderen Seite des Flusses ... und das macht den meisten jungen Lehrern große Schwierigkeiten, die sich innerlich noch als Schüler fühlen" (X/14). So richtig diese Interpretation ist, muß doch zusätzlich auf die strukturelle Bedeutung der Lehrerfunktionen hingewiesen werden (Lehrer als Vermittler gesellschaftlicher Aufgaben, Übertragungssituation, institutionelle Rahmenbedingungen etc.). Die auftretenden Autoritätsprobleme treffen den Junglehrer zumeist völlig unvorbereitet, weil er im Verlauf seiner Ausbildung ausschließlich mit fachlichen Fragen, selten mit sozialpsychologischen und gruppendynamischen Analysen konfrontiert wurde. Die Tatsache, daß die Beziehungsebene im Unterricht mindestens ebenso wichtig ist wie der vorbereitete Inhalt, ist oft schon ein Schock. So beschreibt ein Lehrer, der top vorbereitet in die Stunde kam, von einer „Störung", die seine Vorbereitungen völlig über den Haufen warf:

„Wenn ein Lehrer glaubt, er hat alles mögliche an Material mitgebracht, Film, Video und weiß Gott was – wie man sich halt vorbereitet als Neuer – und dann fällt halt einer vom Sessel und jault und wälzt sich. Ist alles dagewesen. Natürlich ist dann die ganze Klasse weg von der Sache und ihrer Motivation. Da soll man eben nicht den Schluß daraus ziehen, naja dann eben nicht so, sondern mit Druck." (J/2)

Ein harmonisches Bild der Lehrer-Schüler-Beziehung wird durch so eine Episode natürlich radikal infrage gestellt. Es ist daher notwendiges Kriterium der Fähigkeit zur Autoritätsübernahme, zu wissen, daß Autorität Auseinandersetzungen und

Konflikte bringt, wenn der angestrebte Loslösungsprozeß der Schüler ingang kommen soll. Die besondere Schwierigkeit der Position des Lehrers wird anhand des beschriebenen Falls deutlich, da Schüler als Jugendliche noch nicht über eine funktionierende Triebkontrolle verfügen, so daß der Lehrer immer wieder vor überraschenden Verhaltensweisen steht, denen er nicht auf dergleichen unkontrollierten Weise begegnen will und trotzdem Modelle für erwachsene Verhaltensweisen anbieten muß. Ein zweiter Erwachsener wäre als Bezugspunkt von großer Bedeutung, da ja die eigenen kindlichen Anteile im Erwachsenen angesprochen werden. (Vgl. S. 104 oben).

Es ist selten, daß Lehrer ihre Beziehungen zu den Schülern nicht als Summe von Zweierbeziehungen auffassen, sondern die soziale Struktur ihrer Klasse sehen und diese auch zum Gegenstand des Unterrichtes machen, wie etwa eine Englischlehrerin erzählt:

„Ich habe mich zum Nationalfeiertag mit meiner Klasse zusammengesetzt, und wir haben ihre Probleme, ihre schulischen Probleme besprochen. Ich versuche in meinem Fach Englisch, soweit es geht, solche Themen einzubauen. Wir haben in der sechsten Klasse die Klassensituation analysiert. Ich hatte das Glück, eine amerikanische Assistentin zu haben, die hat die Hälfte der Klasse übernommen. Wir haben in Form einer Konversation über die Probleme in der Klasse gesprochen und dann haben wir ein Plenum gemacht und haben aufgeschrieben, welche Gruppen es in der Klasse gibt, wieso sie nicht miteinander reden und arbeiten können. Das macht das Unterrichten spannend.“ (E/5)

Lehrerin E. ermöglicht den Schülern über das Feed-back (Rückmeldung) über ihre Position und ihr Verhalten in der Klasse etwas über sich selbst zu lernen. Diese Methode über sich selbst durch die Rückmeldung anderer, z. B. der Schüler, etwas zu lernen, wird von den Lehrern nicht als Weg genannt. Die Einschätzung über die Realisierung der beruflichen Erwartungen wird nur in Form der Selbsteinschätzung gegeben. Die Einschätzung der Schüler über die unterrichtenden Lehrer mit der Dortmunder Skala (DSL) im Rahmen der Begleituntersuchung stieß bei den Lehrern dann auf unerwartet hohes Interesse.

Bei der Einschätzung der Lehrer über ihre Berufsvorstellungen und deren Realisierung fällt auf, daß hier ausschließlich über ihre Situation in der Klasse beim Unterrichten gesprochen wird. Die komplexe Schulsituation mit den Dimensionen Lehrer – Schüler, Lehrer – Lehrer, Lehrer – Direktor und Schulverwaltung, Lehrer – Eltern, Lehrer – gesellschaftlicher Auftrag wird reduziert auf die Sichtweise der Schüler, die die Schule auch primär aus der Perspektive des Subsystems ihrer Klasse betrachten. Einzig über den Leistungsdruck in einzelnen Fächern wird implizit ein gesellschaftlicher Auftrag der Schule als Einrichtung zur Wissensvermittlung angesprochen – ohne jedoch eigene Probleme damit (Rollendistanz) anzuführen.

Wichtigstes Kriterium der Realisierung der Motive ist, ob es „Spaß macht“ und man von „den Schülern gern gehabt wird“. Wenn wir versuchen, diese Bezugsebene mit einer fiktiven Betrachtung eines Managers, Richters oder Anwalts zu vergleichen, wird die Besonderheit deutlich. Es wäre schwer, sich vorzustellen, daß ein Richter als Kriterium seines beruflichen Erfolges angibt, ob er von den bei Gericht auftretenden Parteien, der Manager eines Konzerns von seinen Mitarbeitern und Kunden, der Anwalt von seinen Klienten geliebt wird. Die Betonung des Geliebtwerdens von den Schülern sowie die idealistische Konzeption der „Erfüllung durch den Lehrberuf“ verweist auf eine Eigenheit des Systems Schule, dem es nachzugehen gilt.

Als zweites Merkmal tritt der stark ausgeprägte Individualismus der Lehrer auf, die ihre Aufmerksamkeit nur schwer von Zweierbeziehungen auf komplexe soziale und strukturelle Zusammenhänge lenken können. Eine Schwierigkeit, die verstärkt bei der nächsten Frage nach der Kommunikation unter Kollegen hervortritt.

Um die erhaltenen Antworten und die Reaktionen der Befragten in ihrer, wie wir meinen, für das Verhalten in der Schule typischen Ausrichtung verstehen zu können, ist es notwendig, die Zusammenhänge von institutioneller Ebene zur Interaktion der Lehrer und ihrer Persönlichkeit in einer systemtheoretischen Betrachtung darzustellen.

3.3.1.3. Einschätzung der Interaktion der Lehrer untereinander

Die oben genannte These, daß die institutionellen Bedingungen der Regelschule eine Tendenz zur Vereinzelung des Lehrers am Arbeitsplatz begünstigen, wird durch die Antworten der Befragten voll bestätigt. Es wurde nicht direkt nach der Selbsteinschätzung der Lehrer gefragt, zahlreiche Interviewte schnitten dieses Thema von sich aus an:

„Der Lehrer ist ein einsamer Mensch. Er unterrichtet immer allein. Das ist für mich so eine Erfahrung, daß man einen Kollegen als Lehrer eigentlich gar nicht kennt."
I: „Sie sagen, der Lehrer ist ein einsamer Mensch. Bringt er das als Persönlichkeit schon mit?"
„Nein, von seiner Tätigkeit her. Das ist einer der Gründe, wie ich vorher gesagt habe, ich würde nicht mehr Lehrer werden, weil ich bin sicher, ich halte mich nicht gerade für einen sehr kreativen Menschen, aber in einer Gruppe, mit der ich zusammenarbeiten kann, da kommen mir die besten Ideen." (N/3, 11)

Die Einsicht in die *Einsamkeit des Lehrberufes* ist Lehrer N. erst während seiner Berufstätigkeit zu Bewußtsein gekommen. Sie wird so gravierend erlebt, daß Lehrer N. sogar einen anderen Beruf wählen würde, der es gestattet, gemeinsam in einer Gruppe zu arbeiten. Der Leidensdruck, der oben angesprochen wird, tritt bei anderen Befragten als diffuses Gefühl auf:

„Wissen Sie, eigentlich habe ich ja auch kein intimes oder richtiges Naheverhältnis mit anderen Kollegen." (Y/8)

Vorherrschend ist ein „freundliches, aber oberflächliches Gesprächsklima" (K/2) mit den Kollegen. 25 Befragte sind mit dem Grad an Offenheit unzufrieden, die Einschätzung ist jedoch sehr unterschiedlich, von freundlich bis zu latenten Aggressionen. So sagt eine andere Lehrerin:

„Veränderungswürdig wäre die Einstellung der Kollegen untereinander. Ich weiß nicht, ob das jetzt gerade spezifisch für Lehrer ist, was mir an diesem Berufsstand negativ auffällt, daß jeder versucht, dem anderen etwas ans Zeug zu flicken, daß es kaum einen Zusammenhalt gibt, wie z. B. in der Ärzteschaft. Sondern, daß gerade die Lehrer sehr leicht bereit sind, gegeneinander auszusagen und übereinander herzufallen." (X/3)

Statt Zusammenarbeit *„fallen die Lehrer über einander her“*, einer will gescheiter sein als der andere und deshalb den anderen „ans Zeug flicken“.

Was werden nun für Gründe für das „Einzelkämpferschicksal“ (O/6) der Lehrer genannt, mit dem niemand zufrieden ist? Die angeführten Gründe reichen von mangelndem Respekt gegen das Alter, über gegensätzliche politische Zugehörigkeit, zu idealistischen Konzepten, bis zu persönlicher Unsicherheit und der Angst vor Prestigeverlust und Schwäche.

„... die Wertschätzung dem Alter gegenüber ist nicht in dem Maß gegeben ... die Jugend ist unbarmherzig dem Alter gegenüber.“ (Q/8)

Gerade im Alter, das für den Betroffenen „einen physischen und psychischen Abstieg“ bringt, wird die ausbleibende Wertschätzung den Alten gegenüber schmerzlich erlebt. Herr W., ein junger Lehrer, gibt seine Erklärung der mangelnden Gesprächsbereitschaft seiner Kollegen folgendermaßen:

„Die Kollegen teilen diesen Idealismus nicht und haben daher auch kein Verständnis dafür, was man sich zum Ziel setzt und was man umsetzen will. Daraus ergeben sich natürlich Reibereien.“ (W/3)

Lehrer W. bezeichnet sich als „sehr engagiert“ und fühlt sich von vielen Kollegen abgelehnt. Gerade diese Kränkbarkeit und leichte Verletzbarkeit hindert andere, ein Gespräch zu beginnen:

„Es ist sehr schwer unter Lehrern etwas zu sagen – die haben ein eigenes *kritikempfindliches Gemüt,* glaub' ich. Ich wüßte viele Fälle, wo ich mir denke, da könnte ich der oder dem etwas sagen. Dann stelle ich mir vor, ich würde dem das sagen – der wäre total beleidigt, weil ich mich in seine Angelegenheiten mische ... Ich habe es einmal versucht, wie gesagt, aber die Leute haben es gar nicht gerne.“ (P/13)

Das Selbstwertgefühl der Lehrer ist so labil, daß schon eine Anregung als Kritik und Bedrohung erlebt wird. Ein Versuch von Frau P., der unternommen wurde, scheint als Beurteilung aufgefaßt worden zu sein – und wird deshalb in Zukunft unterlassen.

Es werden viele Beobachtungen über andere Lehrer gemacht, aber die Frage lautet dann: „Gehe ich hin? Hat es einen Sinn? Ist es nicht eine Kleinigkeit?“ (O/5) – und so unterläßt man es dann lieber. Auch konkrete negative Erfahrungen spielen eine Rolle:

„... Gründe liegen in irgendwelchen negativen Erfahrungen, die man auf der Beziehungsebene gemacht hat. Man hat einmal jemanden gehabt, mit dem man geglaubt hat, daß es gut geht und dann hat man bemerkt, daß er eigentlich gegen einen gesprochen hat, oder so etwas in der Richtung." (O/7)

Es ist also anzunehmen, daß die Lehrer voneinander relativ viel wissen, jedoch große Barrieren bestehen, diese Informationen auch direkt mit dem/der Betroffenen zu besprechen. Eine Lehrerin spricht ganz offen von den Ängsten, die dahinterstehen:

„Ich glaube schon, daß da Ängste dahinterstehen. Es sind so viele, die glauben, wenn sie bei einem anderen Lehrer den Mund aufmachen, sie entblößen sich jetzt und haben nicht mehr das Prestige, das sie haben. Man glaubt ja von jedem anderen zu wissen, wie der als Lehrer ist ... jeder will halt seinen Nimbus nicht verlieren noch irgendetwas sagen, wodurch er schwächer wirkt." (V/11)

Auch wenn nicht darüber gesprochen wird, gibt es, so bestätigt diese Aussage, in jedem Lehrkörper ein Image der Lehrer untereinander, eine wechselseitige Einschätzung. Da man sie nicht kennt, muß man umso mehr darauf achten, sich nicht „schwach" oder fachlich inkompetent zu zeigen (z. B. in Englisch nach Vokabeln fragen). Bevor wir die Folgen dieses Schattenboxens in Form von Gerüchten untersuchen, wollen wir die zahlreichen Nennungen der *institutionellen Hindernisse* aufzeigen. Allem voran werden die kurzen Pausen dafür verantwortlich gemacht. Vor allem jene Lehrer, die nicht in der Klasse unterrichten, fühlen sich vom Rest der Lehrer räumlich entfernt im Physikerkammerl, Turnsaal oder Zeichensaal. Dazu eine Äußerung:

„Die ganze Organisation ist ein Wahnsinn. Also ich renne in der Pause nur herum, daß ich die blöden Zettelsachen erledige und habe dann überhaupt keine Zeit mich hinzusetzen ... ich habe schon gar keine Zeit, daß ich jemand anderen frage, du wie, was hast du da Klasses gemacht. Und nach der Schule ... ist man weg. Und wenn man jemanden privat trifft, dann erinnert man sich auch nicht mehr, was man vor zwei Wochen eigentlich besprechen wollte." (R/11)

„Durch meine Fächer ... zerreißt es mich sozusagen zwischen Turnsaal und Geo-Kabinett.“ (J/4)

Ähnlich geht es den Zeichnern:

„Speziell bei den Zeichnern mit unseren Doppelstunden ist es noch schwieriger, viel Kontakt zu halten, weil man eigentlich nur jede zweite Pause hält. Dann im obersten Stockwerk ist das Kabinett, so daß das Herunterkommen ins Konferenzzimmer immer kürzer ist ... manchmal wechselt man einen freundlichen Gruß ... weil man ja kaum in der Lage ist, in ein oder fünf Minuten ein inhaltsreiches Gespräch zu führen.“ (B/10)

Die Klagen über die organisatorischen Rahmenbedingungen, die schon zeitlich ein ausführliches Gespräch unter Lehrern erschweren, könnten beliebig erweitert werden. Nur schulorganisatorische Veränderungen werden hier Abhilfe schaffen. Der konkrete Versuch einiger Lehrer, die Pausenordnung zu ändern, um längere Pausen zu haben, scheiterte an den Abfahrtzeiten des Busses, den viele Schüler benutzen müssen.

Obwohl die Lehrer dauernd in einer überschaubaren Gemeinschaft des Lehrkörpers arbeiten, bleiben sie in der Grundstruktur ihres Verhaltens vereinzelt. Zu ähnlichen Ergebnissen kommt die Studie „Abschlußbericht des Projekts: Politische Bildung“ (Grossmann/Wimmer, o. J. Manuskript):

„Dieser Rückzug auf sich selbst, die eigentlich eine Form von Kontaktschwäche darstellt und soziale Einsamkeit bedeutet, und gar nichts mit Freiheit und autonomer Persönlichkeit zu tun hat, wird in der Regel als Individualismus überhöht. Lehrer sind eben Individualisten. Damit erhält die soziale Situation vor sich und den anderen eine Rechtfertigung.“ (S61)

Mit der Philosophie des Lehrers als Individualität werde, so meinen die Autoren, das große Defizit an sozialer Kontaktfähigkeit verschleiert. Wir werden sehen, daß bei gezielter Nachfrage diese Rechtfertigung in den Hintergrund tritt und teilweise der erlebte Mangel an Kontakten offen ausgesprochen wird bzw. Wünsche danach geäußert werden.

Hand in Hand mit der Isolation geht eine Form der Indifferenz und Gleichgültigkeit gegenüber den Vorgängen in der Schule, die nicht unmittelbar den eigenen Unterricht betreffen. Da sich jeder nur für die eigenen Klassen verantwortlich fühlt, werden allgemeine Belange in die Kompetenz des Direktors, Administrators oder Personalvertreters verschoben. Das dahinterstehende Verständnis von Erziehung besagt, daß man zum Lehrer geboren sei und diese Aufgabe dann alleine lösen muß. Peter meint dazu, daß „die immer tradierte, aber längst überholte Vorstellung von der Individualität und Originalität des Lehrers der Einsicht weichen muß, daß es sich bei der erzieherischen Arbeit um eine Arbeit handelt, die nur im Rahmen kollektiver Bemühungen geleistet werden kann." (Peter 1973, 157) Das Problem, Schüler im 45 Minuten-Rhythmus unterschiedlichen Erziehungsstilen auszusetzen, trifft ebenso auf die Wissensvermittlung zu. Statt durch fächerübergreifende Kooperation die arbeitsteilig in Disziplinen aufgespaltene Wissenschaft wieder auf konkrete Erfahrungs- und Lebensbereiche zurückzuführen, wird die Fächerdifferenzierung Strukturmerkmal der Situation der Lehrer. Die Segmentierung des Erziehungs- und Bildungsprozesses tritt im Lehrerbewußtsein als Vereinzelung und Indifferenz auf.

Die allgemeine Einschätzung der Situation der Lehrer wurde durch die Frage „Mit wem besprechen Sie ihre beruflichen Erfolge oder Mißerfolge?" auf die konkrete Lebenswelt im 3. BG eingeengt. Bei der Frage nach der Zufriedenheit mit den Kollegen wurde mehr auf das allgemein gute Klima eingegangen, es ließen sich jedoch keine konkreten Anhaltspunkte für die Art der Kommunikation erkennen. Die Frage nach Gesprächen über konkrete berufliche Erfahrungen stieß auf Verwunderung, machte ein nochmaliges Wiederholen nötig. Die Antworten waren oft ausweichend und kamen zögernd.

3.3.1.4. Besprechen der beruflichen Erfahrungen mit Kollegen

Die Beantwortung der Frage nach dem Erfahrungsaustausch mit den Kollegen in der Schule war in allen Fällen sehr ausführlich. Dies bestätigt u. M. nach die These, daß das Besprechen der Erfolge und Mißerfolge ein zentraler Punkt der Zusammenarbeit ist, der tabuisiert wird. Wenn das Tabu aber durch eine gezielte Frage durchbrochen wird, wird das enorme Engagement sichtbar. Nur 5 Befragte waren der Meinung, offen über ihre Unterrichtserfahrungen sprechen zu können. In allen fünf Fällen handelt es sich um sozial einflußreiche Personen, die das Gespräch jedoch auf bestimmte Gruppen wie etwa „mit jüngeren Kollegen“ einschränken oder es trotz der Hindernisse tun. Von der Persönlichkeitsstruktur her sind das auch eher extrovertierte Lehrer. Frau V sagt:

„Für mich ist das überhaupt kein Problem, eine Schwäche einzugestehen, zu sagen, wißt ihr was, ich weiß nicht mehr, was ich tun soll, ich bin fertig, Ende. Bitte sagt mir, was ihr da macht. Ich habe überhaupt nicht das Gefühl, dadurch irgendeinen Prestigeverlust zu erleiden, sondern ich habe eher das Gefühl, man müßte ja was lernen dadurch ...“ (V/9)

Frau V. neigt dazu, Probleme durch eine Flucht nach vorne anzupacken, „indem ich sie mit meiner Offenheit provoziere“ (V/11). Ihre Offenheit wird aber von ihr selbst sehr rasch mit der Gefahr eines Prestigeverlustes in Zusammenhang gebracht. Wer andere um Rat fragt, gesteht eine „Schwäche“ ein! Wie stark der Unterricht in der Klasse zur Intimsphäre des Lehrers gehört, wird aus der nächsten Antwort deutlich:

„(ich bespreche meine Erfolge und Mißerfolge) eben hauptsächlich mit dem (ehemaligen) Klassenkollegen, der also jetzt auch da an der Schule ist. Wir haben da eine Ehe, kann man ruhig sagen, während der Volksschule, Mittelschule und fünf Jahre Studium, also wir kennen uns aus allen Lebenslagen ... Und ich muß auch sagen, daß in den letzten drei, vier Jahren die Kommunikation zwischen den Klassenkollegen, die in einer Klasse unterrichten, wesentlich besser geworden ist. Also da haben wir oft Gespräche geführt über bestimmte Schwierigkeiten, schwierige Situation in einer Klasse, über bestimmte Schüler. Es könnte noch besser werden, aber immerhin. Also wie man mir gesagt hat, war das vor einiger Zeit noch undenkbar.“ (J/5)

Am Beginn wird deutlich, welche langsam gewachsene Vertrauenssituation zu diesem ehemaligen Schulkollegen notwendig ist, um wirklich offen über eigene Probleme sprechen zu können. In einem abrupten Schritt wird von der Ausweitung der Gesprächsbasis auf die anderen Klassenlehrer gesprochen. Der Zusammenhang, wie das entstanden ist, wird nicht genannt. Interessant ist jedoch, daß gesagt wird, daß solche Gespräche noch vor vier Jahren *undenkbar* gewesen wären. Die Gesprächsthemen aller Klassenlehrer sind „schwierige Situationen in der Klasse", „schwierige Schüler". Erst wenn mehrere Lehrer über dieselbe Klasse sprechen, ist es ja dem einzelnen Lehrer möglich, seine individuellen Probleme zu sehen. Ähnlich wie die Frauen in den sechziger Jahren unter der Isolation einzeln gelitten haben und sich jede als Versager erlebt hatte, ohne die gesellschaftlichen Bedingungen ihrer Vereinzelung zu erkennen, geht es auch den Lehrern. Erst eine gemeinsame Analyse einer Klassensituation kann dem einzelnen Lehrer ein abgerundetes Bild vermitteln. Wesentlich ist, daß der notwendige Grad an Offenheit erreicht werden kann (R/3) oder „es doch eher an der Oberfläche bleibt" (H/3). Das Interesse der anderen, auch zuzuhören, wird bezweifelt, wenn Frau K. sagt:

„Es ist schwer (über Erfolge/Mißerfolge zu sprechen). Ich glaube, es kommt darauf an, ob sich diese Leute auch dafür interessieren. Denn man muß nicht unbedingt jemanden langweilen damit." (K/3)

Frau K. spricht manchmal über ihre Situation, hat aber meist Angst, die anderen zu langweilen. Wenn wir nun diejenigen Aussagen betrachten, die nicht im Lehrkörper Gesprächspartner finden, so werden folgende Hindernisse genannt: der Konkurrenzdruck, Sanktionen für Offenheit und die Angst, Fachkompetenz abgesprochen zu bekommen. Fünf Personen meinen, daß ihre Persönlichkeit sie daran hindert. Zuerst Aussagen zu den *Hindernissen eines Gesprächs* unter Kollegen:

„... man wird direkt angeschossen – ... in einer freundlichen Art. Man äußert sich gar nicht über gewisse Probleme, weil man weiß, das wird einem jetzt irgendwie als Schwäche ausgelegt. Das finde ich sehr negativ ... Die Superpädagogen sagen dann, wie es manchmal passiert ist, naja, du wirst es nie lernen ... manche trifft es doch sehr." (J/8)

Lehrer J. gehört zu den jungen, engagierten Lehrern, der diesen Einschüchterungsmechanismen der „Superpädagogen" negativ gegenübersteht, dieser Norm aber öffentlich nicht entgegentreten kann.

Die Superpädagogen sind zugleich auch diejenigen, die die Schulpolitik machen, d. h. Macht haben. Dazu sagt Frau E:

„Die Zusammenarbeit funktioniert nur mit wenigen, die nicht Zeit haben, ins Kaffeezimmer zu gehen und dort Schulpolitik zu treiben ... es gibt so ein Konkurrenzverhältnis, eine unterschwellige Eifersucht." (E/2)

Die Aufrechterhaltung der Norm, nichts über seine Probleme zu sprechen, dürfte auch der Aufrechterhaltung der Macht der Einflußreichen und der Einschüchterung der Junglehrer dienen. Als Druckmittel dient „die Angst, die eigene Fachkompetenz zu verlieren" (W/9).

Die eigene *Persönlichkeit* macht eine andere Lehrergruppe für ihre Vereinzelung verantwortlich.

I: „Wenn sie in der Schule irgendwie Schwierigkeiten haben oder Erfolge, wenn Ihnen ein Projekt, das sie machen, gut gelingt, mit wem besprechen sie das?
B: Vielleicht mit mir selbst. Ich bespreche nicht allzu gerne etwas, was mir besonders gut gelungen ist... Ich bin eher der Typ, der Probleme mit sich selbst auskämpfen muß. Es irritiert mich, wenn ich darüber debattieren muß oder würde. Es stört mich, ich muß es allein finden, das ist eher meine Art." (B/12)

Lehrer B. scheint jedoch nicht unter dieser Art, selbst über Probleme und Erfolge nachzudenken, unglücklich zu sein, es ist eine „Sache des Naturells". Seine Ausdrucksform ist die Kunst. Auch Lehrerin D. beantwortet die Frage, wenn sie sagt: „Ich bin kein Gruppenmensch." Über Erfolge „freut sie sich im stillen", bei Mißerfolgen würde sie zum „Direktor gehen um Rat", und es sonst vorziehen, „Probleme lieber mit den Schülern zu besprechen ... das bringt mehr (D/8 f)."

Die Vermutung, daß hinter der Persönlichkeit, die niemanden braucht, ein Wunsch steckt, den man sich schwer einzugestehen wagt, wird in dem Gespräch mit Lehrer P. deutlich, das etwas ausführlicher zitiert werden soll: die Antwort auf die Frage nach dem Erfahrungsaustausch wird folgendermaßen beantwortet:

I: „Wem erzählen sie ihre beruflichen Erfolge oder Mißerfolge?"
P: „Gar niemanden. Nein, warum sollte ich das jemanden erzählen? Wenn mich jemand fragt, wie es mir in der Klasse geht, sage ich, ja gut, oder wenn mich der Klassenvorstand einer Klasse fragt, die ich unterrichte, sage ich gut oder schlecht, oder das sind lauter brave Schüler oder lauter schlechte – man fällt immer in Extreme. Aber unaufgefordert würde ich niemanden erzählen, da hätte ich ja gar nicht das Bedürfnis – hätte ich vielleicht schon, aber – wem sollte ich es erzählen? Das interessiert ja niemanden (Lachen)."
I: „Sie haben Angst, daß es niemanden interessiert?"

P: „Ja, jeder glaubt dann womöglich, wenn ich das erzähle, ich will mich nur hervortun, weil es gerade die Klasse ist, die ich unterrichte, mit der es gut geht."
I: „Und die anderen, kommen die zu ihnen und erzählen ihnen, das geht gut oder schlecht? Oder tut man das überhaupt nicht?"
P: „Im Gegenteil: Man erfährt oft – so unbewußt oder ungewollt, daß es jemanden schlecht geht mit der Klasse. Ich habe die Erfahrung gemacht – ich habe halt versucht, dem Kollegen ein paar Tips zu geben, Ratschläge zu geben. Es war eher so, daß die Ratschläge gar nicht erwünscht sind ... Die Lehrer lassen sich nicht helfen." (P/6)

Im Gesprächsverlauf wird die ambivalente Einstellung zu offenen Gesprächen sichtbar. Es ist der Wunsch da, mit jemanden seine Erfolge zu besprechen, doch hindert die Angst, als jemand gesehen zu werden, der „sich hervortun will", der angibt. Die Äußerung „das interessiert ja niemanden" zeigt deutlich, daß die mangelnde Kommunikation auch die Frage nach der wechselseitigen Akzeptanz klar läßt. Hilfe anzunehmen, fällt Lehrern schwer – trifft das auch auf den Sprecher zu? Darf ein Lehrer zugeben, was er nicht weiß oder kann? Ein bißchen später sagt Lehrer P.:

„Insofern wünsche ich mir auch mit anderen Kollegen einen besseren Kontakt. Nur ich stehe mir ein bißchen selbst im Weg. Ich bin nicht die Person, die da so aktiv wird." (P/14)

Hinter der abweisenden Haltung wird eine Kontaktscheue und Kontaktschwierigkeit sichtbar, die ihm selbst nicht angenehm ist, „da stehe ich mir selbst im Weg".

Wünsche nach mehr Kooperation werden zahlreich geäußert, man hat das „Bedürfnis sich auszusprechen" (N/3), will mehr fachliche Hilfe, da man „Impulse bekommt" und „Unsicherheiten der Benotung" abbauen kann (R/10, 11). Es ist zu vermuten, daß die Gesprächsbereitschaft im Lehrkörper des 3. BG größer ist als an durchschnittlichen Schulen. Als Begründung werden die zahlreichen *außerschulischen Aktivitäten* genannt, die regelmäßig stattfinden. Man trifft sich wöchentlich am Freitag beim Lehrerturnen, macht gemeinsame Schiwochenenden, veranstaltet einen Schulball, Radausflüge, Ripperlessen etc. Bei diesen privaten Veranstaltungen „lernt man Kollegen besser kennen" (F/4). „Man geht zusammen schifahren und bespricht dort während des Langlaufens auch einmal etwas Schulisches“ (Y/11); „Nach dem Turnen setzen wir uns immer zusammen und besprechen private und schulische Dinge“ (R/13).

Man kann demnach die These aufstellen, daß außerschulische Aktivitäten von Lehrern einer Schule günstige Bedingungen für schulische Zusammenarbeit schaffen. Sie ermöglichen es, den Kollegen und die Kollegin von einer anderen Seite kennenzulernen, Vorurteile abzubauen und Verständnis für die Situation des anderen zu wecken.

Als Symptom eines mangelnden Gesprächsklimas haben wir die *Existenz einer Gerüchtebörse* bezeichnet. Es gilt zu untersuchen, ob eine solche im 3. BG existiert und welche Bedeutung sie auf die Beziehung der Kollegen zu einander hat. Etwa die Hälfte der befragten Lehrer kam auf die Gerüchtebörse zu sprechen (12 von 25). Das Reden über abwesende Lehrer wird bei der Frage nach Konflikten unter den Kollegen angesprochen. Weiter danach angesprochen, machen viele wieder einen Rückzieher, entweder allgemein oder in dem Sinn, daß sie persönlich nicht teilnehmen. Ein Beispiel:

I: „Und gibt es auch Kollegen, die sozusagen hinter vorgehaltener Hand über andere Kollegen sprechen?“
R: „Ja, die sprechen dann über die anderen, wenn sie nicht da sind.“
I: „So eine Art Gerüchtebörse?“
R: „Ja, das ist etwas, was ich nicht verstehe, aber bitte. Wenn sie glauben, sie können ohne das nicht leben.“ (R/4)

Die Quelle der Gerüchte wird allgemein im Kaffeezimmer geortet. Ein Mitglied des Kaffeezimmers spricht das auch offen an, ein anderes zentrales Mitglied bagatellisiert diesen Faktor so: Gesprochen wird gerade über private Treffen der Lehrer bei Einladungen, gefragt wird, ob da auch Gelegenheit ist, schulische Probleme zu besprechen:

„Da läuft es immer auf die Schule hinaus. Typisches Lehrerleiden. Da geht es dann auch durchaus ernsthaft um Schulisches, nicht nur um *Leuteausrichten.*“
I: „Das Leuteausrichten, spielt das eine große Rolle an der Schule? So die Gerüchtebörse, wie man das nennen kann.“
G: „Sicher nicht mehr als anderswo. Das läuft natürlich auch wie überall, daß man sich einmal über Leute lustig macht, andererseits na-

türlich auch Gerüchte kolportiert. Aber ich glaube, das läuft an jeder Schule so.“ (G/5)

Dem befragten Lehrer G. ist das Nachfragen des Interviewers deutlich unangenehm. Er versucht das eben Gesagte zu verharmlosen. Als wichtigstes Machtinstrument der einflußreichen Leute im Kaffeezimmer wird es hingegen von anderen Lehrern gesehen. Es ist auch durchwegs logisch, über Machtinstrumente nicht offen sprechen zu wollen. Von Personen, die nicht dem Kaffeezimmer angehören, wird es anders gesehen:

„Da ist die Gerüchtebörse und von der leben manche. Die halten sich auf diese Weise an der Macht und spielen dann Lehrer gegeneinander aus. Die sammeln da Informationen, und zwar aus einem gewissen Anerkennungsbedürfnis heraus. Sie wollen also die besten Lehrer darstellen. Sie wenden sich nicht an den betreffenden Lehrer, sondern sie fragen die Schüler, wie er es macht.“ (W/6)

Es ist gut möglich, daß die Analyse, Informationen und Gerüchte als Machtmittel zu benützen, stimmt. Darüber hinaus wurden die Informationen, die man absichtlich oder unabsichtlich über andere Kollegen von Schülern erhält, von Lehrern aller Gruppierungen als Problem bezeichnet. Versuche, mit der betreffenden Person zu sprechen, stießen schon auf Ablehnung. Die Munition der Gerüchte ist kaum die fachliche Qualität eines Lehrers, sondern immer seine pädagogische Qualität: wie er mit den Schülern auskommt, ob er Disziplinprobleme hat, ob er beliebt ist. Man kann sich des Eindrucks nicht erwehren, daß unter der Oberfläche eine starke *Rivalität* um *die Zuneigung der Schüler* herrscht. Man kann dann als „strenge Lehrerin verschrien“ sein (X/11) oder als „Lapp angesehen werden“ (V/3). Streng zu sein, ist noch ein Ehrentitel, sich nicht durchsetzen zu können, ein Zeichen des Versagens. Über unterschiedliche fachliche oder fachdidaktische Auffassungen wird selten persönlich, jedoch nie an der Gerüchtebörse gesprochen – das zeigt, wie gering emotional dieser fachliche Aspekt eingestuft wird. Lehrer, denen es besonders unangenehm ist, Stoff für Gerüchte abzugeben, werden besonders bedacht. Eine Lehrerin drückt das folgendermaßen aus:

„Bei einem Lehrer ist es vielleicht so, daß nicht so viel Zeit besteht einerseits, aber es gibt überall auch die *dankbaren Opfer,* die sich sozusagen anbieten. Die sind oft selbst auch ein bißchen schuld. Aber vielleicht aus dem Grund heraus, weil sie es besonders vermeiden wollen und dadurch erst recht." (D/7)

Diese Aussage dürfte sich auf konkrete Personen im Lehrkörper beziehen, die solche „dankbaren Opfer" sind. Diese Konflikte im Kooperationsseminar offen anzusprechen sowie das dadurch entstandene Mißtrauen abzubauen, wird notwendige Voraussetzung zu einer Verbesserung der Kooperationsbedingungen der Schule darstellen.

Zusammenfassend: Im Lehrkörper des 3. BG. herrscht die als „allgemeinen Bedingungen des Lehrerverhaltens" beschriebene Tendenz zur Isolation am Arbeitsplatz vor. Die hierarchische Ordnung und Entscheidungsstruktur wird offiziell nicht in Frage gestellt – inoffiziell wird sie besonders von der Gruppierung im Kaffeezimmer zu unterwandern versucht. Die latente Kritik wird am „Kommunikationsstil des Direktors" aufgehängt. Es haben sich aber innerhalb des Systems Lehrkörper Gruppen gebildet, die neue Formen der Gesprächsführung suchen. Als positive Beispiele werden vor allem Fachgruppen (bes. die Physiker) genannt, sowie die Gesprächsatmosphäre, die sich nach dem Lehrerturnen entwickelt. Konflikte werden nicht direkt gelöst, sondern primär über die Gerüchtebörse gespielt, was für die Opfer verletzend ist. Die konkreten Umgangsweisen sowie die Gruppenzugehörigkeit sollen im zweiten Teil untersucht werden.

3.3.2. Die soziale Situation am 3. BG

Bei den narrativen Interviews der Lehrer ging es darum, ihre Einstellungen und Fähigkeiten kennenzulernen, die für eine flexible Organisation notwendig sind. Es wurde nach dem Verständnis für andere, dem Grad der Bewußtheit über die eigene Stellung im Lehrkörper, dem Grad an Offenheit und Spontanität (Einstellungen) sowie nach der eigenen und der sozial akzeptierten Form der Konfliktaustragung, der Kooperationsfähigkeit sowie der sozialen Sensibilität gefragt. Dabei ist es gleichermaßen interessant, was angesprochen und was nicht erwähnt wird. Eine wesentliche Bedingung für eine geglückte Organisationsberatung stellt die Steigerung der Problemlösungskapazität einer Institution dar, die erst dann erreicht werden kann, wenn die Dimension der sozialen Prozesse und der Gruppierungen überhaupt wahrgenommen werden kann.

Gefragt wurde nach der
- Zufriedenheit/Unzufriedenheit mit der Schule allgemein, dem Unterricht, der Beziehung zu den Schülern und Kollegen, mit dem Direktor
- der Wahrnehmung sozialer Gruppierungen im Lehrkörper
- dem Umgang mit Konflikten in der Schule
- konkreten Problemen, die zu Organisationsberatung geführt hatten.

3.3.2.1. Zufriedenheit/Unzufriedenheit mit der Schule

Wenn auch die Frage nach der Zufriedenheit die subjektive Einschätzung des Befragten stärker mißt, als sie Auskunft über die objektiven Zustände der Schule vermittelt, läßt sie doch Rückschlüsse auf das Schulklima zu. Auf die objektive Beschaffenheit können die Aussagen nur mit Vorbehalt bezogen werden, da der Untersuchungsplan nur eine Kontrollgruppe innerhalb der Schule (Nicht-Seminarteilnehmer) erfaßt.

Es ist auch bekannt, daß Menschen dazu neigen, sich mit der Lebenssituation, die langfristig für sie existiert, zu arrangieren und damit zufrieden zu sein, weil sie sich daran gewöhnt haben. Unzufriedenheit wäre eine starke Implikation, an der Situation etwas zu ändern (in unserem Fall z. B. die Schule zu wechseln, einen anderen Beruf zu erlernen, Veränderungen in der Schule herbeizuführen).

Die Frage nach der Zufriedenheit wurde folgendermaßen differenziert:
- mit der Schule allgemein
- mit dem Unterricht
- mit dem Umgang mit Schülern
- mit der Beziehung zu den Kollegen
- mit der Beziehung zum Direktor
- mit den institutionellen Bedingungen.

Eine quantitative Auszählung hat folgende Zuordnung ergeben:

	Zufrieden	Unzufrieden	Ambivalent
Allgemein	12	0	0
Unterricht	8	3	1
Umgang mit Schülern	10	4	7
Umgang mit Kollegen	13	4	6
Direktor	14	1	1
Institutionelle Bedingungen	6	9	1
insgesamt	63	21	16

N = 26

Da die wesentliche Intention der narrativen Interviews in der Exploration der Tiefendimensionen des Sozialkörpers der Schule bestand, wurde von den Interviewern nicht auf eine vollständige Beantwortung aller Fragen insistiert, sondern man ist den Interviewten bei der Vertiefung der Frage nach den Ursachen und Beweggründen gefolgt. Diese Vorgangsweise erklärt die unterschiedliche Zahl der Antworten bei den einzelnen Fragen. Bei der Auswertung wurden nur explizite Äußerungen berücksichtigt.

Bei der Befragung wurde von der Hypothese ausgegangen, daß die Anzahl der Lehrer, die mit der Schulsituation zufrieden und derer, die unzufrieden waren, eine Normalverteilung entspräche. Die Hypothese kann anhand der Ergebnisse nicht aufrecht erhalten werden, da insgesamt 63 positive Äußerungen 21 negativen, bei 16 ambivalenten Einschätzungen gegenüberstehen; die Hypothese muß modifiziert werden.

Die Ergebnisse zeigen ein interessantes Auseinanderklaffen zwischen der Unzufriedenheit mit der bestehenden Schule (12 Zufrieden / 0 Unzufrieden / 0 Ambivalent) und einer großen Unzufriedenheit mit den institutionellen Bedingungen der Schule (6 Zufrieden / 9 Unzufrieden, 1 Ambivalent). Diesen Sachverhalt interpretieren wir als Kritik an den von den Schulgesetzen und -organen festgeschriebenen Rahmenbedingungen der Lehrer, wobei es ihnen jedoch zu gelingen scheint, die konkrete Arbeitssituation positiv zu gestalten.

Eindeutig ist auch die hohe Zustimmung zur Person des Direktors (14 Zufrieden / 1 Unzufrieden / 1 Ambivalent). Die

Beziehung zu den Kollegen ist ebenso positiv (13 Zufrieden), doch mischen sich hier auch negative (4 Unzufrieden) und kritische Stimmen (6 Ambivalent) darunter. Bei den beiden Dimensionen „Unterricht" und „Umgang mit den Schülern" wurden von einigen Befragten eher Aussagen über ihre Erfolge und Probleme mit Schülern sowie über die Realisierung ihrer persönlichen Vorstellungen des eigenen Unterrichts gemacht, d. h. eher Aussagen über die Persönlichkeit des Lehrers. Wir wollen nun die Gründe für die Un-/Zufriedenheit betrachten.

Allgemeine Zufriedenheit

Als Grund für die Zufriedenheit mit der konkreten Schule allgemein wurde vor allem das gute Schulklima genannt: „Im ganzen gesehen muß man sagen, es ist ein sehr gutes Klima." (A/9) Kriterien für das positive Schulklima sind das Familiäre der Schule, die vielen Diskussionen und die Offenheit, der Rückhalt, den man beim Direktor hat, sowie die Aktivitäten im Lehrkörper. Eine Lehrerin sagt:

> „Ja, in erster Linie gefällt mir das wirklich Familiäre, daß man sich gut kennt und daß man sich eigentlich zu jedem hingehen traut, etwas zu sagen oder irgendwas festzustellen, auch einen Fehler. Es wird ziemlich viel diskutiert. Und was mir in letzter Zeit gut gefällt, ist, daß durch den Direktorenwechsel man schon einen gewissen Rückhalt hat von der Direktion her, was vorher ja nicht der Fall war ... Dann gefällt mir auch das, daß immer wieder irgendwelche Sachen unternommen werden; es wird ein Faschingskränzchen gemacht, also privater Natur, wo man sich besser kennenlernt und ein Schiwochenende, Schitag, das gefällt mir auch sehr gut. Und eigentlich auch das, daß so viele konträre Auffassungen da sind. Daß da nicht ein autoritärer Haufen da ist, sondern daß es da immer wieder zu Diskussionen kommt, wegen der verschiedenen Auffassungen. Und ich glaube, daß das einer Weiterentwicklung auf alle Fälle förderlich ist." (V/6)

Diese Äußerungen greifen inhaltlich auf die im folgenden zu behandelnden Fragen vor, geben aber einen guten Einblick in die Grundstimmung, obwohl einschränkend gesagt werden muß, daß die zitierte Lehrerin eine starke soziale Verankerung im Lehrkörper hat, was ihr viel Sicherheit verleiht. Besonders stark betont wird das gute Schulklima von Lehrern, die Vergleichsmöglichkeiten in andern Schulen gehabt haben, im Understatement formuliert das ein sehr kritischer Lehrer folgendermaßen: „An der Schule an und für sich – im Vergleich zu anderen, hätte ich nichts auszusetzen. Die Situation hier ist ganz normal.“ (P/2) Etwas euphorischer drückt das eine andere Lehrerin aus: „Nach Wien – ich habe in Floridsdorf unterrichtet – und den disziplinären Vorfällen war dann diese Schule wie eine Tuchent ... Die Schule war weich und angenehm, anders als in den ersten Unterrichtsjahren.“ (E/2)

Positiv erwähnt wird die Koedukation im Vergleich zu reinen Mädchenschulen, „weil ein gemischter Unterricht ein gerades, offenes Unterrichten ermöglicht“ (X/3). Die positiven Äußerungen werden wohlüberlegt gemacht, wie es extrem ein Lehrer beschreibt:

„Wenn ich sage, ich bin eigentlich sehr zufrieden im wesentlichen, dann klingt das so euphorisch. Aber ich habe selbst versucht, irgendwie Punkte zu finden, mit denen man nicht zufrieden sein kann. Aber ich muß ganz ehrlich sagen, ich habe keine Argumente für das Negative gefunden.“ (H/1)

Für sich selbst spricht die Tatsache, daß weder negative Einschätzungen geäußert wurden, noch ambivalente Äußerungen.

Beziehung zu den Kollegen

Die Einschätzung des Verhältnisses zu den Kollegen wurde von fast allen Befragten (23 von 26) konkretisiert, auch hier überwiegend positiv (13), doch mit negativen (4) und kritischen Stimmen (6). Ambivalent werden Äußerungen genannt, die wohl grundsätzlich positiv sind, aber Einschränkungen oder konkrete Dinge nennen, die den Interviewten Schwierigkeiten machen.

„Ich fühle mich ausgesprochen wohl im Lehrkörper“ (F/12), „ich habe keine Feinde, und einige, ganz wenige sind Freunde“, „mir gefällt der gute Kontakt unter den Lehrern, obwohl wir sehr viele sind“. All diese Äußerungen sprechen von einer guten, teilweise freundschaftlichen Atmosphäre im Lehrkörper, dessen Bedingungen in der eher jungen Altersstruktur zu liegen scheint, die wieder zahlreiche Kontakte und Freizeitaktivitäten begünstigen, was einer der Nicht-Seminarteilnehmer folgendermaßen beschreibt:

„Grundsätzlich bietet unser Lehrkörper fast ideale Voraussetzungen, weil jene, die große Meinungsverschiedenheiten produzieren würden, von ihrer persönlichen Anschauung über Erziehung, sind zum Großteil in Pension gegangen. Es sind von der Altersstruktur her ganz wenig Lehrer da, die um 60 herum sind. Und der Großteil des Lehrkörpers bewegt sich wahrscheinlich zwischen 27 und 37 Jahren, und das ist, wenn man selber in dieser Altersgruppe drinnen ist, eine äußerst angenehme Situation. Man findet viel leichter Kontakt von Lehrer zu Lehrer, und grundsätzlich ist das eine gute Startbasis für eine gute kollegiale Zusammenarbeit, ungeachtet dessen, daß es darüberhinaus natürlich Meinungsverschiedenheiten gibt; soviel Köpfe soviel Meinungen – was bei uns Lehrern noch viel ausgeprägter ist als sonst irgendwo. Aber ich glaube, daß grundsätzlich eine Basis vorhanden wäre, die eine optimale Zusammenarbeit im großen und ganzen garantieren müßte.“ (L/2)

Die Häufigkeitsverteilung beim Alter der Lehrer des gesamten Lehrkörpers zum Zeitpunkt der Befragung läßt sich wie folgt darstellen:

Geburtsjahrgänge	Häufigkeiten
1920 – 1925	5
1926 – 1930	3
1931 – 1935	1
1936 – 1940	4
1941 – 1945	15
1946 – 1950	13
1951 – 1955	20

N = 61

Wie jung der Lehrkörper ist, zeigt die Tabelle: 50 Lehrer, das sind ca. 80% des Lehrköpers, sind unter 40 Jahre alt, über 40 Jahre sind lediglich 11 Lehrer (ca. 20%). Die Altersstruktur der Schule wird auch deshalb oft erwähnt, weil das Alter und damit verbundene unterschiedliche pädagogische Auffassungen in der Geschichte der Schule eine große Rolle gespielt hatten, die wieder zur Gründung des später erwähnten „Kaffeezimmers“ als Gegenpol zu den mächtigen „Altlehrern“ führte.

Abbildung:
Häufigkeitsverteilung nach Geburtsjahren

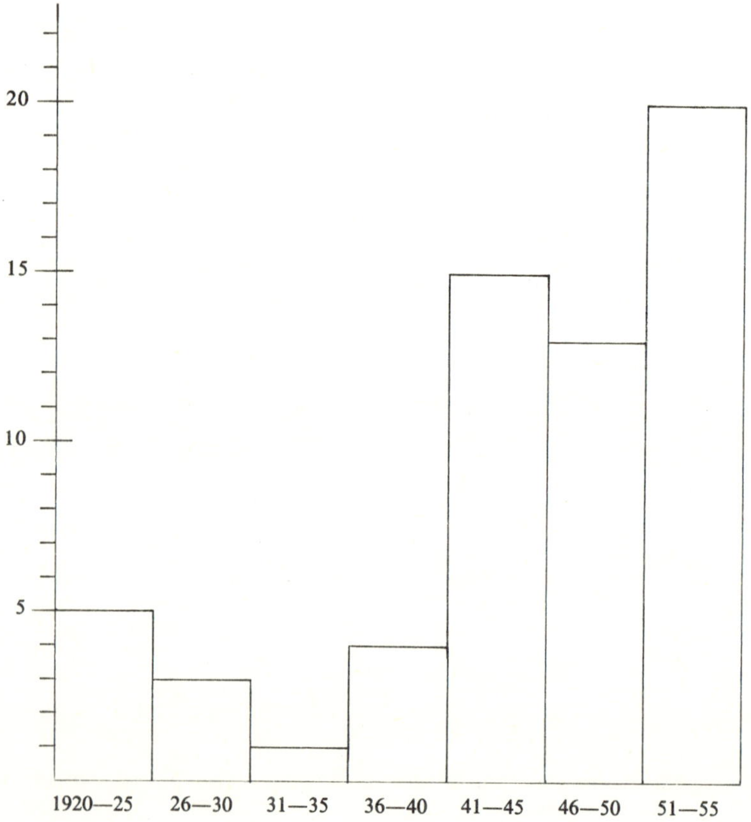

N = 61

Mittelwert = 1943,3
Streuung = (1920—1955) 35

Differenziert auf Seminarteilnehmer und Nicht-Seminarteilnehmer ergibt sich folgendes Bild: 60% der Seminarteilnehmer (9/15) fühlen sich im Lehrkörper sehr wohl, während die Zustimmung bei den Nicht-Seminarteilnehmern 36% (4 von 11) beträgt. Diese Verteilung läßt den Schluß zu, daß die Seminarteilnehmer überwiegend aus der Gruppe jener Lehrer kommen, die mit den Kollegen zufrieden sind und selbst enge soziale Kontakte haben.

Die ähnliche Altersstruktur schafft eine günstige Voraussetzung, große Zustimmung findet die Einstellung, daß es wichtig ist, miteinander zu reden, Fragen nicht in der Hierarchie, sondern im direkten Gespräch zu lösen. Besonders in den Jahren, wo viele der Lehrer noch nicht verheiratet waren, gab es ein großes Interesse, auch privat etwas gemeinsam zu unternehmen, was auch jetzt von neuen Lehrern genannt wurde:

„Ich war am Anfang überrascht, weil da ein sehr großer privater Kontakt entstanden ist. Und ich bin nach Linz gekommen und habe überhaupt keinen Menschen gekannt, und ich habe mich da sehr rasch heimisch gefühlt, weil von den Kollegen sind sehr viele in meinem Alter." (R/3)

Die Wichtigkeit, gerade Neuen den Einstieg leichter zu machen und am Anfang zu helfen, wurde öfters betont. Kennzeichnend für das gute Gesprächsklima wurde von den 13 Lehrern die Möglichkeit bezeichnet, daß man offen mit den anderen sprechen kann, wenn es Probleme gibt – allerdings nicht mit allen Lehrern, aber mit einem Großteil.

„Ich kann schon zu jedem hingehen, wenn ich es für notwendig halte, ihm zu sagen, daß es etwa Probleme mit den Schülern gibt, daß er sich drum kümmern soll." (O/2)

Wie wichtig so ein offenes Gespräch zwischen den Kollegen ist, wird im Vergleich mit negativen Erfahrungen erwähnt:

„Ein schlechtes Klima habe ich schon an zwei anderen Schulen genossen und weiß, daß einem da auch die Freude an der Arbeit vergeht, wenn das kollegiale Verhältnis nicht da ist, das ist dann eine Art Basisstress!" (J/2)

Auffallend ist, daß relativ viele ehemalige Schüler an der Schule unterrichten, was bereits eine teilweise Akzeptanz auch zwischen Lehrern und ehemaligen Schülern voraussetzt. Die Rückfragen, ob es nicht schwierig sei, das Lehrer-Schüler-Verhältnis auf ein kollegiales zu ändern, wurde ausdrücklich verneint. „Die Integration war nicht schwierig. Ich habe mir viel leichter getan, weil ich die Leute gekannt habe." (M/4)

Die Lehrer, deren *Äußerung als ambivalent* eingestuft wurden, unterscheiden sich bei den positiven Teilen nicht von den oben genannten Sichwohlfühlen, gute Zusammenarbeit, nette Kollegen. Die Kritik wird von Vertetern unterschiedlicher Gruppierungen getroffen, so kritisieren die Engagierten die „Desinteressierten", die Desinteressierten die „Polarisierung und Politisierung", die älteren Kollegen den mangelnden Ordnungssinn der jungen Lehrer. Das klingt dann so: einer der engagierten Lehrer beschreibt die Probleme im Lehrkörper folgendermaßen:

„Es ist nicht so, daß es Reibereien oder Gegensätze gibt. Die sind nicht da, die melden sich auch bei einer Konferenz kaum zu Wort. Man weiß, daß sie jetzt gegen das sind und daß es irgendwelche Probleme gibt ... Es stellt sich immer wieder nur heraus, daß bei jeder Idee, wenn es dann um das Verwirklichen geht, immer die gleichen fünfzehn, zwanzig Leute beteiligt sind. Und es gibt halt doch viele, die in der Früh reingehen, ihren Unterricht schön brav halten und dann nichts wie weg." (N/15)

Die angesprochene Gegenseite sieht die Situation aus ihrer Perspektive ganz anders:

„Was mir nicht gefällt, ist die zunehmende Polarisierung, wie sie leider von der Politik her kommt. Die Gegensätze werden stärker, ich habe das Gefühl, es war vor acht Jahren noch angenehmer." (Y/3)

Und in derselben Richtung: Eine andere der Angesprochenen, die außer den Schulstunden nicht viel Zeit für Schulisches erübrigen kann, weil sie noch zusätzlich ihre Familie versorgen muß, sagt, nachdem sie die gut funktionierende fachliche Zusammenarbeit mit einigen Kollegen beschrieben hat:

„Die Zusammenarbeit funktioniert nur mit wenigen, die nicht Zeit haben ins Kaffeezimmer zu gehen und dort Schulpolitik zu betreiben. Es gibt so ein Konkurrenzverhältnis, eine unterschwellige Eifersucht." (E/2)

Neben der Einschätzung der Beziehungen zu den Kollegen klingen bei den beiden letzten Äußerungen schon strukturelle Probleme an, die die soziale Gruppierung und die zu bearbeitende Problematik im Lehrkörper aufzeigen.

Die oben von den jüngeren Lehrern beschriebenen Probleme mit den Ansichten der älteren Lehrer, sehen von der anderen Seite so aus:

„... junge Lehrer nehmen es nicht so genau mit Ordnung, da gibt es echten Ärger." (Q/4f)

Wertordnungen, die selbstverständlich gelten, wie etwa die Verpflichtung, sich als Lehrer um die Ordnung zu kümmern, wenn etwas kaputt geht, Meldung zu machen oder es zu reparieren, werden von den Jungen nicht mehr in der gleichen Weise akzeptiert, das schafft Spannungen und Ärger. Ein anderes, auch am Seminar auftauchendes Problem wird bei den Interviews angesprochen, u. zw. daß der Lehrer Vorbild bei der Pünktlichkeit sein soll:

„Also wenn ich vom Schüler verlange, daß er pünktlich im Unterricht zu sein hat – wie es ja auch das Schulunterrichtsgesetz vorsieht – dann muß ich mit gutem Beispiel vorangehen und nicht selbst erst fünf bis sieben Minuten nach dem Läuten in den Unterricht gehen." (X/4)

Kann man bei den vorgebrachten Kritikpunkten schon wichtige unterschiedlich akzeptierte Normen und Vorstellungen erkennen, die Anlaß für Konflikte darstellen, werden bei den negativen Stimmen subjektiv überhöhte Formulierungen gehört. Eine etwas ältere Probelehrerin spricht von sich als „völlig Rechtlose, die man sehr distanziert betrachtet". Diesen Eindruck konkretisiert sie an dem Beispiel des Du-Sagens:

„Es ist mir noch nicht gelungen, mit allen per du zu sein ... Ich habe es zwar jedem angeboten, ich meine, ich als Rechtlose habe es jedem angeboten, daß er du zu mir sagt, obwohl ich zu ihm Sie sage, aber es wird davon nicht Gebrauch gemacht." (C/2)

Wir bezeichnen diese Formulierung als subjektiv überhöht, weil hier die persönliche Situation eine sehr große Rolle für die Einschätzung der Situation spielt. Die zitierte Probelehrerin war vorher Assistentin an der Uni, war es daher gewohnt, daß alle Kollegen automatisch du zueinander sagten. Ihr Angebot, du genannt zu werden und selbst beim Sie zu bleiben, muß ja verwirrend auf die teilweise jüngeren Lehrer oder Einführenden wirken, noch dazu wenn das eine Frau ist. Um auf diesen Vorschlag eingehen zu können, müßte sich derjenige über einige Konventionen hinwegsetzen, gerade das einseitige Du-Sagen würde ja ein hierarchisches Verhältnis stabilisieren.

Negative Äußerungen über die Situation im Lehrkörper haben zwei weitere Lehrer gemacht, die sich als Sprecher der schweigenden Lehrer betrachten und sich „dann immer ziemlich allein" fühlen (C/2). Ein Lehrer artikuliert den „aufreibenden Kampf" im Lehrkörper, den er führt, um demokratischen Führungsstil verwirklichen zu können und dabei auf großen Widerstand bei den Kollegen stößt – er als ein „exponierter Lehrer" sagt:

„Wie ich versucht habe, verschiedene Sachen auszuprobieren, da habe ich also dann die Konflikte gekriegt mit den Lehrern, und die haben mich dann hinten und vorne ausgespielt mit den Klassen; die haben mich dann in der Öffentlichkeit schikaniert und alles mögliche – meine eigenen Kollegen." (W/3)

Die hier angesprochenen individuell gefärbten Probleme konnten mit drei der vier Lehrer besprochen werden, ein Lehrer, der seine Kritik hier geäußert hatte, fuhr nicht zum Seminar mit „weil er sich nichts davon versprach".

Zusammenfassend kann gesagt werden, daß eine breite Übereinstimmung besteht, daß die Kollegen nett sind und daß man sich im Lehrkörper wohl fühlt (19 Stimmen, weil auch bei den ambivalenten diese Grundeinstellung vorhanden ist). Als wichtiges Kriterium wird der familiäre Stil genannt, viele Kontakte, u. zw. eher freizeitorientierte, und ein fachlicher Erfahrungsaustausch. Der Erfahrungsaustausch wird teilweise schon organisiert oder jedenfalls taucht er als Wunsch auf, was darauf schließen läßt, daß die Lehrer dieser Schule beginnen, sich wechselseitig als Experten, von denen man etwas lernen kann, ernst zu nehmen. Als mögliche Konflikte zeichnen sich Spannungen zwischen Engagierten und Desinteressierten ab, politische Polarisierungen sowie ein unterschiedliches pädagogisches Selbstverständnis. Das Problem zwischen alten und jungen Lehrern scheint vorwiegend ein historisches Problem zu sein, jetzt könnten die unterschiedlichen Ordnungsvorstellungen auftauchen.

Beziehung zum Direktor

Diese Frage ist zur Durchleuchtung der informellen Struktur einer Organisation von großer Bedeutung, weil es dabei um die Machtverteilung und die Führungsphilosophie einer Schule (oder Betriebs) geht. Der Führungsstil der Autorität bezieht sich auf die Ebene der Akzeptanz – wieviel Sicherheit vermittelt die Autorität ihren Mitarbeitern und die der Leitung – werden Entscheidungen einsam (autoritär) oder kooperativ getroffen. Eine zusätzliche Schwierigkeit stellte die Neubestellung des jetzigen Direktors vor zwei Jahren dar, wobei zu untersuchen war, ob und wie die Umstellung auf die neue Person des Direktors vonstatten gegangen war.

Wie in der überblicksmäßigen Darstellung schon gezeigt wurde, verfügt der Direktor bei den Befragten über ein hohes Maß an Akzeptanz (13 sind zufrieden), einer unterstützt ihn grundsätzlich mit kritischen Einschränkungen, während zwei Befragte die Beziehung als sehr schwierig darstellen. Man könnte nun darauf schließen, daß es keine weitreichenden Probleme zwischen Lehrkörper und Direktion gibt. Wenn wir nun die Aussagen im Detail betrachten, sehen wir eine Gruppe von Lehrern, die sich vom Direktor beschützt fühlen, weil er ihnen „Rückhalt gibt“, „bei Konflikten beide Seiten hört“, „seine Hilfe angeboten hat, wenn es Probleme gibt“. Begründet wird das positive Verhältnis mit der Persönlichkeit des Direktors, weil er „sehr offen und entgegenkommend ist“ (Q/13), weil „er viel Freiheit einräumt, die kreatives Unterrichten ermöglicht“ (O/1), weil „man einen Chef hat, der also nett ist und der vernünftig ist, sagen wir einmal so, absolut vernünftig (I/3)“.

Die einflußreichen Lehrer mittleren Alters, vom Direktor als „Orientierungslehrer für die jüngeren“ bezeichnet, können sich bei Meinungsverschiedenheiten mit ihm auseinandersetzen, er wird als „Reibungsfaktor“ bezeichnet. Einer drückt das so aus: „Es ist ein offenes Klima zur Direktion. Es kommt zwar immer wieder zu Spannungen, besonders wegen der Gestaltung der Konferenzen, ... man kann jedoch immer wieder durch ein Gespräch etwas ausgleichen.“ (C/3) Sehen wir uns zwei ausführliche Charakterisierungen des Direktors an. Eine Lehrerin sagt:

„... es ist ja auch vom Direktor her so, daß eigentlich (Meinungen nicht autoritär unterdrückt werden) – er wird zwar unheimlich angefeindet, und es wird dauernd über ihn geblödelt. Aber ich persönlich bin der Meinung – es ist ja sehr schwierig mit 60 solcher Narren fertig zu werden und alle unter einen Hut zu bringen – er versucht also von seinem Wesen her das Möglichste und akzeptiert jede Meinung und hört sich alles an. Nur verkraftet er natürlich gewisse Dinge von seiner Stilrichtung her nicht, und dann wird er einmal autoritär und sagt, das wird so und so gemacht. Und das wird ihm natürlich enorm angekreidet ... aber es ist ein sehr tolerantes Klima, möchte ich sagen.“ (V/6)

Trotz der positiven Schilderung und des großen Verständnisses der Schwierigkeit mit einem Lehrkörper mit unterschiedlichen Auffassungen fertig zu werden, klingen hier erstmalig Dissonanzen an. Die Aussagen „er wird unheimlich angefeindet“, es wird „dauernd über ihn geblödelt“ lassen auf Spannungen schließen. Eine grundsätzliche Ablehnung kann man nach diesen Äußerungen ausschließen. Seine Tendenz, nur bis zu einem gewissen Grad zu diskutieren und dann im Zweifelsfall, oder wenn es notwendig ist (das hängt vom Standpunkt der Betrachtung ab) einzugreifen und Entscheidungen zu treffen, steht auch im Kontrast zum alten Direktor bei dem „eine chaotische Freiheit geherrscht hat“ (O/1). Chaos bedeutet ja auch, die ihm zugedachten Führungsfunktionen nicht zu ergreifen, und dann entsteht ein Machtvakuum. Zu fragen bleibt, ob und wer dieses Machtvakuum gefüllt hat und ob es beim Direktorwechsel nicht wieder vom Direktor „zurück erobert“ wurde?

Eine weitere positive, doch wie wir meinen, treffende Charakterisierung, gibt ein guter Freund:

„Ich sehe in einem Direktor eben einen Direktor, einen notwendigen Mann, der der Schule vorsteht; es muß einer dasein, der letztlich auch Entscheidungen trifft und vor allem dafür sorgt, daß das Schulgeschehen in einem gesetzlichen Rahmen abläuft u. s. w. und Kontakte zwischen Schülern und Eltern vorhanden sind. Ich kenne den jetzigen Direktor als früheren Kollegen auf freundschaftlicher Basis ... Ich bin ehrlich gesagt äußerst zufrieden mit dem Direktor, und das Verhältnis ist an und für sich ein sehr gutes, nicht nur zwischen mir und dem Direktor, sondern auch sonst. Daß unser Direktor sich bemüht, äußerst korrekt zu sein und ein Ohr zu haben für verschiedene persönliche Wünsche und Strömungen, die die Zeit immer wieder heranträgt, daß er allerdings nicht auch einer ist, der widerspruchslos alles akzeptiert und zu allem ja sagt, das ist meiner Meinung nach auch seine Stärke. Daß das natürlich gelegentlich zu vorübergehender Unzufriedenheit bei dem einen oder anderen führen kann, ist verständlich." (B/9)

In beiden Charakterisierungen wird das Problem Direktor – Lehrer nicht ausschließlich als Frage der Persönlichkeit, sondern auch in einem strukturellen Verhältnis von Vorgesetzten und Mitarbeiter gesehen. Wir wollen nun versuchen, den wenigen Spuren nachzugehen, die auf Probleme schließen lassen. Es existieren jedenfalls Vorwürfe „er macht das zu autoritär" – doch das wird nur gesagt, um sich individuell davon abzugrenzen, „aber ich finde ihn sehr in Ordnung" (R/6). Direkte Äußerungen über ein problematisches Verhältnis zum Direktor gibt es nur zwei, die wir auf konkretere Hinweise untersuchen wollen. Der eine Lehrer beschreibt seinen Kontakt zum Direktor:

„Den Kontakt zum Direktor gibt es fast gar nicht, der ist äußerst mangelhaft. Der ist auf eine einzige Art beschränkt: Empfehlsempfänger und Informationsweitergeben, wobei der Fluß meistens einseitig ist!" (P/2)

Diese Aussage ist inhaltlich zahlreichen Beschreibungen der Offenheit und der Gesprächsbereitschaft entgegengesetzt. Als Interpretation können wir ein anderes Anspruchsniveau von Gesprächsführung vermuten, Wünsche, die nicht befriedigend erfüllt werden. Wir setzen das Zitat fort:

Der alte Direktor wird als ein Mann beschrieben, „der keine Rücksicht auf meine Meinung genommen hat" ... „das ist beim neuen Direktor gleichgeblieben ... vielleicht mit dem Unterschied, daß man sich beim neuen Direktor seine Meinung zu sagen traut. Die Reaktion ist einfach dieselbe. Wenn er der Meinung ist, so jetzt ist Schluß, jetzt wird nicht mehr weitergeredet – dann setzt er seine Autorität ein. Die Art und Weise seines Redens und seines Sich-Unterhaltens, seines Kontaktes ist eben autoritär. Kurz, militärisch, laut und bestimmt – auch wenn es nur seine Meinung ist, klingt es so wie ein Befehl. Nicht so wie ich mich jetzt mit Ihnen unterhalte, wo Sie mir zuhören ..." (P/3)

In diesem Zitat sind Angriffe und Erklärungen gleichzeitig vorhanden. Zuerst wird gesagt, der alte und der neue Direktor wollen beide seine Meinung nicht hören, doch dann kommt die Einschränkung, daß man sich beim neuen Direktor *traut,* seine Meinung zu sagen. Bekannt ist ja, daß gewisse Redeweisen, Eigenheiten oder Gesten einem bei jenen Menschen besonders störend auffallen, mit denen man ein Problem hat.[12]) Dieses Gespräch über die Beziehung zum Direktor war auch der wesentliche Punkt im Interview, in dem sich der Befragte verstanden gefühlt hat und seine anfängliche Distanz zugunsten eines vertrauensvollen Gesprächs verändern konnte. Wenn er seine Meinung sagt, fühlt er sich dann von den Kollegen, die diese Meinung nicht teilen, alleine gelassen, weil sie ihn nicht unterstützen (Vgl. Zitat P/4). Die Vermutung, daß hinter den Angriffen eine enttäuschende Erwartung steht, wird bei der Antwort auf die Frage, ob er Möglichkeiten zu einer Veränderung sieht, bestätigt:

„Ich wüßte nicht wie. Eine gute Chance würde darin bestehen, wenn man einen Direktor hätte, der von diesen Problemen wüßte und darauf hinarbeitet, diese Probleme zu beseitigen. Er müßte ein Gefühl haben, wo ein Unmut besteht, und müßte die Leute eben auffordern, diesen Unmut zu äußern ... Ich habe den Eindruck, daß es gut wäre, mit ihm zu reden, um ihm meine Meinung zu sagen."
Frage: „Sie erwarten sich, daß die Initiative von ihm ausgeht?"
„Ja, Sie müssen sich vorstellen. Er kann leicht einmal zu mir sagen: Kollege, kommen Sie einmal, schauen Sie einmal rein zu mir. Obwohl ich gar nicht den Wunsch habe, mit ihm zu reden. Ich kann nicht einmal zu ihm sagen: Haben Sie noch einen Moment Zeit, kommen Sie einmal (genierliches Lachen) oder ihn irgendwo einladen. Über diesen Schatten könnte ich gar nicht springen." (P/4f)

Es ist ganz offensichtlich, daß der Befragte den Wunsch hat, ein klärendes Gespräch mit dem Direktor zu führen. Doch

12 Jeder kennt den Wandel der Einschätzung von Gewohnheiten in einer Ehe. Gewohnheiten oder Gesten, die einem als Verliebten sehr gefallen haben, verlieren oft den Reiz und können in Streitphasen als äußerst störend erlebt werden.

dieser Wunsch ist tabuisiert, er darf nicht offen ausgesprochen werden, darum wird sofort nach Aussprechen des Wunsches – in der Phantasie als Initiative des Direktors –, dementiert: „obwohl ich gar nicht den Wunsch habe, mit ihm zu sprechen.“ Die Kränkung, nicht persönlich zu einem Gespräch eingeladen zu werden, wird durch die zu „überspringenden Barrieren“ angesprochen. Wie stark hier auch übersteigerte Erwartungen an die fast allmächtigen Fähigkeiten der Autorität gestellt werden, wenn er sagt „er müßte ein Gefühl haben, wo ein Unmut besteht“, aber ohne daß die betroffenen Personen etwas sagen müßten, er müßte ihre Gedanken erraten. Ähnlich wie Kinder von den Eltern erwarten, daß sie wissen *müssen,* daß das Kind einsam, traurig, ängstlich oder ärgerlich ist und böse sind, wenn die das nicht wissen.

Die hier angesprochene Ähnlichkeit der Empfindungen von Erwachsenen einer Autorität gegenüber, mit der von Kindern ihren Eltern gegenüber ist ein allgemeines, wenn auch stark tabuisierendes Phänomen, das „Übertragung“ genannt wird. Die Abhängigkeit als Untergebener seinem Chef gegenüber läßt im Erwachsenen Erinnerungen an die Kindheit, wo jeder abhängig war und Schutz und Sicherheit gesucht hat, wach werden. Eine hier noch nicht erwähnte Dimension der Übertragung besteht in der Suche nach der Liebe und Akzeptanz von der Autorität, was bei der Bearbeitung der Probleme zwischen Lehrern und Direktion am Kooperationsseminar eine große Rolle spielen wird.[13]) Für die Autorität kann das Wissen um die Übertragung (als Direktor oder Lehrer einer Klasse) eine Entlastung bringen, da nicht alle Reaktionen und Aggressionen der eigenen Person gelten, sondern als Übertragungsphänomene mehr mit der Elternbeziehung des Agierenden zu tun haben.

Der zweite Lehrer, der die Beziehung zum Direktor als problematisch bezeichnet, spricht davon, daß „da Spannungen zum Direktor“ sind und fügt hinzu. „Ich würde mir nur manchmal wünschen, daß er sagt, weißt was, jetzt hast einen

---

13 Das hier beschriebene Übertragungsphänomen spielt auch in der Schulklasse bei der Beziehung zwischen Lehrer und Schüler eine zentrale Rolle. Im Nachvollzug der eigenen Reaktion mit dem Direktor kann der Lehrer Verständnis für die Beziehung seiner Schüler zu ihm erwerben.

Scheiß gemacht." (N/8) Er versucht so etwas zu provozieren, damit eine „offene Situation" entsteht, oberflächlich „sind wir wahnsinnig freundlich zu einander". Wenn wir die Ursachen dieser untergründigen Spannung erforschen wollen, stoßen wir bald zur Geschichte der Schule, zum alten Direktor. Herr N. ist jetzt und war schon beim alten Direktor Administrator, so daß die Vermutung naheliegt, daß es sich dabei um die Verteilung des Einflusses handeln könnte. Auf die Frage nach seinem Einfluß als Administrator sagt Lehrer N:

„... ich glaube, um die Arbeit beneidet mich niemand, aber es ist mit dieser Position auch ein gewisser Einfluß verbunden. Besonders unter dem früheren Direktor, da habe ich schon schalten und walten können. Was ich gesagt habe, da hat er gesagt, ja das stimmt schon .das war für mich zum Teil sehr unangenehm, weil natürlich die Kollegen oft gewußt haben, das ist gar nicht die Idee des Direktors, sondern die von mir. Um das waren mir sicher einige neidig, die hätten auch ganz gern sehr viel Einfluß gehabt." (N/7)

Herr N. spricht es ganz offen aus, daß unter dem früheren Direktor die eigentlichen Entscheidungen von ihm getroffen wurden, während der Direktor die Gallionsfigur war – und das nicht geheim, sondern für alle sichtbar, was den Neid einiger Kollegen erregt hatte. Es soll an dieser Stelle wiederholt werden, daß die Zufriedenheit mit der Schule sehr stark von der Art und Weise, wie er die administrativen Fragen der Stundeneinteilung, Supplierung handhabt, abhängig sind. Unzufriedenheit mit dem Administrator gab es keine. Lehrer N. war damit eine Art Kronprinz, der sich auch um die Nachfolge als Direktor beworben und sicher alle Voraussetzungen mitgebracht hatte. Er wurde aber dann nicht Direktor, sondern ein anderer Kollege aus dem Lehrkörper. Es gab Probleme zwischen dem „schwarzen" und dem „roten" Kandidaten, so daß dann der jetzige Direktor als Kompromißkandidat das Rennen machte, wie das Lehrer N. ausdrückt: „Er ist nur durch Zufall Direktor geworden." (N/8) Diese Entscheidung ist für den Administrator bestimmt eine große Enttäuschung gewesen; er fühlte sich kompetent wie kein zweiter.

„Mein Verhältnis war am Anfang so, daß ich ihm natürlich – für mich war es ein wenig ungut. Ich habe praktisch alle Informationen gehabt, die ein Direktor von vornherein einmal haben sollte. Er hat sich also bei dem ganzen schuladministrativen Kram nicht ausgekannt und kennt sich zum Teil heute noch nicht aus, weil man einfach da wahnsinnig lang Erfahrung sammeln muß ... und dadurch hat er mich am Anfang ein bißchen gefürchtet. Er mußte wegen jeder Kleinigkeit zu mir kommen." (N/8 f)

Ein Lehrer, der aus dem Lehrkörper als Direktor in derselben Schule berufen wird, hat sicherlich zu Beginn außer den sachlichen Problemen der Administration zusätzlich Akzeptanzprobleme. Die Aussage „nun stehen ihm alle Lehrer von vornherein wesentlich kritischer gegenüber", dürfte sich nur auf die Lehrer beziehen, die durch den neuen Direktor ihre alte Macht teilweise eingebüßt haben. Auf diesen Problemkreis der Konkurrenz um den Einfluß gilt es weiterhin zu achten, um die Diagnose der sozialen Situation der Schule erstellen zu können.

Ein weiteres Problem den Direktor betreffend spricht ein Lehrer an, der den Direktor „grundsätzlich unterstützt", aber den Direktor als gegen sich beeinflußt empfindet. Die Ursache ist, so meint dieser Lehrer, die enge Beziehung seiner beiden Konfliktpartner zum Direktor.

„Ja, das ist in der ganzen Schule bekannt, daß er eine sehr enge Beziehung zu diesen beiden Lehrern hat, und sie mit ihm. Und sie benützen ihn irgendwie. Sie schützen ihn auf der einen Seite, weil er isoliert ist im Lehrkörper, und er läßt sich dafür von ihnen das und das sagen. Das ist eine Machtposition, und das kreiden ihnen ihre Kollegen an. Aber da läßt er sich nichts sagen, da klammert er sich noch mehr an sie. Das ist seine Angst, wenn er sie verliert, ganz bloß dazustehen." (W/8)

Diese Aussagen kann man mit dem Stand der Information bei den Interviews nicht interpretieren. Entweder sie entspringen einer Phantasie, sie stimmen nicht, oder es ist etwas daran – im Sinn, daß die Befürchtungen einer heimlichen Co-Direktorgruppe stimmt, oder es ist zu untersuchen, wieso dieser Eindruck entstehen kann, und ob es „in der ganzen Schule bekannt ist".

Wie sieht nun der Direktor die Beziehung zum Lehrkörper? Auf diese Frage versucht er sehr offen zu antworten, beschreibt jedoch weniger seine Beziehung als seine Prinzipien, wie er seine Autoritätsaufgaben versteht. Der Direktor beschreibt es so:

„Die Vorstellung, die ich hatte, als ich berufen wurde, war die – im Endeffekt bin ich Lehrer, bin ich Kollege, bin ich Pädagoge – das habe ich auch bei der Antrittsrede dem Lehrkörper offenherzig gesagt. Es ist natürlich eins zu sagen: Man kann nicht umhin, daß mit dem Tag, an dem man die Leitung der Schule übernimmt – auch wenn man aus dem Kollegenkreis kommt – sich doch sehr schnell etwas verändert, weil man zum Vorgesetzten wird. Wobei von mir aus das viel weniger so gesehen wurde als von den Kollegen – aber vielleicht ist das natürlich. Mein Verhältnis zum Lehrkörper ist vom Inneren her absolut das Partnerschaftliche, Kameradschaftliche. Mir liegt sehr viel daran, daß man in mir den Menschen ... sehen möge und nicht den Vorgesetzten, den Dienststellenleiter. Selbst auch in den dienstlichen Fragen. Daß ich natürlich Weisungen geben muß, die nach oben hin ja auch zu erfüllen sind, ist klar. Daß man als Leiter eine Verantwortung in allen Bereichen trägt. Wenn es nur auf das Pädagogische beschränkt wäre, wäre es viel einfacher.“ (S 5)

Dargestellt wird vorrangig das Leitbild eines Leiters, der „integrierter Partner im Lehrkörper“ ist. Die Verantwortung und Entscheidungsfunktionen, die ein Direktor hat, werden voll angenommen, allerdings wird der Widerspruch, den eine solche Funktionsausübung bringt, unter der Äußerung „den Menschen vorrangig zu sehen“, verwischt. Sichtbar wird sein hoher Anspruch an sich, seine Aufgabe als Direktor gut zu erfüllen. Mit „partnerschaftlich“ umschreibt er eher die Haltung, die er bereit ist, zu den Lehrern einzunehmen, offene Gespräche zu führen, bei Problemen zu helfen, gerecht und korrekt zu sein, so daß er von den Lehrern als Autorität (?) akzeptiert werden kann. Der Wechsel von Kollege zu Vorgesetztem dürfte auch für den Direktor Umstellungsschwierigkeiten gebracht haben. Es fällt auf, daß sowohl einzelne Lehrer als auch der Direktor den Eindruck hatten, daß jeweils der andere sein Verhalten geändert hat.

Die weitere Frage, wie die Lehrer ihn als Direktor sehen, wird auch nicht auf der Ebene der sozialen Beziehungen dargestellt, sondern anhand von sachlichen Fragen des Arbeitseifers der Lehrer oder der Gestaltung der Konferenz beantwortet. Zu Beginn spricht er diese beiden Ebenen an, wenn er sagt:

„Diese Vorstellung (was die Lehrer von ihm halten G. D.) ist für mich schwer. Sie zeigt sich mir jedenfalls in einem guten Arbeitseinsatz der Leute. Denn ich kann mir vorstellen, daß man vielleicht weniger gern arbeitet, wenn man ungern an eine Dienststelle geht ... Ich habe willige, arbeitsfreudige und eigentlich sehr aufgeschlossene Lehrer, allen Bereichen gegenüber ... Wenn ich an Konferenzen denke, das waren Reibungsflächen bisher. Man war oft nicht ganz einverstanden mit der Art, wie Konferenzen z. B. von mir geführt wurden ... ich glaube, daß hier doch eine gute Zusammenarbeit gegeben ist.“ (S 6)

Zusammenfassend kann man sagen, daß der Direktor weitgehend seinem Leitbild eines offenen, gesprächs- und hilfsbereiten Direktors entspricht, der die Verantwortung trägt – dieser Eindruck wurde vom überwiegenden Teil der Lehrer bestätigt. Vertrauen und Rückhalt bietet er vor allem den jüngeren Kollegen. Die „Mittelschicht“ (vom Alter her) trägt die Meinungsverschiedenheiten, z. B. autoritärer Stil der Konferenzführung, recht offen mit ihm aus. Unbewältigte Probleme müssen noch in der Auswahl des Direktors liegen (andere Kandidaten), Lehrern, die sich zu wenig persönlich angesprochen fühlen, und Konkurrenz mit den dem Direktor wirklich oder vermutlich näher stehenden Lehrern. Der Eindruck, daß es doch – trotz der positiven Beziehungen zwischen Lehrern und Direktor – Spannungen geben muß, wurde auch durch das nonverbale Verhalten des Direktors unterstützt. Obwohl er alle Fragen wirklich offen zu beantworten suchte, schaute er doch während des gesamten Interviews starr vor sich hin, ohne Blickkontakt zum Interviewer herzustellen (während beim Post-Interview nach dem Kooperationsseminar ein gelassener Direktor in fast herzlicher Atmosphäre befragt wurde).

Zufriedenheit mit den institutionellen Bedingungen

Sie ist die einzige Fragestellung, bei der die negativen Stimmen (9) überwiegen (6 positive). Die positiven Äußerungen beziehen sich auf die Schule „als System, in dem man sich entweder wohl fühlt und sich schon als Schüler wohlgefühlt hat, „oder auf die Notwendigkeit“, das System zu akzeptieren. Eine Lehrerin drückt das so aus:

„Ich muß mir bewußt sein, daß ich in einer Maschinerie bin, wo es gewisse Instanzen gibt, die über mir stehen, und daß ich gewisse Anordnungen und diese Instanzen in gewisser Weise Folge zu leisten habe, wenn sie das verlangen, was im Gesetz festgehalten ist. Da kann ich nicht sagen, ich mache das besser und mache das gescheiter. Das ist die eine Seite, und die andere Seite ist die, daß ich glaube, wenn man etwas von den Schülern verlangt, muß man es selbst tun bzw. selbst mit gutem Beispiel vorangehen." (X/3)

Hier werden die gesetzlichen Vorschriften und der Status quo außer Streit gestellt nach der Maxime, man sei Teil der Maschinerie und müsse sich den Anordnungen fügen. Damit soll nicht der Eindruck erweckt werden, daß die Sprecherin unkritisch oder unterwürfig ist. Im Gegenteil – sie vertritt in vielen sachlichen Fragen sehr mutig eine eigene prononcierte Meinung – auch gegen den Widerstand anderer Kollegen. Es geht hier nur um das Anerkennen der gegebenen Ordnungsgrundsätze der „Maschinerie".

Die Verwaltung, die einen Punkt der kritisierten Bereiche darstellt, wird von einem Lehrer positiv genannt. Ihm macht die administrative und statistische Arbeit Spaß, er setzt auch hier „seinen Ehrgeiz hinein, daß alles stimmt", auch diese Arbeit „möglichst perfekt" zu machen (N/17).

Die positiven Meinungen über die institutionellen Bedingungen sind eher als selbstverständliche Akzeptanz der Rahmenbedingungen zu verstehen, es werden dabei nie inhaltliche Fragen angesprochen, ganz im Gegensatz zu den kritischen Stimmen, die sehr genau Schwierigkeiten benennen und zeigen, welche Hindernisse sie für einen schülerorientierten Unterricht oder für die Kooperation der Lehrer darstellen.

Vorausschicken wollen wir noch, daß keine explizite Frage nach der Zufriedenheit oder der Kritik am Schulsystem gestellt wurde. Da die geäußerte Kritik aber einen Eindruck in die subjektiv erlebte Beschränkung des Handlungsspielraums darstellt, soll sie doch angeführt werden.

Die Größe der Schule wird als Nachteil genannt:

„Veränderungswürdig wäre jedenfalls die Größe der Schule ... eine Schule dieser Größenordnung wird allmählich unüberschaubar, innerhalb dieses großen Lehrkörpers (61 Lehrer) können sich natürlich nur Gruppen bilden; eine gewisse Geschlossenheit ist unvorstellbar, während ich erlebt habe, daß eine kleinere Schule, ein kleinerer Lehrkörper sicherlich besser zusammenarbeiten kann und seine pädagogischen Aufgaben auch besser erfüllen kann.“ (Z/3)

Es ist sicher richtig, daß die Größe der Schule mit 60 Lehrern und über tausend Schülern bereits unübersichtlich ist – eine Tatsache, die bei der Schulplanung zu wenig berücksichtigt wird.

Die am stärksten empfundene Einschränkung der Lehrer entsteht durch zeitliche Organisation von 45 Minuten Unterricht und fünf oder zehn Minuten Pause. Eine Lehrerin drückt das folgendermaßen aus:

„Ich finde die Fünf-Minuten-Pausen für mich persönlich unmenschlich. Also die machen mich fertig, denn wenn man irgendetwas vorbereitet, sei es im Medienraum oder im Lehrerzimmer – kommt man einfach nicht zusammen. Man hetzt herum wie ein Narr, oder es kommt der Schüler nach der Stunde und will noch etwas reden, aber es ist eigentlich nicht möglich. Das tut mir sehr leid, das stört mich sehr.“ (S/2)

Frau S. beschreibt das Dilemma, daß sie in der Pause die Vorbereitungen für die nächste Stunde treffen soll und in derselben Zeit die Gelegenheit zu einem Gespräch mit einem Schüler nützen will, was sich jedoch nicht kombinieren läßt. Durch dieses Dilemma entsteht ein dauernder Zeitstreß. Grundsätzlich muß man dazu sagen, daß die Zerstückelung der Lernprozesse in 45 Minuten-Einheiten keinen kontinuierlichen Wissenserwerb, sondern eher einem taylorischen Zeitsystem gleicht. Jemand, der sich aus Interesse mit einer Sache beschäftigt, würde kaum nach exakt 45 Minuten aufhören und etwas ganz anderes beginnen. Diese Zeiteinteilung verhindert auf der anderen Seite Lernformen, die ein selbständiges Erarbeiten des Stoffes durch die Schüler in Form eines Projektunterrichtes (Vgl. Diem-Wille 1982) oder Gruppenunterrichts ermöglicht; selbst der Einsatz von Medien ist durch die Zeitstruktur äußerst erschwert – Probleme, die auch beim Seminar in der Phase der Erarbeitung von Lösungsmöglichkeiten der genannten Probleme erneut auftauchen werden. Die Zeitstruktur verhindert auch ein sinnvolles Gespräch unter Lehrern, nach Auffassung von Frau R.:

„Die ganze Organisation ist ein Wahnsinn. Also ich renne in den Pausen herum, daß ich die blöden Zettelsachen erledige und habe dann fast überhaupt keine Zeit, weil ich eben das andere auch erledigen muß. Und dann habe ich schon gar keine Zeit, daß ich jemanden frage, du was hast du denn da Klasses gemacht? Und nach der Schule geht dann jeder weg, wenn man sich nicht direkt etwas ausgemacht hat oder eine Veranstaltung ist. Wenn man dann jemanden privat trifft, dann erinnert man sich auch nicht mehr, was man vor zwei Wochen eigentlich besprechen wollte." (R/11)

Angesprochen wird von Frau R. nicht nur ein zeitliches oder organisatorisches Problem, sondern auch ein strukturelles. Die Pausenordnung verhindert einen direkten Erfahrungsaustausch mit anderen Kollegen, aber der strukturelle Grund dafür ist die Definition der Arbeitsanforderungen für Lehrer durch die wöchentlichen Unterrichtsstunden. Damit wird deklariert, daß Gespräche mit Lehrern, Klassenlehrerbesprechungen, Fachlehrertreffen oder Konferenzen eine außergewöhnliche und zusätzliche Leistung darstellen – was Fürstenau eine „Scheuklappenorientierung von der Institution her"[14]) bezeichnet.

Der Rahmen wird als „Zwang erlebt", vor allem „die Stundeneinteilung und die Stundenzahl" (O/1), die „Schülerzahl ist zu groß" (S/2), die „administrativen Aufgaben sind zeitraubend und ärgerlich" (Q/4).

Überraschend sind die vielen Beschwerden zum Bau der Schule, obwohl der Bau erst vor ein paar Jahren fertiggestellt wurde. Die durchaus sachliche Kritik an baulichen Details hängt mit der mangelnden Absprache vor Baubeginn mit den betroffenen Lehrern zusammen. Wo Versuche zu einer Einbeziehung der Fachlehrer in die Planungsarbeit der Architekten unternommen wurden, ist man auf die Vorschläge der Lehrer nicht eingegangen. Dazu zwei Aussagen von einem Turnlehrer und einem Zeichenlehrer, die Baumängel beschreiben:

„Wir haben z. B. Handballtore auf dem Parkplatz. Die Tore müssen hereingeschafft werden, damit sie eine entsprechend lange Lebensdauer haben. Sie können aber nicht hereingenommen werden, weil die

14 Peter Fürstenau, Institutionsberatung: Ein neuer Zweig angewandter Sozialwissenschaften, in: Fürstenau 1979, 208.

Tore zum Turnsaal zu niedrig sind. Dann hat man die ganze Anlage umzäumt, nur zwischen dem Achtmeter und der Betonfundamentierung hat man so einen Raum freigelassen, damit ja alle Bälle verloren gehen." (Q/4)

Obwohl man sagen könnte, das seien nur Kleinigkeiten, schaffen sie doch im Alltag viel unnötigen Ärger und Zeitaufwand. Die leidvolle Geschichte einer mißglückten Beiziehung der Zeichenlehrer bei der Planung des Zeichensaales erzählt Lehrer B.:

„Ungünstig ist zum Beispiel, daß bei uns der Werkraum neben dem Musikraum liegt und überhaupt, daß der Werkraum im 3. Stock liegt. Da gibt es Techniken, wo man mit schmutzendem Material zu Werk geht. ... Wir haben Zementsäcke und Mosaiksteine hinaufzutragen, dabei entsteht ein entsprechender Schmutz, der im 3. Stock sicher unangenehm ist. Die Schüler tragen Staub verschiedenster Art, von Gips bis Ytong auf ihren Schuhsohlen durch alle Gänge und Stockwerke, das gibt immer wieder Ärger. Es wäre also besser gewesen, einen Werkraum ebenerdig unterzubringen, eventuell auch einen Hofteil, wo man bei günstigem Wetter im Freien arbeiten hätte können... Da hat man uns während der Bauphase eingeladen, speziell die Zeichner, Entwürfe für die Mobilierung des Zeichen- und Werkraums zu machen. Wir haben uns hier wirklich äußerst massive Möbel einfachst, sparsam, was nur wirklich nötig war, einfallen lassen, haben maßstabgetreue Pläne gemacht, auch Wünsche geäußert bezüglich der Waschbecken und der Stellagen, wo man Dinge abstellen könnte. Man hat sich sehr bedankt bei uns, man hat sich dreimal zusammengesetzt, wir haben alles genau erläutert, Detailskizzen gemacht. Nach den Ferien war die Schule möbliert und als wir in unsere Räume hineinkamen – die große Enttäuschung. Es waren Serienmöbel drinnen von sehr ungünstiger Art. Die Sessel müssen teilweise ersetzt werden, die Schulwarte und zum Teil auch die Lehrer reparieren seit Jahren Sessel. Im Keller liegt ein Berg, ich glaube 60 – 70 Sessel." (B/6 – 8)

Die Kritik wurde nur auszugsweise gebracht, viele der vorgebrachten baulichen Unzulänglichkeiten mußten im Nachhinein behoben werden und stellen jetzt permanente Anlässe für Probleme zwischen Schüler und Lehrer, Schüler und dem Schulwart dar, da die Mängel es schwer machen, Ordnung zu halten (verstopfte Spülbecken, Vorhänge statt Sonnenblenden etc.) Es ist eine typische Form der Entscheidungsfindung in bürokratischen Systemen, daß die Begründung für eine getroffene Entscheidung nicht nach unten mitgeteilt wird. Die geleistete Arbeit der Zeichner (Entwürfe und Detailskizzen) wurde nicht honoriert und dann nicht einmal berücksichtigt. Gerade bei einem neuen Schulbau könnten die Bedürfnisse und Erfordernisse der verschiedenen Fächer berücksichtigt werden. Diese Verhaltensweise der Schulverwaltung deutet darauf hin, daß Lehrer zu wenig als Fachleute mit Kompetenzen gesehen werden, deren Meinung es zu berücksichtigen gilt.

Man gewinnt hier nicht den Eindruck, daß die Kritik an den institutionellen Rahmenbedingungen, am „System" vorrangig als Ausrede für mangelnde eigene Initiativen verwendet wird – eine Verteidigung, die zur Abwertung diverser Kritikpunkte gern genannt wird. Vorrangig wird in den Interviews auf die konkreten Beziehungen im Lehrkörper und dem Direktor eingegangen, und die institutionellen Bedingungen werden hier realitätsgerecht als Rahmen für Handlungsspielräume betrachtet.

3.3.2.2. Wahrnehmung sozialer Gruppierungen im Lehrkörper

Der zweite Fragenkreis nach der Wahrnehmung von Gruppierungen im Lehrkörper sollte Informationen über die soziale Struktur der Schule (Gruppenbildungen, informelle Kommunikation, Einflußverteilung, Normen) vermitteln sowie Aufschluß geben, ob und wie weit die Teilnehmer und Nicht-Seminarteilnehmer gewohnt waren, auf dieser Ebene Beobachtungen anzustellen. Der personale Ansatz der Organisationberatung, der diesem Projekt zugrundeliegt, zielt auf die Veränderung der „inneren Struktur", d. h. der Verbesserung der Beziehung der Angehörigen der Organisation wie etwa mehr Teamfähigkeit, mehr Autonomie der Personen, mehr Kooperationsfreudigkeit. Diese induzierten Einstellungsveränderungen würden nach diesem Konzept günstige Voraussetzungen schaffen, um später eventuell erforderliche strukturelle Veränderungen einleiten zu können. Dabei wird die Struktur der Organisation als abhängige Variable definiert.[15]) Im Vordergrund steht dabei die Bearbeitung emotionaler Probleme, die als Störungsgrund für sachliche Probleme verstanden werden.

Begründet wird der Zusammenhang zwischen emotionalen Problemen und Arbeitsstörungen mit den Erkenntnissen der Kommunikationsforschung, daß Menschen immer auf den beiden Ebenen der Sachebene und der Beziehungsebene kommunizieren. Auch wenn sich zwei Menschen über eine Sache (Thema) unterhalten, teilen sie einander durch die Art und Weise des Sprechens, der Betonung, der Mimik auf der Beziehungsebene mit, was sie voneinander halten. Auch die Tatsache, daß Menschen nicht miteinander sprechen, ist eine Mitteilung „ich will nicht, kann nicht, traue mich nicht etc. mit ihnen zu sprechen", was in dem Satz „Es ist unmöglich, *nicht* zu kommunizieren", zusammengefaßt ist. (Watzlawick 1963)

Sprechen zwei Menschen über die Art und Weise, wie sie zueinander stehen (Beziehungsebene), so nennen wir das „direkte Kommunikation", sie machen ihre Beziehung zum Gesprächsthema.

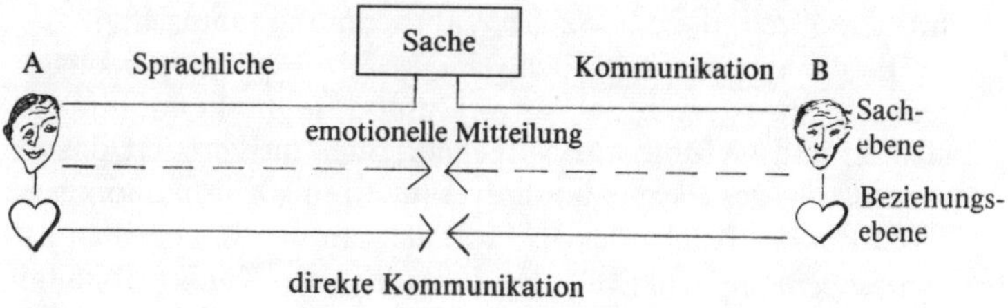

Graumann vertritt die Auffassung, daß die soziale Wahrnehmung im Alltagshandeln eine geringe Rolle spielt, da Wahrnehmungen „in erster Linie intentional auf das gerichtet sind, um was es jeweils geht: ein Werkstück fertig zu stellen, Material zu beschaffen, einen Brief zu diktieren... Bei den ‚funktionalen Kontakten' stehen die anderen ebensowenig als ‚Person' im Brennpunkt der Aufmerksamkeit ... wie die ‚Per-

15 Ausgangspunkt für diese Konzeption war die Beobachtung, daß sinnvolle strukturelle Veränderungen nicht realisiert werden konnten, weil sie als Abwehr individueller Probleme aufrechterhalten werden mußten. Vgl. dazu: Gebert, Dieter, Organisationsentwicklung, 1974, 27.

son' des Wahrnehmenden selbst." (Graumann 1979) Eine Umstrukturierung der Aufmerksamkeit könne durch außergewöhnliche Dinge, wenn etwa eine Handlung wiederholt mißlingt, auf die Person des Handelnden stattfinden. Die Interpretation Graumanns bezieht sich u. M. n. nur auf die sozial erwünschte funktionale oder sachliche Priorität, für die menschliche Kommunikation allgemein sind jedoch die emotionalen Kontakte (Beziehungsebene) von ebensolcher Relevanz, d. h. daß die Bedeutung der emotionalen Beziehungen zugunsten der sachlichen verdrängt werden müssen. Gestützt wird diese Annahme durch soziogenetische Forschung sowie durch die Organisationsforschung.

Die Fähigkeit, die friedlichen oder feindlichen Absichten des anderen, seinen Lebenskontext einschätzen zu können, war noch im Mittelalter und der beginnenden Neuzeit eine essentielle Frage, da es dabei um das Überleben ging.

Erst im Prozeß der Zivilisation, wo die Ausübung von Gewalt durch staatliche Ordnungsinstanzen Polizei und Heer monopolisiert und durch allgemein gültige gesetzliche Bestimmungen kanalisiert wurden, setzten sich Normen und Höflichkeitsformen durch, die die soziale Wahrnehmung tabuisierten.

Es gilt nun als unhöflich, eine andere Person zu beobachten, sie „anzustarren", sie unverblümt d. h. direkt auf ihre Absichten und Gefühle anzusprechen. Elias interpretiert das als Anpassung der Psyche an die veränderten sozio-ökonomische Situation des Adels, der als Hofadel von den finanziellen Zuwendungen „Apanagen" des Fürsten oder Königs abhängig wurde. Bei Hof war nicht mehr der Sieger im Kampf der hervorragenste, sondern der, der sich dem Fürsten unentbehrlich machte, Einfluß bei ihm hatte; das Kampfmittel war die Intrige. Intrigen dürfen nicht offengelegt werden, da sie sonst ihre Wirksamkeit verlieren, sodaß subtile Formen und Rituale entwickelt wurden, um die wahren emotionalen Regungen verbergen zu können – Höflichkeitsformen.[16]) Offenheit und Direktheit der Gefühle wurden als naiv, plump und bäuerlich

16 Das Wort „höflich" bezeichnet das „hofgemäße, feine gebildete und gesittete Verhalten beim Fürstenhof". Vgl: Duden Bd. 6, Herkunftswörterbuch, Mannheim 1963, 269.

abgewertet, ein Überleben bei Hof war nur möglich für Höflinge, die es verstanden, ihre Affekte und Gefühle zu beherrschen.

Elias weist auf die Parallele zwischen der individuellen und menschheitsgeschichtlichen Entwicklung der Psyche hin, d. h. das Kind muß in wenigen Jahren seiner Sozialisation die jahrhundertelange Bändigung seines Affekthaushaltes leisten. Der direkte Ausdruck der Gefühle ist in der Kindheit selbstverständlich; wenn es etwa einen Besuch nicht mag, sagt es: „Ich mag dich nicht, geh weg“ und stößt ihn vielleicht noch zusätzlich weg; wenn es sich langweilt, klagt es: „Mir ist fad, gehen wir endlich“, oder wenn es sich freut, springt es und jauchzt, umarmt seinen Vater und flüstert ihm zärtlich ins Ohr: „Ich hab' dich so lieb, ich möchte nie mehr von dir weggehen.“ Erwachsene finden dieses kindliche Verhalten – je nach Situation – herzig oder peinlich. Peinlichkeit und Ekel sind die verinnerlichten Instanzen, die für die Aufrechterhaltung sozialer Normen zur Domestizierung der Affekte verantwortlich sind.[17]) Die Eltern werden das Kind erziehen, d. h. es dazu bringen, seine Gefühle nicht mehr direkt auszudrücken, der Umwelt oder auch sich selbst zu verheimlichen, bis es diese Impulse bei sich selbst nicht mehr wahrnimmt, sie verdrängt. (Vgl. Elias 1978)

Neben den psychogenetischen Rückschlüssen auf ein primäres Interesse an anderen Menschen, gibt uns auch das Phänomen des Tratschens und der Gerüchtebörse Aufschluß über soziale Wahrnehmungen. Eindrücke über andere, die öffentlich nicht erwähnt werden dürfen, werden mit großer Lust beim Tratschen (Klatsch) – dem ja ganze Zeitschriftenspalten und Zeitschriften ihre Existenz verdanken – besprochen. Dabei werden Eindrücke, Vermutungen und Einschätzungen über andere Personen ausgetauscht, wesentlich ist jedoch, daß der oder die Betroffene nichts davon erfährt, d. h. es „vertraulich“ bleibt. Erfährt es der Betroffene, dann ist es peinlich, „shok-

17 Wie stark sich die Ekelschranken im Laufe der Jahrhunderte geändert haben, bemerkt der Leser bei der Beschreibung der Vorschriften über das Schneuzen, Spucken und Essen, wie sie zu Beginn der Neuzeit von Erasmus von Rotterdam niedergeschrieben wurden.

king". Wir meinen daher, daß das Interesse an Klatschgeschichten und die Existenz von Peinlichkeit auf ein ursprüngliches Interesse und eine Fähigkeit zur sozialen Wahrnehmung schließen läßt, was jedoch im Rahmen der Zivilisation zunehmend tabuisiert wurde.

Bei Untersuchungen über Institutionen ist man ursprünglich nur von der sozial erlaubten Ebene der funktionalen Kontakte zwischen Menschen und den formal vorgegebenen Strukturen ausgegangen. Sehr bald hat man allerdings festgestellt, daß für die Funktionsfähigkeit von Organisationen die informellen Kommunikationswege von großer Bedeutung sind. Informelle Aktivitäten und Beziehungen wurden ursprünglich im Rahmen der klassisch-bürokratischen Organisationsforschung als Reaktion auf die Zwänge der offiziellen Organisationsstruktur und ihren Zwecksetzungen behandelt, sie galten als Anomalie, als unerwünschte Abweichung vom Organisationszweck.[18]) Die Theorie der informellen Beziehung erforscht die gefühlsbetonten, ungeplanten, nicht rationalen Elemente des Verhaltens, die Bedeutung der Freundschaft und der sozialen Gruppenbildung, der Motivation und Zufriedenheit, Kommunikation und Führungsverhalten, wie es etwa Etzioni in den Mittelpunkt seiner Forschung stellt. (Etzioni 1971) In Umkehr zur eben genannten These von der Dysfunktionalität der informellen Beziehungen für die Bürokratie, stellt Katz fest, „daß die Mitglieder einer Organisation die informellen Aktivitäten brauchen, um ihre offiziellen Aufgaben für die Organisation erfüllen zu können".[19])

Die weiterführende Frage, welche Organisationsprinzipien, dem bürokratischen oder dem Human-Relation-Modell, die Schule zuzuordnen sei, wollen wir später behandeln, festgehalten soll die enorme Bedeutung der informellen Beziehungen zur Erfüllung der Ziele einer Organisation werden.

Bei der Befragung ging es darum, die Struktur der informellen Beziehungen im untersuchten Lehrkörper und ihre funktionale oder dysfunktionale Bedeutung zu erfassen. Dys-

---

18 Vgl. dazu: Irle, 1963 und Lohmann/Prose 1975.

19 F. Katz, The school as a complex social organization, Havard Review 3, 161, S. 430ff, zit. nach Lohman/Prose 1975.

funktionale Elemente werden im Sinn einer personenorientierten Organisationsberatung als zu bearbeitende Fragen definiert. Für die Seminargestaltung war auch die soziale Wahrnehmungsfähigkeit, die die Teilnehmer bereits mitbringen würden, relevant.

genannte Gruppen	insgesamt	Seminar-Tn	N-Seminar-Tn
Kaffeezimmer	21	12	9
Fachgruppen	17	8	11
Lehrerturnen	7	4	3
Mitglieder der Parteien	14	8	6
Frauengruppe	13	7	6
N = 26		N = 15	N = 11
(Mehrfachantworten)			

Bei den Antworten kann ein sehr unterschiedliches Maß an sozialer Wahrnehmungsfähigkeit festgestellt werden. Zwei der befragten Lehrer nennen keine Gruppierung; einer überdeckt die Unterschiede mit der typischen Bemerkung: „... an und für sich spricht bei uns so gut wie jeder mit jedem." (B/10) Allgemeine Aussagen und Gleichmachereien soll das Wahrnehmen von Unterschieden verhindern. Ein anderer Lehrer beantwortet die Frage, ob es in der Schule Gruppen gebe, die Einfluß auf die Gestaltung der Schule nehmen oder Schulpolitik machen, mit einem Statement zum letzten Wort der Frage „Politik": „Ich mag überhaupt die Parteipolitik nicht. Auch so, wenn dann geredet wird, wird sofort alles nur von dem Blickwinkel gesehen." Auf die Bitte, das Gesagte näher zu erläutern, fügt er hinzu: „Jeder politisiert nicht." (A/4)

Die stärkste Bedeutung wird dem Kaffeezimmer als Gruppe beigemessen (21), gefolgt von den Fachgruppen (17), den politischen Gruppierungen (14) und der Frauengruppe (13), die bei den Personalvertretungswahlen erfolgreich kandidiert hatte. Die Teilnahme am Lehrerturnen wurde nicht als Gruppenbildung erlebt (7 Nennungen).

Das Kaffeezimmer

Das Kaffeezimmer wird einheitlich als wichtigste „Zelle“ der Schule genannt, als „pulsierendes Herz“, als „Kommunikationszentrum, wo man sich näher kennenlernt“, als „gesellschaftlicher Mittelpunkt des Schulvormittages“. Das Kaffeezimmer ist der Treffpunkt zum „intensiveren Gedankenaustausch“ (Z/6) für Leute, „die über alles informiert sind“. Ort dieser Zusammenkünfte ist die ehemalige Herrengarderobe, wo eine Kaffeemaschine aufgestellt ist und viele Aschenbecher anzeigen, daß hier geraucht werden darf oder soll. Wie ist es nun zu dieser Einrichtung des Kaffeezimmers fern vom Konferenzzimmer gekommen? Ist eine Gruppe von Lehrern ausgezogen oder wurde sie ausgeschlossen? Einige Befragte erzählen übereinstimmend die Geschichte der Entstehung des Kaffeezimmers:

„Das ganze (das Kaffeezimmer, G. D.) ist dadurch entstanden, daß die älteren Kollegen seinerzeit einmal beschlossen haben, im Konferenzzimmer wird nicht geraucht. Jetzt wurde dann nach mehreren Jahren durchgesetzt, daß wir nicht mehr auf dem Klo rauchen müssen, sondern daß ein eigenes Zimmer dafür freigemacht wird. Dann ist einmal der Wunsch geäußert worden, daß man sich auch einen Kaffee machen kann. Dann sind alle, die rauchen und die Kaffee trinken, dort reingekommen, und das ist immer größer geworden.“ (N/3)

Diese Schilderung bezieht sich hauptsächlich auf die formalen Dinge, die Entscheidung, im Konferenzzimmer nicht zu rauchen, der Wunsch der Raucher, zu rauchen und Kaffee zu trinken. Eine außerhalb des Kaffeezimmers stehende Lehrerin versucht „Entschuldigungsgründe“ für die Existenz des Kaffeezimmers zu finden, indem sie als Verursacher „die dominanten älteren Kollegen“ nennt, die das Rauchen einfach den jüngeren Kollegen verbieten. Die Lehrer „können doch nicht wie Schüler am Gang rauchen“, deshalb hat sich „die junge Avantgarde“, als die sie sich automatisch gefühlt haben, „verbündet und sind gegen die anderen gezogen“ (D/12). Man kann also sagen, daß die Existenz des Kaffeezimmers auf einen Konflikt zwischen den dominanten älteren Lehrern und den Junglehrern zurückgeht (ca. 6 – 7 Jahre zurückliegend).

Ganz klar wird aus den Aussagen, daß das Kaffeezimmer neben dem Direktor der wichtigste Machtfaktor in der Schule ist – auch wenn einige Interviewte diesen Eindruck zu widerlegen versuchen. „Es gibt nur eine einzige Gruppe, die Einfluß hat, was in der Schule passiert", (P/7) sie „können ihre Interessen durchsetzen" (T/6), es wird dort eine „gewisse Meinungsmacherei betrieben" (X/7), so und ähnlich wird der Einfluß beschrieben. Die geschilderte Machtstellung ist in der Zeit des alten Direktors gewachsen, wie es ein Lehrer aus der Kaffeezimmergruppe beschreibt:

„Es war früher wirklich einmal so eine Gruppe – was da drinnen entschieden worden ist, das ist dann an der Schule gemacht worden. Da waren also die ganzen Meinungsbildner beisammen. Das war zu einer Zeit, als wir einen Direktor gehabt haben, der Initiativen breiten Raum gelassen hat!" (N/7)

Wie aus der Äußerung über den Direktor, „der Initiativen breiten Raum gelassen hat", hervorgeht, fand der Sprecher die damalige Einflußverteilung gut. Personen, die diese Machtverteilung damals nicht gut fanden, beschreiben es inhaltlich ähnlich, doch mit emotional anderer Wertung, wie etwa:

„...unter der alten Führung war es eben so, daß von der Direktion her eben nichts geschehen ist und daß gewisse Leute...zur Macht gekommen sind. Das klingt falsch, daß eben Leute sich ein Ansehen erworben haben und irgendwie sakrosankt waren." (X/8)

Der Begriff der Macht hat anscheinend einen so negativen Klang, daß sich selbst eine kritische Lehrerin korrigiert, wenn sie den Begriff Macht verwendet. Auffällig ist, daß nur drei Lehrer ausdrücklich von der Machtebene, der Einflußverteilung sprechen. Die meisten Äußerungen negieren diese Ebene, manche verneinen sie sogar ausdrücklich, wie „die harmonisieren in der Freizeit" (W/8), „die machen keine Schulpolitik" (L/8), „die Bedeutung des Kaffeezimmers wird überschätzt" (D/12). Zu vermuten ist demnach, daß die Ebene der Machtauseinandersetzung von vielen Lehrern nicht gesehen oder tabuisiert wird. Da gerade dieser Bereich für jede Organisation (im Lehrkörper ebenso wie in der Schulklasse) einen wesentlichen Stellenwert hat, ist dieser Mangel oder blinde Fleck in der sozialen Wahrnehmung von Bedeutung. Es ist zu untersuchen, ob die oft zugleich auftretende Schwierigkeit, selbst Autoritätsfunktionen zu übernehmen, auch hier anzutreffen sein wird.

In konsequenter Weise tritt zwischen dem Kaffeezimmer und dem Direktor eine Spannung auf, das Kaffeezimmer steht in „Opposition zur Direktion". Ein Sachverhalt, der für einige ein Anlaß zur Solidarisierung ist, für andere wieder als „peinlich" empfunden wird. „Wir sind zufrieden", so sagt ein Lehrer, „schon deswegen, weil sie gegen den Direktor marschieren, zum Großteil – da fühle ich mich schon solidarisch" (P/7). Die Gegensätze zum Direktor sind politischer und pädagogischer Natur, der „Direktor bemüht sich sehr, er hat viel abgelegt...aber gewisse Dinge über Pädagogik verkraftet er nicht. Und das Kaffeezimmer spürt eben einen starken Drang, ihn aber laufend mit diesen Dingen zu konfrontieren" (J/6).

Die gemeinsame Opposition gegen den Direktor hat eine große Bedeutung für den Zusammenhalt der Gruppe. Zur Struktur der Gruppe wird gesagt, daß „der Kern aus 4–5 Leuten" besteht, die auch Ämter und Funktionen haben und die eigentlichen „Meinungsmacher" sind.

Der Stil, in dem die Auseinandersetzung mit dem Direktor geführt wird, mißfällt einigen, wie etwa hier:

„Es wird überhaupt auch so direkt Kritik geübt an der Direktion, die manchmal peinlich ist. ...Ich denke oft bei Konferenzen, wenn der Direktor angegriffen wird und wie er seine Stellung zu verteidigen versucht – das bin ich von der anderen Schule her nicht gewöhnt...Aber da ist der Direktor ständig einer Kritik unterworfen, die auch im Kaffeezimmer besprochen wird. Es werden Sätze aufgeschrieben, die er in seiner Rede vielleicht ein bißchen komisch baut. Und das wird dann belächelt und belacht und bekichert – und das stört mich schon." (F/5)

In diesem Zitat werden eigentlich zwei sehr unterschiedliche Formen der Auseinandersetzung mit der Autorität angesprochen. Das Kichern und Witze machen über den Stil der Rede ist eine infantile Form der indirekten Aussetzung, die durch eine Abwertung (Lächerlichmachen) der Autorität versucht, den Abstand zu verringern, oder sich selbst als überlegen darzustellen – vor allem vor den jungen Zuhörern. Die andere beschriebene Form der Auseinandersetzung ist die offene bei der Konferenz, wo Kritik direkt mitgeteilt wird. Was aus dieser Äußerung zu wenig hervorgeht, ist der Stil, in dem diese Kritik angebracht wird. Was jeweils als adäquater Umgang mit der Autorität betrachtet wird, läßt sich nur schwer (außer durch Normen der Höflichkeit und Hochachtung) objektiv festlegen, da die subjektive Einstellung zur Autorität den „Peinlichkeitsgrad“ bestimmt, d. h. festlegt, was derjenige als passend erachtet.

Angesprochen ist hier auch der Stil der Auseinandersetzung, der die Normen, die im Kaffeezimmer gelten, zeigt. Unter Gruppennormen versteht man die Art und Weise, wie die Gruppenmitglieder miteinander umgehen, welche Themen in der Gruppe erlaubt sind, welche nicht zugelassen werden, was man tun oder aushalten muß, um in der Gruppe akzeptiert zu werden. Gruppennormen werden gewöhnlich nicht festgelegt oder diskutiert, sie gelten, d. h. sie haben sich im Lauf der Gruppengeschichte entwickelt und gelten daher unbewußt; sie können auch den Gruppenmitgliedern nicht als Einschränkungen oder Festlegungen bekannt sein, sie würden das als „natürlich“ oder als ihren Stil bezeichnen. Hervorragendstes Merkmal des Umganges im Kaffeezimmer ist das Blödeln und Häkerln. Gruppenmitglieder beschreiben die Funktion des Blödelns als „Entspannung zwischen den Schulstunden, die sie brauchen“. „Die Funktion ist, daß man Spaß macht, sich entspannt.“ (S/4) Außenstehende beschreiben die herrschenden Bräuche so: „Dem Kreis des Kaffeezimmers ist fast überhaupt nichts heilig. Da werden sozusagen alle ‚heiligen Kühe‘ geschlachtet. Da wird relativ offen und frei immer losgezogen.“ (L/9) Man setzt sich beim Blödeln über einige Tabus hinweg, man „schlachtet heilige Kühe“, die Autorität, die Privatsphäre, die eher geheim bleibenden Probleme in der Klasse, etc. „Es wird viel gestritten“, bezeichnen andere dieselben Gespräche, die eben als „offene Gespräche“ bezeichnet wurden. „Man muß es verkraften können, da beständig drinnen zu sein. Es sind manche, die beinhart sind“, d. h., es existiert eine Offenheit, die für einige als „zu harte Bandagen“ (F/5) erlebt werden. Das Hinwegsetzen über Tabus scheint gerade für junge Lehrer eine Attraktion und Anziehung auszuüben.

Die Durchlässigkeit der Gruppe, d. h. die Frage, ob sie geschlossen ist oder allen offen steht, wird unterschiedlich eingeschätzt. „Im Grund genommen kann jeder hineingehen", steht der Aussage gegenüber „es existiert sicherlich eine Schwellenangst" und die Einschätzung „da drinnen ist die Mafia" (N/6). Die Aussage „da drinnen sitzt die Mafia" läßt auf Spannungen zwischen den Mitgliedern des Kaffeezimmers und denen im Konferenzzimmer (bzw. diversen „Kammerln") schließen, was auch einmal genannt wird: „Zwischen der jüngeren Clique im Raucherzimmer und den älteren Kollegen im Konferenzzimmer ist ein gewisser Zwiespalt, obwohl keine offene Feindschaft existiert." (V/4)

Zusammenfassend kann man sagen, daß dem Kaffeezimmer durchgehend eine große Bedeutung für die informelle Gruppierung im Lehrkörper beigemessen wurde. Die Mitglieder sind eher konstant (15 – 20 Personen), wobei ein enger Kern von 5 – 6 Lehrern existiert, der meinungsbildend wirkt. Wie offen die Gruppe nun tatsächlich über ihre Probleme spricht, ist nicht klar. Wahrscheinlich darf über Probleme nur witzelnd, nicht jedoch ernst gesprochen werden, „nur am Rande des Kaffeezimmers kann man pädagogische Probleme besprechen". Sichtbar ist die Auseinandersetzung mit dem Direktor (Opposition), die teilweise als sehr hart empfunden wird. Die Bezeichnung „Opposition" läßt auf eine breite Anerkennung schließen, da damit die nicht an der Regierung befindliche Partei in einer parlamentarischen Demokratie bezeichnet wird, der eine verfassungsmäßig geschützte Rolle zukommt. Die Bezeichnung „Mafia" wird von einem Mitglied des engeren Kreises gebraucht, dem Stil des Kaffeezimmers treu, die Aussage ironisch überhöhend. Politisch ist das Kaffeezimmer „neutral", d. h. es umfaßt Lehrer verschiedener politischer Parteien.

Die Fachgruppen

Die Fachgruppen wurden von 21 Befragten als wichtige Gruppen im Lehrkörper bezeichnet. Von einer Differenzierung nach Seminarteilnehmern und anderen fällt auf, daß 100% der

Nicht-Seminarteilnehmer (11 von 11) die Fachgruppen nannten, jedoch nur 80% der Seminarteilnehmer. Bei der Beschreibung der Arbeitsweise und der Charakterisierung der einzelnen Fachgruppen war kein Unterschied zwischen Teilnehmern der Gruppen (Selbstbild) und Außenstehenden (Fremdbild) festzustellen.

Die Arbeit der Fachgruppen geht „auf die Anregung des Direktors zurück, der das sehr wünscht und fördern möchte" (L/8). Die Art und Weise, wie mit einem Selbstverständnis von fachlicher Zusammenarbeit der Lehrer gesprochen wird, zeigt, daß diese Idee selbstverständlich geworden ist, auch wenn einige Fachgruppen eine mangelhafte Durchführung beklagen. Diese Einstellung zeigt ein Selbstverständnis, das auf autonome Gestaltung des Unterrichts, auf Selbständigkeit und Innovation bezogen ist, fragt, was sachlich, pädagogisch richtig und erforderlich sei – insgesamt eine Tendenz weg von der Schule als Verwaltungsinstanz, bei der es um die Anwendung von Verfahrensvorschriften, um Formalisierung und Anordnungen geht.[20])

Die Ebene, auf der Lehrer als Experten ihre fachlichen und pädagogischen Erfahrungen austauschen, sind die Fachgruppen. Am weitesten ist die Zusammenarbeit bei den Physikern entwickelt, gefolgt von den Mathematikern; bei beiden Gruppen ist auch der private Kontakt sehr gut. Bei den Germanisten und Lateinern gibt es Versuche, bei den Anglisten treffen sich eher Teilgruppen, die Biologen verstehen sich zwar gut, „sprechen über ihre fachliche Erfahrung jedoch wenig". Offene Wünsche nach Zusammenarbeit gibt es bei den Geographen. Von anderen Fachgruppen wie den Historikern, Zeichnern gibt es keine Aussagen, was jedoch mit der geringen Zahl der unterrichtenden Lehrer in diesen Gegenständen zusammenhängen kann.

Die Zusammenarbeit von den Physikern wird als „sehr gut" bezeichnet und anhand folgender Beispiele belegt:

---

20 Vgl. dazu die unterschiedlichen Qualifikationskriterien für bürokratische Organisationen und dem Human-Relation-Modell von Organisationen, Fürstenau 1969.

„Sie haben z. B. einen ganzen Lehrgang für Elektronik für einen Freigegenstand ausgearbeitet, ein ganzes Jahr hindurch. Heuer arbeitet ein Teil der Physiker an einem Unterrichtsbehelf der OKA (Oberösterreichisches Stromversorgungsunternehmen)." (N/3)

Der Grund, warum die Zusammenarbeit klappt, sind die positiven emotionalen Kontakte, denn „das sind Leute, mit denen ich gut auskomme", sagt ein Physiker. „Wir haben einfach Sachen, die wir gemeinsam gemacht haben, auch außerhalb der Schule. Letztes Jahr haben wir Vorbereitungen für Schularbeiten gemacht, das hat sich bis in die Ferien hineingezogen... Wir haben viel Kontakt, auch privat... Die Lehrer sind interessiert, etwas gemeinsam zu machen." (P/6) Die Arbeit in einer Gruppe, in der man sich wohlfühlt, wird zu einer interessanten und „lustvollen" Tätigkeit, weil dabei auch soziale Bedürfnisse nach Zuwendung und Akzeptanz befriedigt werden.

Die Mathematiker stellen bei der Beschreibung ihrer Zusammenarbeit die gemeinsame Freizeitgestaltung wie „Ripperlessen" oder „eine Radlpartie zur Donau" in den Mittelpunkt, weil die fachliche Zusammenarbeit vielleicht schon selbstverständlich geworden ist. Die Zusammenarbeit beschreibt eine Probelehrerin, der diese Aktivitäten positiv auffallen:

„Jede Schularbeit wird auch für die anderen Mathematiklehrer abgezogen, sodaß jeder einmal sein Bündl an Beispielen hat – was sehr gut ist." (C/6)

Die Zusammenarbeit ist im Interesse der Schüler, da viele Koordinationsprobleme auf ihrem Rücken ausgehen, etwa wenn ein Lehrerwechsel stattfindet oder ein Schüler die Klasse wechselt. Vorteile der fachlichen Absprachen nennt Lehrer Y:

„Wir wollten einmal ein gewisses gemeinsames Niveau schaffen, damit nicht ein Lehrer irgendwie abfällt. Andererseits damit es auch bei Lehrerwechsel innerhalb der Klasse keine Schwierigkeiten gibt, was natürlich nicht leicht zu machen ist. Eben gewisse Lernziele festlegen für jede Schulstufe und Minimallehrziele für ein Genügend bestimmen – das haben wir sogar im Rahmen der oberösterreichischen Mathematikertagung gemacht. Auch einheitliche Schularbeitsbenotung u. s. w. Auch innerhalb der Schule haben wir die Minimalleistungen für jede Schulstufe festgelegt." (Y/9)

Gerade der Rahmenlehrplan läßt dem Lehrer ja gewisse Freiheiten, was er durchnehmen kann, bzw. worauf er besonderen Nachdruck legt. Besonders bei jungen Lehrern sieht man als Auswirkung ihrer Unsicherheit, daß sie nicht wissen, was sie weglassen dürfen und sie sich und die Schüler dadurch unter einen „Stoffdruck" stellen. Die gemeinsame Diskussion über Minimalkenntnisse kann für den Lehrer ein größeres Maß an Sicherheit und auch Rückendeckung gegenüber dem Fachinspektor bringen.

Potentielle Konfliktpunkte wie die Lehrverteilung für das nächste Jahr, die Abstimmung zur Matura, die in manchen Schulen schon ab Ostern zu einer Vielzahl von Intrigen, Kämpfen und Konkurrenzen führen, werden in der untersuchten Schule innerhalb der Fachgruppen besprochen, was schon selbstverständlich wurde. Diese Besprechungen werden auch in den Fachgruppen vorgenommen, die nicht zu den gut funktionierenden wie Physik und Mathematik gerechnet wurden, so sagt ein Deutschlehrer:

„Wir besprechen z. B. die Lehrverteilung für das nächste Jahr, Klassenverteilungen, wer unterrichtet welche Klasse, wer möchte die Aufsteigenden haben, die Abstimmung auf die Matura – eine einheitliche Linie in der Matura und Kriterien für die Matura zu haben, ferner Korrekturen von Schularbeiten – mit wievielen Fehlern gibt man ein Nichtgenügend – damit auch hier eine einheitliche Meinung herrscht, weil gerade in Deutsch sehr divergierende Ansichten existieren." (L/9)

Besonders bei unterschiedlichen methodischen Fragen ist der Erfahrungsaustausch für die anderen Lehrer sehr interessant, auch über aktuelle Probleme. Organisiert wird das sehr spontan, wenn jemand ein Treffen einberufen will, hängt er einen Zettel mit seinen Vorschlägen auf, dann wird ein Termin ausgemacht – „zuletzt sind wir", so führt der Lehrer aus, „bei einem privat in der Wohnung zusammengekommen". (L/9)

Bei anderen Fachgruppen, wo die emotionale Basis nicht oder nicht genügend vorhanden ist, werden auch Schularbeitstexte abgezogen, „aber das hat nicht viel gebracht" (D/5). Es ist dann wieder eingeschlafen – die genauen Gründe des Scheiterns kennt man nicht. Selbst wenn der Erfahrungsaustausch nicht so recht klappt, dient er doch dazu, die fachlichen, didaktischen und pädagogischen Einstellungen der anderen Kollegen kennenzulernen, wodurch sogar Vorurteile abgebaut werden können:

„Er (der Erfahrungsaustausch, G. D.) bringt insofern etwas, als man die eigene Methode überdenkt. Auch wenn der andere die Auffassung nicht teilt, dann fragt man sich vielleicht doch – ich meine, man gibt es vielleicht nicht immer zu – das ist etwas für mich. Aber man sieht auf jeden Fall das Vorgehen eines anderen Kollegen anders. Man ist oft oberflächlich und denkt sich, der macht das gar nicht, sogar wertend, wenn man aber dann die Argumente dafür kennenlernt oder die Situation, in der der ist, dann kann man das schon verstehen. Wenn man das versteht, dann ist das schon ein Vorteil, weil man den dann auch ganz anders beurteilt." (D/6)

Allein das Kennenlernen von anderen Methoden und deren Begründung kann zu mehr Verständnis des anderen führen. Besonders Lehrer sind ja in der Selbst- und in der Fremdeinschätzung sehr stark auf Vermutungen beschränkt, weil sie außer im Probejahr keinen anderen Lehrer beim Unterrichten erleben und daher nur schwer Vergleiche anstellen können.

Auch als Weiterbildungsmöglichkeit in der Fachgruppe kann die Arbeit dienen, wie es sich ein Geographielehrer wünscht:

„Wir befinden uns momentan in einer großen fachdidaktischen, methodischen Umwälzung ... wobei wir von der Uni überhaupt nichts mitbekommen haben in dieser Richtung. Ich sehe jetzt nur zwei Wege, entweder man verschließt sich, oder man macht mit ... Man müßte sich innerhalb der Fachgruppe Geographie einfach zusammensetzen und über die Erfahrungen mit Unterrichtsmodellen und gewissen Themenbereichen, die er durchgezogen hat, reden." (J/11)

Die Erprobung neuer didaktischer und methodischer Unterrichtsformen, das Experimentieren mit neuen Zugangsweisen zum Thema ist im gegenwärtigen Schulsystem der Einzelinitiative des Lehrers überlassen; die Ungewißheit über den Ausgang und seine Entwicklung bleibt ihm. In dieser Situation ist der Wunsch nach einem Austausch der Versuche nicht nur verständlich, sondern eine gute Form, die fachdidaktische Entwicklung weiterzutreiben (ähnlich wie es ja bereits anhand der Physiker gezeigt wurde). Als Hindernis für die Verwirklichung dieser Idee werden „Mangel an Interesse, Faulheit und daß sich keiner aufraffen kann, den Anstoß zu geben“ genannt. Es wird immer vom Kustos erwartet, der das nicht mehr machen wird, weil er nahe vor der Pensionierung steht und für fachdidaktische Innovation kein großes Interesse mehr hat.

Der Gesamteindruck der Fachgruppenaktivität bietet eine recht starke Verankerung im Bewußtsein der Lehrer, besonders unterstützt vom Direktor. Einzelne Fachgruppen können bereits auf ermutigende Erfahrungen zurückblicken und scheinen für die anderen Fachgruppen ein Leitbild darzustellen, was aus dem Fehlen jeglicher Kritik oder Lächerlichmachen der Aktivitäten der Physiker und Mathematiker zu ersehen ist. Selbst diejenigen Fachgruppen, die eher selten zusammentreten, äußerten den Wunsch nach mehr gemeinsamer Weiterbildung. Auf der emotionalen Basis führt die Gemeinsamkeit der Fachgruppen auf Verbesserung der Beziehung „enge Kontakte“ oder bei konfliktbeladenen Fachgruppen zumindest auf eine Chance zum Abbau von Vorurteilen und der fachlichen Isolation des Lehrers.

Die Teilnehmer am *Lehrerturnen,* das jeden Freitag stattfindet, wurde zum Teil als Gruppierung bezeichnet, von anderen (4) Befragten jedoch nur im Rahmen der Frage nach Aktivitäten im Lehrkörper genannt. Das Lehrerturnen „existiert seit zwei Jahren und wird auch rege frequentiert“. Es wird als „gemütlich“ bezeichnet vor allem deshalb, weil man nach dem Turnen den „Abend gesellig im Gasthaus ausklingen“ läßt. Es ist für alle Lehrer offen, es kommen auch 20 – 30 Lehrer, das ist fast die Hälfte des Lehrkörpers (allerdings flukturierend), wobei „auch die Eheleute oder andere Bekannte mitkommen“. Wesentlich ist sicher das Gespräch anschließend, weil dadurch „das starke Bedürfnis nach Kontakten mit Kollegen“, von dem gesprochen wird, zwanglos und ohne zusätzliche Initiative erfüllt werden kann. „Manche meiden auch den Sport und sind dann bei der Geselligkeit dabei.“ (L/5) Bei dieser Gelegenheit wird Spaß gemacht oder über schulische Fragen gesprochen. Gerade die Offenheit für unterschiedliche Gesprächsformen und -themen dürfte für den großen Zustrom verantwortlich sein. Selbst die Lehrer, die aus privaten Gründen (kleine Kinder etc.) nicht teilnehmen können, bedauern das.

Mitgliedschaft bei einer politischen Partei

Parteipolitische Zugehörigkeit wurde von 14 Befragten als Gruppierung genannt, wobei dabei an ÖVP-nahe und SPÖ-nahe Lehrerverbände gedacht wurde. Obwohl die Schul- und vor allem die Personalpolitik in den Schulen seit der Zeit der großen Koalition sehr stark von parteipolitischen Einflüssen bestimmt wird, wird die Parteizugehörigkeit bei Lehrern sehr stark tabuisiert, oder es wird mit Desinteresse geantwortet „ich interessiere mich nicht für Politik", oder „ich mag die Parteipolitik nicht". Das Bundesland, in dem sich die untersuchte Schule befindet, ist ein traditionell „schwarzes", d. h. mit einer ÖVP-Mehrheit, ist jedoch in Schulfragen sehr innovativ und aufgeschlossen.

Die Wahrnehmung der politischen Gruppierungen schwankt von nicht beachten bis zu einer differenzierten Einschätzung, einige Befragte sagen „Politische Gruppierungen sehe ich keine – ich weiß nicht einmal, wer zu welcher Partei gehört" (I/4). Andere Lehrer sind gegenteiliger Auffassung: „Politische Parteienzugehörigkeit spielt eine Rolle in der Schule" und eine andere Aussage: „Wir wissen relativ gut übereinander Bescheid, wer etwa welche Weltanschauung hat". Welche Auswirkung diese politischen Unterschiede auf die Zusammenarbeit der Lehrer hat, wird von einer Lehrerin besonders kraß beschrieben. Ihre Sichtweise ist allerdings von ihrer eigenen Schwierigkeit, ihre politische Meinung klar darzustellen, beeinflußt. Sie sagt:

„Es gibt bei uns ein Zwei-Parteien-Lager, also die Roten und die Schwarzen. Das wirkt sich dann so aus, daß man auch hier sehr intolerant ist und nicht sachbezogen – auf beiden Seiten. Was der Rote sagt ist blöd, da stellen sich alle anderen in Opposition und umgekehrt."
(V/7)

Die Sprecherin deklariert sich bewußt nicht, um nicht zwischen die Fronten zu kommen, sie möchte „mit allen gut auskommen". Die Frontenbildung kann jedoch nicht so durchgängig sein, da etwa im Kaffeezimmer beide politischen Lager vertreten sind; es wurde als „politisch neutral" im Sinne von nicht eindeutig einer politischen Gruppierung zugeordnet, beschrieben. Es liegt die Vermutung nahe, daß die Beschreibung des nicht miteinander Sprechen-Könnens sich eher auf einzelne Fragen bezieht. Öfters wurde ein Konflikt bei der letzten Personalvertretungswahl genannt, wo es zu einer „Polarisierung" gekommen sein soll.

Überraschend dürfte sein, daß sich in einem ÖVP-nahen Bundesland sozialdemokratische Lehrer offen für ihre politische Meinung einzutreten trauen. Bei den letzten Wahlen haben 20 Lehrer die Liste der sozialistischen Professoren für den Zentralausschuß gewählt – von 200 Lehrern im ganzen Bundesland – „das sind 10% aller linken Professoren, die allein an unserer Schule sind". (L/7)

Frauengruppe

Bei der Beschreibung der Frauengruppe wird ein sozialpsychologisches Phänomen sichtbar, das „selektive Wahrnehmung" genannt wird. Es besagt, daß Menschen die soziale Realität durch einen subjektiven Filter wahrnehmen, obwohl jeder den Eindruck hat, objektiv zu urteilen. Wenn nun zwei Personen dieselbe Situation erleben, kann jeder sie unterschiedlich sehen, wie etwa die Gründung der Frauengruppe. Dieser Wahrnehmungsfilter wird durch die lebensgeschichtliche Erfahrungen, das Geschlecht, die soziale Schicht, das Alter, die Parteizugehörigkeit, die emotionale Betroffenheit, die Stimmung, den hierarchischen Status, die beruflichen Erfahrungen u. v. m. bestimmt.

Sprechen nun die beiden Personen über ihre Wahrnehmungen und deren Bewertungen, so können sie sich problemlos über den Teil der Realität, den sie beide gleich wahrnehmen, unterhalten. Problematisch wird es jedoch bei den Bereichen, den nur einer von ihnen in bestimmter Weise wahrgenommen hat. Der andere muß dann eine Diskrepanz feststellen, mit der er unterschiedlich umgehen kann. Er kann sagen, das habe er nicht bemerkt, ist ihm nicht aufgefallen, „das stimmt nicht, ich war doch dabei", „das habe ich aber anders verstanden" – diese Reaktionen zeigen von einer unterschiedlichen Wahrnehmung.

Wenn wir nun graphisch die Wahrnehmung der Realität von zwei Personen darstellen, ergibt sich folgendes Bild:

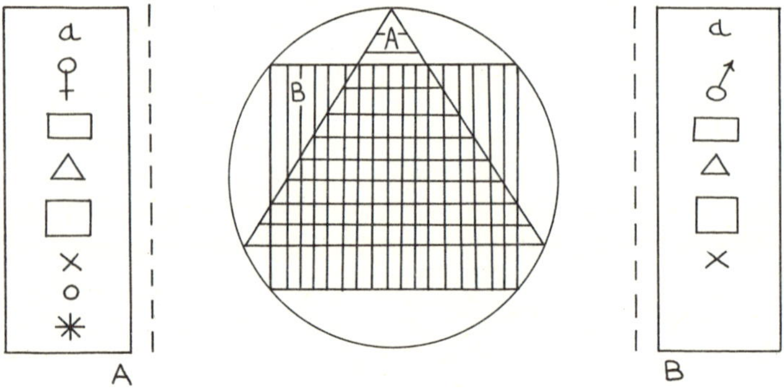

A und B symbolisieren zwei Personen, der Kreis steht für die gesamte Realität, das mit A bezeichnete Dreieck zeigt die Wahrnehmung der Person A an, während das Rechteck B die Wahrnehmung der Person B kennzeichnet. Der Bereich, den sowohl Person A als auch Person B wahrnehmen, ist die Schnittmenge von A und B.

Die Kriterien für den Filter sind

α – Alter	□ Parteizugehörigkeit
♀♂ Geschlecht	× Situation
▭ emotionale Betroffenheit	○ Stimmung
△ soziale Schichtzugehörigkeit	✳ Status

Wieso kann es überhaupt zu so unterschiedlicher Wahrnehmung derselben Situation kommen? Eine Wurzel liegt in der biologischen Ausstattung des Menschen, der nicht wie alle anderen Lebewesen seine Sinne durch Spezialisierung seiner Umwelt angepaßt hat. Diese „Plastizität" ermöglicht es dem Menschen, in unterschiedlichen klimatischen Umweltbedingungen zu leben. (Vgl. Portmann 1951) Die Fähigkeit des Menschen, aus einer Vielzahl von Reizen die jeweils wichtigen auswählen (selektieren) zu können, diente ursprünglich der Sicherung des Überlebens, da aus den komplexen Reizen die der Nahrungsgewinnung und der Gefahren rasch erfaßt und sinnvoll im Zusammenhang gedeutet werden können. (Vgl. Gehlen 1961) Was für einen Menschen relevant ist, ist vom sozialen und kulturellen Kontext und seiner konkreten Lebenssituation abhängig. Die Auswahl der als wichtig eingestuften Reize bedingt das Außerachtlassen anderer. Die Dimension der Wichtigkeit muß um die Reize erweitert werden, die aus psychologischen Gründen abgewehrt werden, weil sie bedrohlich für die eigene Konzeption der Welt wären. (Freud 1967)

Wesentlich für das Verständnis der selektiven Wahrnehmung ist die Ausschaltung jeder Absicht; es ist kein bewußtes Täuschungs- oder Ablenkungsmanöver darunter zu verstehen. Zur Illustration deshalb ein paar Beispiele von vorgeschalteten Filtern, die gleichsam wie eine Brille bestimmte Reize durchlassen und andere nicht. Die berufliche Brille: Ein Förster, der mit seiner Tochter durch den Wald geht, kann dem Kind Spuren der Tiere genau erklären, die ein Versicherungsbeamter bei seinem Spaziergang nicht einmal sieht oder achtlos übersteigt. Der Förster wird jedoch bei seinem Weg in die Stadt die neuen Werbeplakate nicht bemerken, die ein Public-Relation-Mann im Detail wahrnimmt. Zur Wirkung von Wahlplakaten der Parteien werden eigene Untersuchungen durchgeführt, um zu messen, welchen Aufmerksamkeitsgrad sie überhaupt erreichen.

Die Zahl der Lehrer, die keine Anstellung finden, wird dem älteren Kollegen, der knapp vor seiner Pensionierung steht, vielleicht beim Lesen der Zeitung nicht auffallen, während der junge Probelehrer, der noch nicht weiß, ob sein Vertrag nächstes Jahr verlängert wird, diese kurze Zeitungsmeldung nicht nur bemerkt, sondern sich noch tagelang mit ihr beschäftigt.

Einem Europäer, der erstmalig in den USA ist, wird die Freundlichkeit und die Gesprächsbereitschaft der Studenten auffallen, doch er wird sich wundern, daß er keine engen Freundschaften schließen kann. Ob er jedoch die rasche Bedienung als hektisch oder effizient einstuft, mag dagegen von seiner Stimmung oder seiner Begleitung abhängen.[21])

21 Die Konstruktion guter Kriminalromane beruht ebenfalls auf dem Phänomen der selektiven Wahrnehmung, da die zur Lösung des Falls notwendigen Kenntnisse auch dem Leser zur Verfügung stehen, die Auswahl der Wichtigkeit scheinbar unwichtiger Details unterscheidet den Könner vom Laien. So verknüpft Agatha Christie die Tatsache des Kusses eines an Röteln erkrankten Schulmädchens mit der Deformation des Kindes der geküßten Schauspielerin – wodurch sie das Mordmotiv an dem inzwischen zur jungen Frau herangewachsenen Mädchens erfaßt. A. Christie, Mord im Spiegel, Fk. 1962.

Das Geschlecht, die Parteizugehörigkeit und der soziale Status spielen in der Wahrnehmung der Frauengruppe eine große Rolle, so daß wir das anhand der Äußerungen beleuchten wollen.

Wir wollen nun die verschiedenen Darstellungen des Wahlablaufes hören, wie sie ein Mann und eine Frau des Lehrkörpers beschreiben, um die unterschiedliche Sichtweise zu zeigen und im folgenden die möglichen Hintergründe zu analysieren. Ein Mann schildert die Entstehungsgeschichte der Frauengruppe folgendermaßen:

„Bei den Personalvertretungswahlen hat es einen heftigen Konflikt gegeben, weil man zunächst der Auffassung war, daß man eine Persönlichkeitswahlliste macht, eine Einheitsliste sozusagen. Wir haben darüber abgestimmt, und alle waren dafür, die bei dieser Dienststellenversammlung waren. Und dann hat eine Kollegin, die der politisch linken Reichshälfte angehört, den vierten Platz um eine einzige Stimme nicht geschafft und wurde an die fünfte Stelle gereiht. Daraufhin hat es etlichen mißfallen, und dann wurde plötzlich eine Idee geboren: wir brauchen eine Liste der Frauen, weil die Frauen sind im Lehrkörper sehr stark vertreten und in der Personalvertretung unter den vier Leuten wären sie überhaupt nicht vertreten gewesen. Es wurden dann alle vorhandenen Beschlüsse kühn vergessen, und sie haben ihre Liste der Frauen vorgeschlagen und uns alles mögliche vorgehalten. Aber sie haben dann eigentlich unsere Argumente, weil es dann eine weitere Versammlung gegeben hat, auch nicht entkräften können, wo sie sich denn und in welchen Phasen sie sich in den letzten vier Jahren, in denen die Personalvertretung auch nur aus Männern bestanden hat, nicht vertreten gefühlt haben – nicht entsprechend erklären können. Und das hat das sonst sehr gute Klima ein bißchen zerstört.“ (L/7)

Emotional teilt der Befragte mit, daß die Frauen schuld an dem eher heftigen Konflikt gewesen sind, weil sie sich nicht an die gemeinsamen Beschlüsse der Dienststellenversammlung und an die Ergebnisse der Vorwahl gehalten hätten. Sachlich teilt er mit, daß es einen Beschluß gegeben habe, an den man sich zu halten habe, da es eine Einheitswahlliste gegeben hat. Auch bei der letzten Wahl hat es nur vier männliche Personalvertreter gegeben.

Das Argument der Frauen, daß sie proportional zur Anzahl der Frauen vertreten werden wollen, wird durch die Gegenfrage, wann sie sich denn innerhalb der letzten Wahlperiode nicht gut vertreten gefühlt hätten „als Frauen" als widerlegt betrachtet. Über das Ergebnis der Wahl erfahren wir hier nichts.

Eine der Frauen, die sich bei der Frauengruppe engagiert hat, sieht die Vorgänge folgendermaßen:

„...Das Lustigste überhaupt ist, daß die Männer in den Frauen eine Gruppe sehen. Das ist recht amüsant. Die Frauenliste und die Fortführung dieser bewußten bösen Gruppenbildung, das sehen jetzt die Männer, ist sicher nicht ein schulisches Problem, sondern ein gesellschaftsspezifisches... Es war so, daß sie die Lehrervertreter gewählt und eine Menge Leute aufgestellt haben. Dann haben wir also gesagt, wer wen wählt, und dann ist eine Reihung vorgenommen worden. Es können ja nur vier Lehrervertreter sein. Die ersten vier dieser Leute waren Männer. Worauf wir dann gesagt haben, es gehörte eigentlich eine Frau hinein. Wenn alle 60 Lehrer bei dieser Vorwahl anwesend gewesen wären und diese Reihung wäre herausgekommen, hätte ich wahrscheinlich gesagt, so da kann man nichts machen. Aber es waren damals nur 29 anwesend, also knapp die Hälfte. Da kann man annehmen, daß gerade ein Teil – die Frauen waren gerade essen, es war Mittagspause – das nicht gewußt haben. Also kann man annehmen, das war nicht die Meinung aller. Da haben wir gesagt, wie könnte man das im rechtlichen Rahmen machen, daß da eine Frau hineinkommt. Wir haben also gesagt, wir können zu diesen vieren parallel noch eine andere Liste aufstellen. Wir haben gelacht dabei, es war sehr lustig. Wir haben es dann ein paar Tage später am letzten Tag offiziell bekanntgegeben – das war wie eine Bombe. Die haben mich nicht mehr gegrüßt, nicht mehr geredet, einige reden heute noch nicht mit mir..." (I/6)

„Ja die Situation war dann folgende, wie diese Frauenliste aufgekommen ist, hat die alte Gruppe furchtbar bös reagiert. Worauf dann viele Neutrale gesagt haben, ja wenn die sich so aufregen, dann muß doch etwas dahinter sein. Und jetzt hat die sogenannte Frauenliste 28 Stimmen bekommen bei 18 Frauen im Lehrkörper. Also müssen zehn Männer die Frauenliste gewählt haben." (I/7)

Emotional zeigt die Befragte ihre Freude, daß die Idee der Frauengruppe erfolgreich war, sie scheint auch angenehm überrascht zu sein, daß die Männer die Frauen so wichtig nehmen „und in den Frauen eine Gruppe sehen".

Sachlich unterscheidet sich die Darstellung nicht, es wird die Vorwahl erwähnt, bei der keine Frau einen wählbaren Platz erhielt.

Die Verbindlichkeit der Vorwahlergebnisse wird durch das Argument der nicht anwesenden Wahlberechtigten (die Frauen waren mittagessen) infrage gestellt. Ein wichtiger Unterschied fällt auf, da die Befragte das Problem nicht als ein schulspezifisches, sondern vorrangig als gesellschaftsspezifisches betrachtet. Erst als die Vorwahlergebnisse feststanden, wurde den Frauen bewußt, daß sie sich durch vier männliche Personalvertreter nicht gut vertreten fühlten. Als Ergebnisse der Fraueninitiative wurden zwei Kandidatinnen als Personalvertreterinnen gewählt, d. h. das Aufstellen der zweiten Liste war überraschend erfolgreich; es müssen auch zehn Männer diese Liste gewählt haben – die ärgerliche Reaktion der Männer und die Freude der Frauen wird dadurch verständlich.

Welche Erklärungen werden nun für das Verhalten auf der anderen Seite gegeben? Auf männlicher Seite: „Sie konnte die Niederlage nicht verkraften“ und hat aus „Trotz, weil sie nicht gewählt wurde, gehandelt“, oder „diese Aktion sei von oben politisch gesteuert worden“. Diese Frauenliste sei ein Vorwand für eine sozialistische Wahloffensive gewesen – eine Tarnung sozusagen.

Die Frauen meinen hingegen, daß ihnen durch die Praktiken der Vorwahl „die Augen geöffnet wurden für die Manipulationen“ und sie durch die Frauenliste „eine Auflockerung der festen Gruppierung“ bewirkt hätten, nun sei eine „größere Meinungsvielfalt“ möglich. Eine andere erklärte den Ärger der männlichen Kandidaten mit der „Verringerung des Macht- und Einflußbereichs, der auch für die Karriere wesentlich ist“.

Offensichtlich ist, daß es durch die Wahl der beiden Personalvertreterinnen zu einer Machtverschiebung an der Schule gekommen ist. Da es sich um einen Konflikt handelt, werden einander eher negative Motive unterstellt: Trotz, Machttrieb, Karriere, Kränkung und Beleidigtsein. Typisches Merkmal der Interpretation von Konflikten ist die Verschiebung der negativen Anteile auf den Konfliktpartner, während man bei sich nur positive Motive zu sehen vermeint (Projektionen).

Je hilfloser und ohnmächtiger man sich selbst empfindet, desto eher greift man auf Erklärungsmuster zurück, die einen übermächtigen, gewaltigen Gegner phantasieren „von oben gesteuert“. Mit dieser Form der Abwehr ist es auch möglich, dem

Gegner die Anerkennung zu verweigern, weil er damit als Marionette oberer Instanz definiert wird.[22])

Die Form der narrativen Interviews läßt keine Form der Bearbeitung des Konflikts zu. Die unterschiedlichen Betrachtungsweisen können nur in ihrer Verschiedenheit dargestellt werden, Verzerrungen aufgezeigt werden. Eine Wahrheitsfindung in bezug auf soziales Geschehen kann nur kommunikativ, d. h. im Diskurs der Betroffenen hergestellt werden – eine Zielsetzung, die im Kooperationsseminar ermöglicht wurde, beim Interview jedoch ausgeschlossen ist.

Um möglichen Mißverständnissen vorzubeugen, soll betont werden, daß die genannten Brillen oder Filter nicht notwendige Einschränkungen der sozialen Wahrnehmung darstellen. Es gab in unserem Beispiel der Frauengruppe auch weibliche Stimmen, die eher den männlichen Standpunkt einnahmen und die Fraueninitiative „eher blöd" fanden (F/6) und Männer, die sich mit den Frauen solidarisierten. Welche Wahrnehmungsverzerrungen man selbst hat, kann erst durch Überprüfung der eigenen Sichtweise und Vergleichen mit anderen im Diskurs erfahren werden. Je größer jedoch die emotionale Betroffenheit einer Person ist, desto stärker können verzerrte Wahrnehmungen auftreten. Aus diesem Grund sind am Konflikt Unbeteiligte in einem Konfliktlösungsgespräch hilfreich.

3.3.2.3. Umgang mit Konflikten

Der dritte Themenkreis bezog sich auf die Dimension, welche Konflikte in der Schule auftauchen und in welcher Art und Weise mit ihnen umgegangen wird. Wenn wir im folgenden von Konflikten sprechen, so bezieht sich das immer auf soziale Konflikte (interpersonale), wovon die intrapersonalen Konflikte zu unterscheiden sind, die in einer Person zu beobachten sind (z. B. der Konflikt zwischen Pflicht und Neigung). Der Umgang mit den Konflikten gibt nicht nur Auskunft über wirkende Normen, sondern hier treten vermutlich auch neue Nor-

22 Diesen Abwehrmechanismus des ferngesteuerten Gegners beschreibt Horst E. Richter in dem Umgang mit der Friedensbewegung. Vgl. Richter 1981.

men der Organisationsberatung auf. Ziel der Organisationsberatung ist es nicht nur, vorhandene Probleme zu lösen und damit die Kooperationsfähigkeit zu verbessern, sondern den Mitgliedern der Organisation die Chance zu geben, ihre Problemlösungskapazität zu erhöhen, d. h. selbständig in der Lage sein, ihre Probleme zu erkennen und Lösungsformen durchzuführen.

Bei der Befragung gingen wir von der Hypothese aus, daß der Umgang mit Konflikten durch Verleugnung, Kampf oder Delegation bestimmt sei. Gefragt wurde nach Beispielen für Konflikte, u. zw. auf den Ebenen Lehrer – Direktor, Lehrer – Lehrer, Lehrer – Schüler und Lehrer – Eltern.

Beziehungsebene der Konflikte

Eine quantitative Auswertung der genannten Konflikte ergibt folgende Verteilung:

Beziehungsebene d. Konflikte	Anzahl
Direktor – Lehrer	10
Lehrer – Lehrer	20
Lehrer – Schüler	12
Lehrer – Eltern	3
insgesamt	45
N = 26 (Mehrfachantworten)	

Bei der Beantwortung der Frage nach Beispielen für Konflikte wurden Bemerkungen zum Begriff Konflikt gemacht, mit der Tendenz, daß es hier keine gäbe, ein Beispiel: „Für mich ist das Wort Konflikt jedenfalls ein Wort, das einen schwerwiegenden Hintergrund hat – solche Ereignisse haben wir eigentlich noch keine gehabt." (Z/8) Oder eine andere Lehrerin, die über einen konkreten Konflikt berichtet, sagt: „Das ist zwar kein Konflikt, aber ich habe mich fürchterlich aufgeregt." (R/6)

Überraschendes Ergebnis ist die Verteilung der genannten Konflikte, die die stärkste Anzahl auf der Ebene der Lehrer – Lehrer aufweist (20). Üblicherweise werden vorrangig Probleme mit Schülern genannt. Dieses Ergebnis kann im Sinn der zugrundegelegten Basisannahme interpretiert werden, daß emotional die wichtigste Ebene in der Schule die zu den Kollegen ist. Einschränkend muß jedoch bemerkt werden, daß das Interview vorwiegend die Beziehung zu den Kollegen erheben wollte, so daß durch die generelle Linie des Leitfadens eine Beeinflussung dieser Frage nicht auszuschließen ist.

Die meisten der genannten Konfliktthemen wurden in den vorigen Punkten bereits behandelt. Auf der Ebene Direktor – Lehrer wurde der Konflikt zwischen dem Kaffeezimmer und dem Direktor, sein „autoritärer Führungsstil" und die Konferenzgestaltung als Konfliktpunkte genannt. Auf der Lehrer – Lehrer Ebene wird hauptsächlich der Konflikt bei der Personalvertretungswahl genannt, der unter der Gruppierung „Frauengruppe" bereits dargestellt wurde. Ein weiteres Problem, das große Resonanzen im Lehrkörper erregt, ist „das Problem in einer Klasse, in der zwei sehr divergierende Lehrerpersönlichkeiten aufeinanderprallen; eine sehr tolerante und die andere eher strikt" (K/5). Die Fächerhierarchie wird dreimal genannt: „In einem Hauptfach, wo schriftliche Prüfungen sind, da erlebt man als Außenstehender, daß es da ein gegenseitiges Hochlizitieren gibt." (O/1) Neben diesen drei öffentlichen Problemkreisen werden Beispiele erzählt, die jeweils nur den Erzähler und eine andere Person betreffen, ohne auch anderen bekannt geworden zu sein.

Konfliktlösungsstrategien

Betrachtet man nicht die thematische Ausrichtung, sondern die Prozeßebene, d. h. wie geht man mit Konflikten um, so ergibt sich folgende Verteilung:

Konfliktlösungsstrategien	insgesamt
Delegieren	2
Übergehen	7
offener Streit	11
Ausweichen	13
Austragen	15
N = 26 (Mehrfachantworten)	

Vorherrschende Konfliktlösungsstrategie ist das Vermeiden von Konflikten (Übergehen 7 plus Ausweichen 13), das zusammen 20mal genannt wurde, doch beginnt die Norm, Konflikte auch auszutragen, an Boden. Ein Mitglied des Kaffeezimmers sagt: „Ich glaube, daß wir es langsam doch lernen, Konflikte auszutragen. Wenn ich mich erinnere, es war lange so, daß man halt beleidigt war und sich aus dem Weg gegangen ist oder sich angegiftelt hat aus unerklärlichen, unergründlichen Gründen.“ (G/6) Lehrer G. beschreibt den ewigen Zirkel unausgesprochener Konflikte, die dann untergründig schwelen, bei unerwarteten Anlässen aufflackern und kaum mehr rational durchschaubar sind, weil die Genese des Konflikts zu lange zurückliegt. Wir wollen die beiden unterschiedlichen Umgangsformen mit Konflikten, sie zu „übergehen“ und sie offen auszutragen, anhand von zwei berichteten Beispielen darstellen.

Das erste Beispiel zeigt ein Konfliktverhalten, das bereits auf eine Konfliktkette schließen läßt und vermutlich weitere Episoden nach sich zieht. Die Situation wird folgendermaßen beschrieben:

„Eine Kollegin hat im Kaffeezimmer einen Platz, an dem sie immer sitzt. Ich habe das nicht beachtet und setze mich dorthin. Sie kommt rein und sagt: ‚Du bitte, kannst du dich woanders hinsetzen! Also ich hab gedacht, das darf nicht wahr sein... Ja, da bin ich aufgestanden und wollte mich auf einen anderen Platz setzen und hab dann gefragt, ist der Platz auch frei...“ (R/6)

Im weiteren erzählt Frau R., daß sich Wochen später ein Mann auf denselben Platz gesetzt hat, der allerdings nicht vertrieben wurde, was sie zu der Bemerkung veranlaßte: „Aha, Männer dürfen das also.“ (Ebenda) Diese Bemerkung zeigt, daß der Ärger und die Aufregung über diese Begebenheit sich noch nicht gelegt hatte und Dynamik für weitere Interaktionen lieferte.

Ein anderes Beispiel bringt Frau T:

„Ein Fachkollege hat zu einer Fachkollegin von einer anderen Schule gesagt, daß es mir schlecht geht an der Schule. Das habe ich ihm genauso gesagt. Er hat gesagt, daß das ein Mißverständnis ist, das hat er nie so in dem Sinn gesagt. Er hätte das vielleicht anders gemeint, daß ich im Werken Schwierigkeiten hätte. Und das gebe ich auch offen zu.

Ich habe am Anfang Schwierigkeiten im Werken gehabt, weil mir der Plan gefehlt hat. Es ist ein neuer Lehrplan herausgekommen, der beim Studium nicht abgehandelt worden ist. Aber das war ein Mißverständnis, das war eigentlich noch kein richtiger Konflikt.“ (T/7)

Ausgangspunkt für den Konflikt ist ein Gespräch über Frau T., worüber sie informiert wird. Der Inhalt stimmt mit dem Bild, das sie von sich hat, nicht überein, da sie gern an der Schule ist. Die Verhaltensweise, die auf „Konflikte vermeiden“ zielt, wäre etwa das Gespräch mit dem betreffenden Kollegen zu vermeiden, da er ja sowieso nur „falsche Gerüchte in die Welt setzt“, das hieße aber auch eine Stabilisierung des Mißtrauens. Frau T. berichtet, daß sie ihm das „genauso gesagt“ habe. Das bedeutet, daß sie sich ein Bild davon machen will, was er wirklich gesagt hat bzw. wie er zu dieser unrichtigen Annahme gekommen ist. In diesem Gespräch kann er seine Aussage richtigstellen, nämlich daß sie in Werken Schwierigkeiten habe. Zwischen den beiden Lehrern scheint ein grundsätzliches Vertrauen geherrscht zu haben, da Frau T. diese Richtigstellung hören kann, ohne sie als Ausrede abzuwerten. Mit dieser Aussage über Schwierigkeiten im Werken kann sie voll übereinstimmen, besonders weil es sich dabei um Anfangsschwierigkeiten handelt. Aufgeklärte Konflikte werden häufig „Mißverständnisse“ genannt, unaufgeklärte Mißverständnisse können als solche nicht erkannt werden.

Die Norm „Konflikte auszutragen“ wird zwar von 15 Befragten genannt, es gibt jedoch nur vereinzelt Beispiele für geglückte Lösungsversuche. Dieser Sachverhalt ist leicht durch folgende Überlegungen zu erklären. In Beziehungen, in denen die genannten Voraussetzungen für kooperative Konfliktlösungsstrategien vorhanden sind, werden viele potentielle Konflikte durch gemeinsame Gespräche gelöst, ohne daß sie als Konflikte ins Bewußtsein treten. Erwähnt sei hier der herrschende Modus der Lehrfächerverteilung, wo die individuellen Wünsche zuerst erhoben werden und die Einigung dann direkt an die Fachgruppen delegiert wird, oder ein anderes Beispiel ist die offene Gesprächsform, wie sie zwischen befreundeten Mitgliedern des Kaffeezimmers genannt wurde. Herrscht dieses grundsätzliche Vertrauen nicht, so werden Lösungsgespräche häufig zu Streitgesprächen, „die eine Verhärtung der Fronten" bringen.

Ein weiteres Hindernis für klärende Gespräche sind unterschiedliche Normen, wenn ein Gesprächspartner einen anderen über Ursachen aufklären will, und der andere will überhaupt nicht mehr reden. Ein Fall, den Lehrer P. erzählt:

„Man erfährt oft unbewußt oder ungewollt, daß es jemandem schlecht geht mit der Klasse (wo er Klassenvorstand ist, G. D.). Ich habe die Erfahrung gemacht – ich habe halt versucht, dem Kollegen ein paar Tips zu geben, Ratschläge zu geben. Es war eher so, daß die Ratschläge nicht erwünscht sind ... Die Lehrer lassen sich nicht helfen. Wenn jemand überzeugt ist, daß er es richtig macht, auch wenn die Schüler Schwierigkeiten damit haben, was soll man da machen? (P/7)

Diese Erfahrungen, daß Rückmeldungen über die Einschätzung der Schüler für den betreffenden Lehrer uninteressant sind oder abgelehnt werden, bewirkt einen erneuten Rückzug.

Das häufigste Einzelproblem, das genannt wurde, ist der Konflikt zwischen den beiden „divergierenden Lehrerpersönlichkeiten" mit konträren pädagogischen Auffassungen; dieses Problem ist schon öfters versucht worden zu lösen, doch brachte es keine Lösung, sondern erneute Verschlechterungen. Auch der Versuch, durch eine Klassenkonferenz mit Eltern und Klassenlehrern eine Aussprache zu ermöglichen, wurde durchgeführt, führte aber nur erneut zu einer Kampfsituation. In dieser Klassenkonferenz wurden auch vermutlich zutreffende Analysen über die Hintergründe des Konflikts gegeben, doch in einer Situation und zu einem Zeitpunkt, wo das nicht gehört und aufgegriffen werden konnte, sondern als Bloßstellung erlebt werden mußte. Der Bericht über diese Situation:

„Es war z. B. eine Klassenlehrerkonferenz mit einer Klasse, wo es mit der Lateinlehrerin große Schwierigkeiten gegeben hat. Der Klassenvorstand liegt auf einer ganz anderen Linie wie die Lateinlehrerin – die halbe Klasse hat ein Nicht-genügend, ein irrer Zirkus. Bei der Konferenz haben die beiden herumgeredet um den Brei, und dann habe ich das ausgesprochen und habe gesagt, im Prinzip liegt es ja nicht an den Schülern, sondern es wird hier ein Konflikt zwischen dir und dem anderen auf dem Rücken der Schüler ausgetragen. Es waren zuerst alle baff, und dann haben sie sich noch mehr gestritten ... Da ist der Direktor, hat dann zurechtgewiesen und ist auch furchtbar böse geworden, totale Fehlreaktion und ein Chaos ist entstanden, das halt dann wieder unter die Oberfläche gedrängt wird, und es ist eh alles in bester Ordnung...“ (V/13)

Der Inhalt der Analyse zeigt die Verschiebung eines Konflikts zwischen den beiden betroffenen Lehrern auf die Schüler „es wird auf dem Rücken der Schüler ausgetragen“. Ob eine Analyse hilfreich oder als weiterer Vorwurf zu einer Anheizung des Konflikts führt, liegt wesentlich in der Art und Weise der Mitteilung und im „Timing“, d. h. dem Zeitpunkt – hier war beides ungünstig. Da dieses Problem noch ausführlich am Kooperationsseminar behandelt wurde und auch eine Lösung gefunden werden konnte, soll hier inhaltlich nicht mehr näher darauf eingegangen werden. Wichtig ist, welche Wirkung dieser Kampf zwischen Lateinlehrerin und Klassenvorstand auf die anderen Lehrer hat. Auf die meisten Befragten wirkt es erschreckend, wieviel Aggression da plötzlich aus den Konfliktpartnern herausbricht, dazu Lehrer P:

„Konflikte, das sind Sachen über die man weinen müßte, wenn man darüber berichtet. Ich erlebe Konflikte dann immer so, daß entweder immer zwei auf einander einschrein oder jeder verbissen herumrennt, sich nicht blicken läßt, aber keineswegs so, daß man einen Konflikt hat, den man halt irgendwie austragt auf irgendeine Art und Weise.“ (P/9)

Dieser Konflikt wird als ausweglos erlebt, da schon verschiedene Lösungsformen fehlschlugen. Die Fähigkeit des Systems (d. h. dieser konkreten Schule) so einen offenen Konflikt zuzulassen, ist nur deshalb möglich, weil eine sehr gute Basis an Gesprächsfähigkeit und einer grundsätzlichen Akzeptanz (Vgl. Grad der Zufriedenheit) mit der Situation in der Schule vorhanden ist – andernfalls würde diese Form der Freilegung nicht gestattet werden.

3.3.2.4. Diagnose des Ist-Zustandes

Die Aussagen in den Interviews helfen uns, die Situation der Lehrer und der Schule aus der Perspektive der darin tätigen Lehrkräfte zu sehen. Die als strukturelle Probleme der Schule analysierten Phänomene wie Fächerzergliederung und starre

Zeiteinteilung sowie als Folge davon die Isolation des Lehrers, mangelnde schulinterne Kooperation tauchen in den Aussagen wieder auf. Besonders bei der Frage nach der Motivation zum Lehrberuf sehen wir die Einengung auf die Schüler-Lehrer-Beziehung; die Schule als soziales System wird unzureichend wahrgenommen.

Zur Lage der konkreten Situation im Lehrkörper fällt die Häufigkeit der Nennungen von Konflikten zwischen den Kollegen auf (N = 20, das sind 44%). Das Ansetzen der Organisationsberatung bei der Interaktion der Lehrer ist daher gerechtfertigt. Es wird das Intergruppengeschehen zu untersuchen sein, die Verteilung der Macht im Lehrkörper. Aus der Vergangenheit scheint der Übergang vom Führungsstil des alten Direktors zu dem des neuen noch einiges an ungelöster Problematik zu beinhalten. Ein Einüben in Form der Zusammenarbeit ist offensichtlich von vielen Lehrern erwünscht, es fehlen aber positive Erfahrungen – von vereinzelten Versuchen abgesehen.

Wenn wir die Ergebnisse der Befragung und der durchgeführten Vorbesprechungen auf die von Gibb (1972, 72) formulierten günstigen oder ungünstigen Voraussetzungen zu einer Sozialintervention betrachten, ergibt sich folgendes Bild. Die Kriterien lauten:

förderliche Einstellungen	*hinderliche Einstellungen*
1. Wechselseitiges Vertrauen (Selbstvertrauen, Wärme, Akzeptanz)	1. Mißtrauen (Angst, Bestrafung, Verteidigung)
2. Gemeinsames Lernen (sich wechselseitig befragen, untersuchen, nachforschen)	2. Belehren (Training, Ratschläge geben, Indoktrination)
3. Wechselseitige Entwicklung (Wachstum, Förderung, Erfüllung)	3. Bewertung (festlegen, korrigieren, Gegenmittel vorbereiten)
4. Wechselseitige Offenheit, Spontanität, Aufrichtigkeit, Ehrlichkeit	4. Strategisches Handeln (Taktiken, Manöver, geheime Schliche)
5. Gemeinsames Problemlösen (definieren, Alternativen nennen, erproben)	5. Feste Richtlinien erstellen (demonstrieren, Information geben, lenken)
6. Autonomie (Freiheit, wechselseitige Abhängigkeit, Gleichwertigkeit)	6. Anweisungen (formen, steuern, kontrollieren)
7. Experimentieren (spielen, erproben, erneuern)	7. feste Verhaltensmuster (Standards, Statik, Festlegungen, Fixierung).

Angewandt auf die untersuchte Schule ergeben diese Kriterien folgendes Bild:

ad 1) Als günstiger Faktor ist das gute Schulklima zu bezeichnen, das bereits ein gewisses Maß an Offenheit möglich macht – eine günstige Bedingung für soziales Lernen, das eben eine Vertrauensbasis voraussetzt.

ad 2) Die Erwartungen in bezug auf die Art des Lernens waren ursprünglich eher auf traditionelles Lernen statt kooperatives Lernen gerichtet, wurden jedoch in der Vorbesprechung schon erschüttert, was einige Lehrer veranlaßte, nicht mitzufahren, „da das alles zu nebulos ist" (P/10).

ad 3) Vorstellungen einer wechselseitigen Förderung und Entwicklung bestanden zwar rational, konnten emotional aber nicht gelebt werden; es existierte einerseits Neugier aber auch Angst, „dort fertiggemacht" zu werden.

ad 4) Wechselseitige Offenheit gab es in Subgruppen (Fachgruppe der Physiker), im Kaffeezimmer kombiniert mit zynischen Bemerkungen, wo Offenheit auch als Waffe eingesetzt wurde (oder als Abwehr?).

ad 5) Das Prinzip der gemeinsamen Problemlösung und Autonomie kennzeichnet auch die Stellung zur Autorität des Direktors, über dessen Führungsstil unterschiedliche Aussagen existierten. Bezogen auf die Trainer wurde mehr Erwartung auf die Bearbeitung der realen Autorität des Direktors als auf die Trainerautorität gelegt.

ad 7) Der Wunsch, am Seminar Rezepte oder zumindest fertige Modelle der Kooperation zu bekommen, herrschte vor, obwohl alle über die Information verfügten, daß das im Seminar nicht geboten werden würde.

Als weitere günstige Voraussetzung kann angeführt werden, daß einige Lehrer bereits über Erfahrung in gruppendynamischen Seminaren oder Sensitivity-Trainings verfügten.

Bei der Frage nach der Verallgemeinerbarkeit der Untersuchungsergebnisse taucht die Frage auf, ob die Lehrer der Schule in ihrer *Persönlichkeitsstruktur* vom Durchschnitt der Population abweichen. Zur Untersuchung dieses Sachverhaltes wurde der Gießentest mit dem gesamten Lehrkörper durchgeführt. Der Gießentest (GT) ist ein tiefenpsychologischer Test zur Erfassung der Persönlichkeitsstruktur Erwachsener. Der GT besteht aus 40 Items, von denen 36 zu 6 Skalen zusammengefaßt werden. Der auf tiefenpsychologischen Konzepten basierende Gießentest soll „einem Probanten Gelegenheit geben, von sich ein Selbstbild zu entwerfen, in dem dieser seine innere Verfassung und seine Umweltbeziehung beschreibt. (Beckmann/Richter 1972, 10) In den sechs Standardskalen sollen die Bereiche „Soziale Resonanz", „Dominanz", „Kontrolle". „Grundstimmung", „Durchlässigkeit", „Soziale Potenz" erfaßt werden. Bei der Auswertung über das Profilblatt wird durch die Eintragung der Rohwerte die Standardisierung auf graphischen Weg durchgeführt. Die Auswertung ergab das Gesamtprofil aller Lehrer der Schule (siehe Abb.).

Das Gesamtprofil der Lehrer des Lehrkörpers bleibt in allen sechs Dimensionen außerhalb des interpretierbaren Bereichs, d. h. es unterscheidet sich in keiner Dimension von der durchschnittlichen Gesamtpopulation. (T zwischen 40 und 60).[23])

3.4. Die Sozialintervention

3.4.1. Design des Kooperationsseminars

Bei der Erarbeitung des Konzepts für das einwöchige Kooperationsseminar, an dem die Hälfte des Lehrkörpers teilnahm, stützten wir uns auf die Laboratoriumsmethode (Bradford, Gibb, Benne 1964) und deren Weiterentwicklung bezogen auf die Organisationberatung (Heintel 1979, Wimmer 1976). Das Design wurde gemäß einer *prozeßhaften Entwicklung* jeweils den aktuellen Erfordernissen gemäß entwickelt. Der Trainerstab sah von Übungen und vorgegebenen Lernspielen ab – abgesehen von der Einstiegsübung. Die angestrebten Zielsetzungen sollten anhand der konkreten Fragen gelernt werden, Lerngegenstand waren die Teilnehmer in ihren Beziehungen untereinander und zu den Trainern.

23 Eine ausführliche Interpretation der Ergebnisse wird im statistischen Teil gegeben.

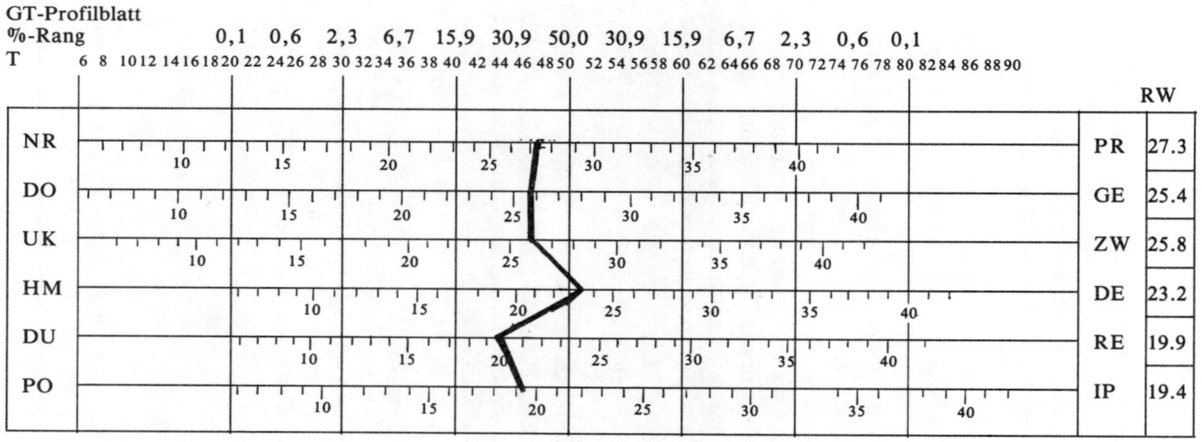

Gesamtprofil aller Lehrer der Schule

Ziel des Kooperationsseminars war es,

— soziale Prozesse im Lehrkörper erkennen können
— Fähigkeit, Konflikte zu sehen, zu analysieren und zu lösen
— Rückmeldungen über das eigene Verhalten empfangen und
— Rückmeldungen über das Verhalten anderer geben zu können
— neue Verhaltensweisen einüben können (Probierhandeln)
— unterschiedliche Normen in der Gruppe erkennen können
— untersuchen statt werten lernen
— Unterschiede zwischen Lehrern konstruktiv nützen lernen.

Im Unterschied zu T-Gruppen oder Sensitivity-Trainings war die Entwicklung der Einzelpersönlichkeit nicht vorrangiges Ziel, sondern die Fähigkeit des Lehrkörpers als ganzes sowie seiner Untergruppen. Diese Entscheidung nicht persönlichkeitsorientiert wie in T-Gruppen, sondern in aufgaben- und themenzentrierten Gruppen zu arbeiten, wird auch in dem von Campell und Dunette (1968) vorgelegten Überblick über Forschung zum Transfer der in T-Gruppen erworbenen Fähigkeiten gestützt.

Ausgangspunkt des Lernens stellt die Erfahrung der Seminarteilnehmer dar, sowohl in der Vergangenheit als auch im Hier-und-Jetzt. Erst wenn die Lernprozesse in die eigene Erfahrung eingebunden sind, erfolgt signifikantes Lernen, d. h. Lernen, das die gesamte Persönlichkeit erfaßt. Gemäß dem Grundsatzerlaß „Politische Bildung“ setzt auch das Kooperationsseminar bei der Erfahrung der Teilnehmer an, als Initiierung eines Selbstlernprozesses mit dem Ziel, die Problemlösungskapazität des gesamten Systems Schule (3. BG Linz) nach den spezifischen Bedingungen zu entwickeln.

Strukturelemente des Designs:

1. Das Verstehen des Gewordenseins der jetzigen Situation durch Analyse der mitgebrachten „Geschichte“.
2. Sichtbarmachen der Gruppenstruktur, herrschenden Normen im Interaktionsprozeß im Hier-und-Jetzt am Seminar.

3. Die Übertragungsmöglichkeiten in die Schule zu überlegen.

Als *Arbeitsformen* werden das Plenum als gemeinsame Seminaröffentlichkeit, die T-Gruppen als gruppenspezifische Lernebene, themenzentrierte Arbeitsgruppen und Übungen vorgestellt.

3.4.2. Das Kooperationsseminar

Die Beschreibung des Kooperationsseminars will die prozeßuale Entwicklung durch das Aufzeigen der Dynamik in verschiedenen Phasen nachvollziehbar machen. Das einwöchige Kooperationsseminar stellt das Kernstück der Sozialintervention dar. Eine geblockte Arbeitsweise stellt eine wichtige Rahmenbedingung dar, die es erst möglich macht, altvertraute Verfahrensweisen aufzulockern, sich langsam in emotionale Prozesse einzulassen, eine neue Art der Vertrautheit miteinander entstehen zu lassen. Es wird ansatzweise zu zeigen sein, wie signifikantes Lernen stattfindet als Integration der inhaltlichen und der emotionalen Ebene, wie auch Einsicht in die angewandten Interventionsmethoden gegeben werden soll.

Erste Phase: Aufwärmen, Abbau von Ängsten

Schon bei den Vorbesprechungen war deutlich geworden, daß sich viele nichts unter dem vorgestellten „prozessualen sozialen Lernen" vorstellen konnten. Die bei jeder persönlichkeitsorientierten Lernform hervorgerufenen Ängste, zu viel von sich preisgeben zu müssen, von den anderen „aufgemacht zu werden" etc. waren hier im besonderen Maß anzunehmen, da es sich um eine real zusammenarbeitende Gruppierung von Lehrern handelte. Es bedarf generell eines gewissen Maßes an Mut und Vertrauen zu den Beratern, sich auf eine schulinterne Organisationsberatung einzulassen. Die meisten der angeführten Ängste unterliegen allerdings einem allgemeinen gesellschaftlichen Tabu. D. h. sie stehen im Gegensatz zu den für einen Erwachsenen erwünschten Verhaltensweisen. Jeder Mensch neigt dazu, seine Ängste zu verleugnen oder sie als sachliche Einwände zu formulieren. Es ist daher gerade als Einstieg wichtig, eine Form zu wählen, die es einerseits gestattet, diese Unsicherheit auszusprechen, aber in einer distanzierenden Form. Auch die Begleitforschung wurde zu Beginn als zusätzliche Belastung erlebt, was sich in Witzeleien wie etwa „Wird das Kichern auch registriert?“ äußerte. Als Einstieg wurde eine Übung gewählt: Jeder sollte über sich ein *Inserat verfassen,* u. zw. nach folgenden Kriterien:

1. Was will ich für mich am Seminar erreichen?
2. Was kann ich dazu beitragen?
3. An welche Koalitionspartner richte ich mich? (Keine Namensnennungen).

Die Inserate werden an die Wand gehängt, gelesen. Jeder Teilnehmer wählt ein Inserat, das ihm/ihr gefällt. Die Inserate werden verlesen. Es wird geraten, wer der/die Schreiber/in gewesen sein könnte und gesagt, warum man das gewählt hat.

Die Inseratform gestattet es, etwas über sich in ernster oder ironischer Form zu sagen. Das gemeinsame Vorlesen und Erraten gibt Aufschluß über die allgemeine Stimmung. Die Inhalte der Inserate zeigen die große Bereitschaft, etwas über sich zu lernen, normative Forderungen, Wünsche nach Schutz, Skepsis, Unsicherheit, Signalisieren von Grenzen. Ein Beispiel:

„Heiterer Früh-Dreißiger erwartet sich vom Seminar das ‚totale Verständnis‘ der Kollegen untereinander und möchte das Seine dazu beitragen. Er möchte keineswegs, daß etwaige Konflikte oder solche, die es noch werden ‚sollen‘, das Gegenteil herbeiführen. – Suche zur Erfüllung Partner. Alter, Geschlecht, Mundgeruch usw. egal. Lege Wert auf gutes Verständnis.“

Im Plenum wurden nur die manifesten Inhalte angesprochen, die latenten Inhalte wie die Ambivalenz zur Erwartung des „totalen Verständnisses“, die Angst vor einer Verschlechterung der Beziehungen, der künstlich provozierten (von wem?) Probleme, (die es noch werden sollen) wird nicht interpretiert. Das Lachen, das während des Verlesens der Inserate erklang, zeigt aber, daß es gefühlsmäßig sehr wohl verstanden wurde. Es zeigt auch die zunehmende Erleichterung der Teilnehmer, zu hören, daß *alle* gemischte Gefühle haben. Oft wird eingewendet, man wolle „die Intimsphäre des einzelnen respektiert wissen", wolle vermeiden, daß „am Ende des Seminars für einige Isolation und Chaos herrschen". Das „Kennenlernen tieferer Schichten der Kollegen" steht neben dem Wunsch, die Unterrichtsprobleme der anderen Kollegen zu erfahren.

Am nächsten Tag wurde im Plenum die *Differenzenübung*[24]) angeboten, eine nonverbale Übungsreihe, in der nach vorhandenen Differenzen und Unterschieden gefragt wird. Einerseits geht es darum, die verschiedenen Teilnehmer besser kennenzulernen und andererseits kann damit sichtbar gemacht werden, daß soziale Unterschiede nicht nur Trennendes darstellen, sondern auch Lernchancen enthalten. Es wurden folgende Differenzen angeboten: 1. Fachgruppen, 2. Gruppierungen nach dem rechtlichen Status (PL, SVL, VL, prag. L, Schulfeste Stl.), 3. Amtsträger – Nicht-Amtsträger, 4. Klassenvorstände, 5. pol. Fraktion, 6. Teiln. am Lehrerturnen, 7. Kontakt mit Lehrern außerhalb der Schule, 8. Frauen – Männer, 9. Verheiratete – Unverheiratete.

Es zeigte sich, daß die Zuteilung nach Fächern für alle leicht war, der rechtliche Status jedoch mit sehr großem Interesse – vor allem von den jungen Lehrern – beobachtet und kommentiert wurde. Die Amtsträger und besonders die Klassenvorstände waren prestigemäßig wichtig. Die Zugehörigkeit zu politischen Parteien wurde nach Aussagen der Lehrer nicht öffentlich besprochen, beherrschte jedoch als Thema die „Gerüchtebörse". Die Mehrheit der Lehrer fühlte sich zu keiner der beiden großen Parteien zugehörig und stellte sich auf die Aufforderung der Trainer seine Sympathie auszudrücken, als eigene Gruppe der Grünen auf. Als untypisch wurde festgestellt, daß sich die Frauen und Männer als Gruppe gegenüberstehen, obwohl die Aufstellung der Frauenliste bei den Interviews als heftiges Problem genannt wurde.

Bei der spielerischen Bearbeitung von Gemeinsamkeiten und Vorurteilen konnten die Teilnehmer jeweils den Grad an Offenheit bestimmen.

---

24 Eine von Peter Heintel entwickelte Übung, die insbesondere für das „Warming-up" geeignet ist.

Im Anschluß an die Differenzenübung wurden Arbeitsgruppen gebildet. Ihre Aufgabenstellung bestand darin, eine Rangreihe der wichtigsten Unterschiede zusammenzustellen, wobei auch neue Differenzen angeführt werden konnten. Bei der Präsentation der Arbeitsgruppenergebnisse im Plenum ergab sich eine große Übereinstimmung. Als wichtigste Differenz wurde die *Zugehörigkeit zum Kaffeezimmer* betrachtet, gefolgt von der Teilnahme am Lehrerturnen, der Weltanschauung, der Fachgruppenzugehörigkeit, dem Selbstverständnis des Lehrers, sein Lehrstil und die Tätigkeit als Klassenvorstand.

Mit der Reihung des „Kaffeezimmers" als wichtigsten Unterschied sprachen alle Gruppen die Erkenntnis aus, die sich auch bei den Interviews herauskristallisiert hatte. Es war als „Kommunikationszentrum" bezeichnet worden. Im Kaffeezimmer zu sein, heißt „über alles informiert sein". Auch der Administrator gehörte zu den Stammgästen. Diese zentrale Bedeutung wurde im Design aufgegriffen. Die Lehrer wurden aufgefordert, sich in Form eines lebenden Soziogrammes so aufzustellen, daß dadurch ihre Beziehung zum Kaffeezimmer deutlich wird. Es entstanden vier Gruppen:
der Kern (des Kaffeezimmers)
die Randgruppe (des Kaffeezimmers)
die Pendler
die Nichtbesucher (Antikern).

Das Sichtbarmachen der zentralen Stellung des Kaffeezimmers für die informelle Struktur der Schule durch das Soziogramm, war für alle überzeugend. Die Trainer ermutigten zu einer klaren Differenzierung etwa durch die Frage nach Unterschieden innerhalb des Kaffeezimmers. Es bildete sich erst dann der „harte Kern", zu dem die Randgruppe Kontakte herstellen will. Die Teilnehmer wurden angeregt, ihre Beobachtungen zu äußern, um so zu lernen, soziale Strukturen zu durchschauen und zu analysieren.

Um die Bedeutung der Subgruppen klar herauszuarbeiten, erhielten die vier Gruppen die Aufgabe, sich selbst zu beschreiben (Selbstbild) und ein Bild ihrer Sichtweise der drei anderen Gruppen herzustellen (Fremdbild).

Zum Design: Das klare Herausarbeiten der Unterschiede, der wechselseitig zugeschriebenen Attribute gehört einerseits zu den wichtigsten sozialen Kompetenzen, gleichzeitig ist das Ansprechen der Unterschiede tabu. Schon in den narrativen Interviews wurde die Frage nach Gruppen im Lehrkörper abgelehnt bzw. verneint. „Es gibt keine Gruppen". Unterschiede zu erkennen und zu benennen heißt, der Tendenz zur Verleugnung entgegenzutreten. Die Verzerrung der Wahrnehmung zwischen Gruppen sowie die Diskrepanz zwischen Selbst- und Fremdbild gehört zu den größten Hindernissen der Zusammenarbeit, weil sie stete Quelle von Phantasien, Unterstellungen, Unter- oder Überschätzungen sind.

Hilfreich sind deshalb alle Formen, die eine Verfremdung, Distanzierung der wechselseitigen Einschätzung bringen, wie es durch humorvolle Darstellung, Übertreibungen oder symbolische Darstellungsformen ermöglicht wird. In all den genannten Formen kommt neben dem rationalen Denken auch die primärprozeßhafte Erlebnisweise, die Sprache unserer Gefühle, zum Tragen. So kann das gleichzeitige Vorhandensein gegensätzlicher Gefühle (Ambivalenz) in der Sprache der rationalen, widerspruchsfreien Logik nicht adäquat ausgedrückt werden, symbolisch jedoch schon.

Die Besprechung der Selbst- und Fremdbilder machte die informelle Machtstruktur der Schule sichtbar. Im Zentrum der Macht steht das Kaffeezimmer. Im Kaffeezimmer kommen jene Lehrer zusammen, die schon länger an der Schule sind. Zu ihnen gehören drei oder vier Personalvertreter und der Administrator.

Das *Selbstbild des Kerns* bestand in einer soziogrammähnlichen symbolischen Darstellung der Mitglieder, deren Beziehungen zueinander mit Herzen und Blitzen (Zuneigung und Aggression) gekennzeichnet waren. Das Kaffeezimmer ist das Kontaktzentrum der Schule, Informationen werden offen ausgetauscht, auch über politische Fraktionen hinweg. Sie bezeichneten sich selbst als „Aktivisten"; „man fühlt sich mächtig". „Wer im Kaffeezimmer sitzt, ist in, die anderen sind außen." (25/2) Der Kern hat ein positives Selbstbild, sieht sich als „starke Clique", die „positiv an der Schule arbeitet". Wer zum Kern gehören will, muß als Eintrittsgeld akzeptieren, daß ihm ein Image verpaßt wird. „Wir verpassen jedem ein Image, das ihm bleibt“, sagt der Kern. Das Kaffeezimmer als „Kommunikationszentrum“ erzeugt auch „Schwellenangst bei anderen“. Man ist sich seiner Macht bewußt: „Gegen den Widerstand des Kaffeezimmers kann nichts durchgehen.“ In der Selbstdarstellung wird auch die Richtung der Auseinandersetzung deutlich. Sie richtet sich gegen die formelle Autorität, als „Opposition zur Direktion“.

Der Gießentest weist den Kern als sozial resonanter, dominanter und unkontrollierter aus als den Durchschnitt der Lehrer.

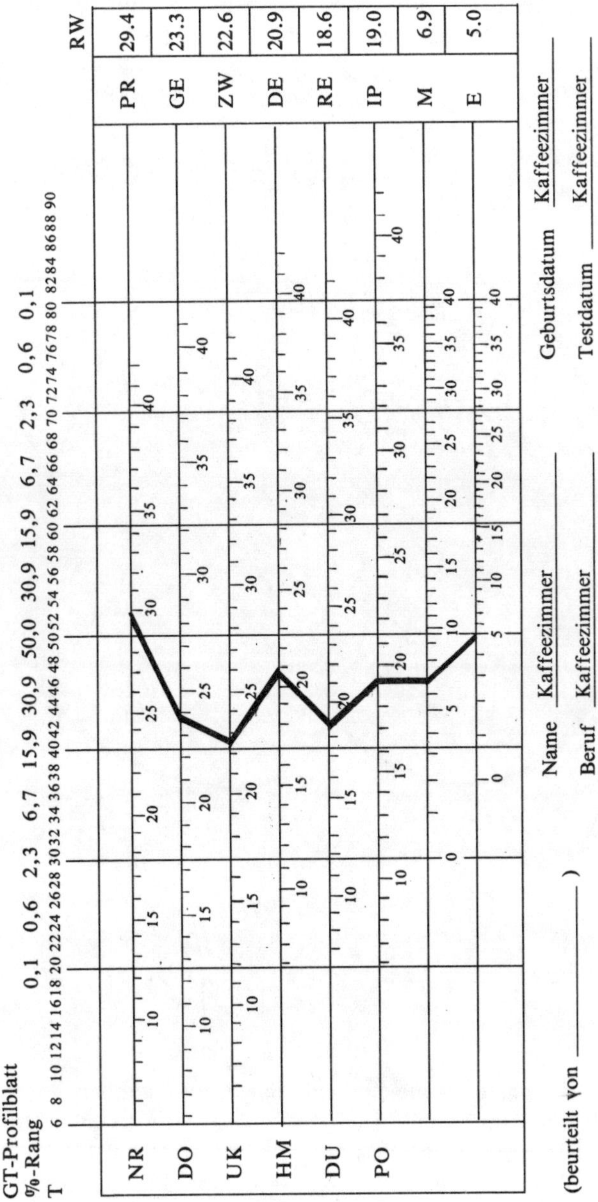
GT-Profilblatt
%-Rang 0,1 0,6 2,3 6,7 15,9 30,9 50,0 30,9 15,9 6,7 2,3 0,6 0,1
T 6 8 10 12 14 16 18 20 22 24 26 28 30 32 34 36 38 40 42 44 46 48 50 52 54 56 58 60 62 64 66 68 70 72 74 76 78 80 82 84 86 88 90
NR
DO
UK
HM
DU
PO
PR
GE
ZW
DE
RE
IP
M
E
RW
29.4
23.3
22.6
20.9
18.6
19.0
6.9
5.0
Name Kaffeezimmer
Beruf Kaffeezimmer
Geburtsdatum Kaffeezimmer
Testdatum Kaffeezimmer
(beurteilt von ______)

Die drei *Fremdbilder des Kerns,* die die anderen Gruppen gemacht hatten, entsprachen im wesentlichen dem Selbstbild des Kerns.

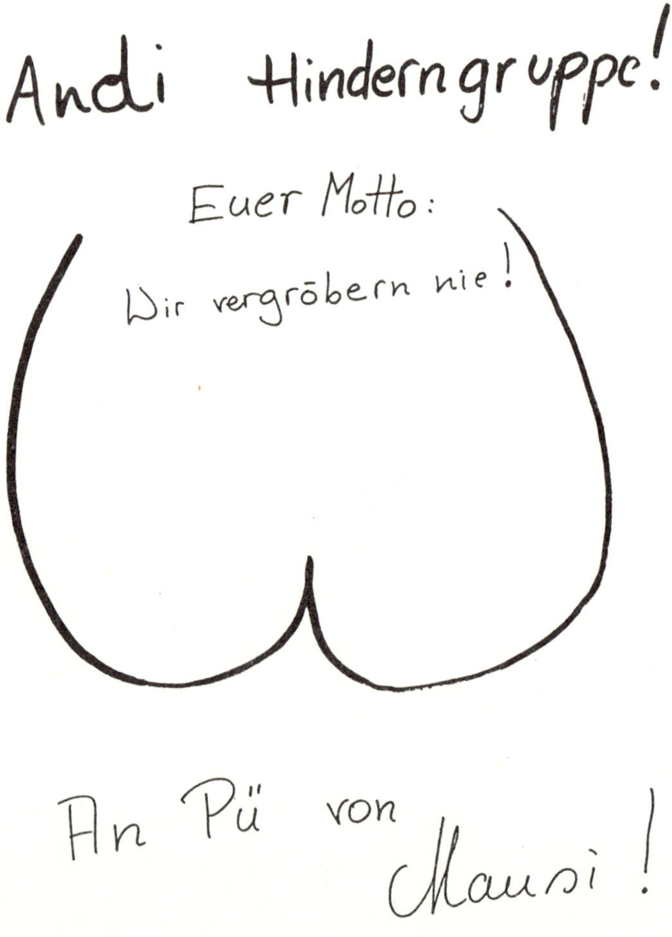

Die scharfe Ironie und der Sarkasmus werden durch die Zeichnung dargestellt. Der grobe Ton wird als „anal hintergründig" bezeichnet. Die stärkste Kritik erfährt der Kern durch den Stil der Kommunikation, „wo ordinäre Witze erzählt werden“. Zu „Hindergruppe“ wird assoziiert „ihr verhindert andere Gruppen“; „man integriert andere Gruppen“; „man integriert uns nicht“. Die Initiativen, die von der Kerngruppe ausgehen, werden durchwegs positiv eingeschätzt. Sie werden als „Meinungsbildner“, als „Herz der Schule“ bezeichnet. „Ihr seid die einzige Gruppe“, die einander offen oder in ironischer Form Rückmeldungen geben und auch Kritik an einander üben.

Die *Randgruppe* sieht sich am Rand des Kerns stehend, als „Blutauffrischung“, mit großem Bedürfnis nach Geselligkeit.

Die Mitglieder der Randgruppe sind jünger, „junge Knakker“. Sie zeichnen sich selbst als Nußknacker, die den Kern knacken können. Die Bewunderung dem Kern gegenüber kommt in der Charakterisierung „Meinungsmacher mit Niveau“ zum Ausdruck. Der Kern hat eine Vorbildfunktion, besonders die Geschlossenheit imponiert.

Fremdbilder über die Randgruppe: Die anderen beiden Gruppen bezeichnen die am Rand des Kerns stehenden als „Schmarotzer“ und „Kibitze“, die „von der Wärme der Sonne (= Kern) angezogen werden.

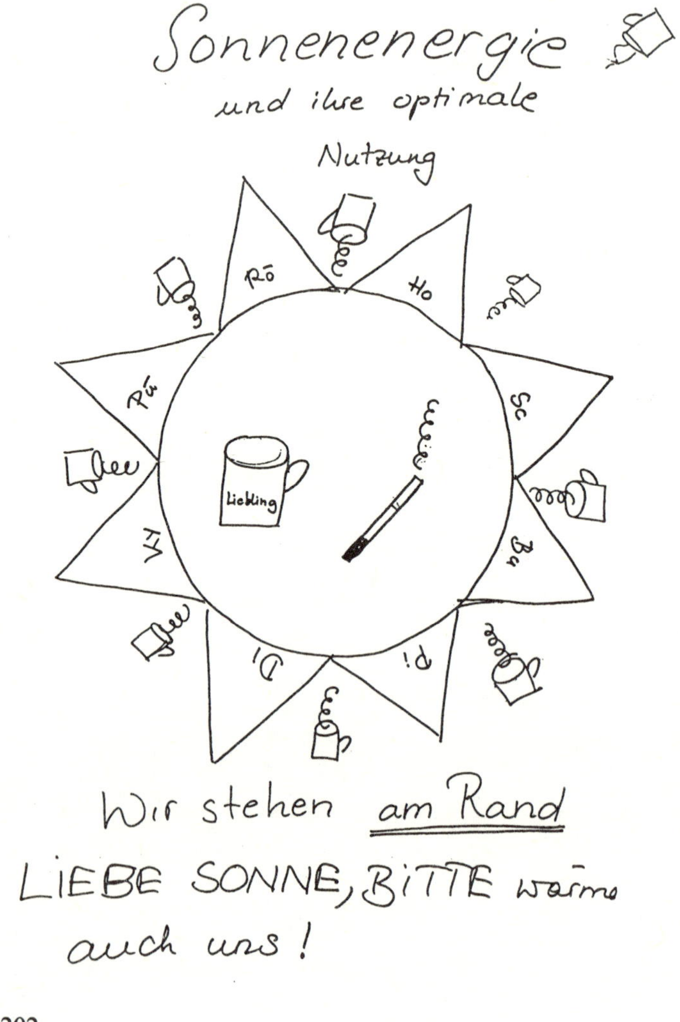

Ein bißchen beneidet man sie auch um die Nähe, um die vermutete Wärme. Kritisch wird das Anlehnungsbedürfnis gesehen „bitte wärme auch uns“. Man will sie auch auf das Nicht-Ebenbürtig-Sein hinweisen. Die Sonne steht auch für die Aktivität des Kerns, für seine Attraktivität. Der Kern verteidigt die Randgruppe als „gern gesehene Besucher“, wofür sie prompt mit der Bezeichnung „Fußvolk“ apostrophiert werden.

Interessant für den Prozeß ist, daß beim Attackieren der Randgruppe (ein potentielles Abwerben?) plötzlich die Trainer angegriffen werden. Ein aggressives: Wie sehen es die Trainer? leitet das ein. Die Interpretation eines Trainers wird voll akzeptiert:

„Es ist interessant, wo die Verlagerung der Diskussion auf die Trainer stattfand. Es besteht Uneinigkeit zwischen den Gruppen ...“

Die Angst, innere Probleme vor Außenstehenden zu entfalten, macht sich in Angriffen Luft, daß die Trainer nichts sagen und beitragen, Zweifel an der Qualifikation werden geäußert.

Die *Pendler* charakterisieren sich selbst in einem Plakat:

Pendler

- Heterogene Gruppe willens-starke Persönlichkeiten
- Zusammengekommen durch vorgegebene Aufgabe
- Pflegen höflichen Umgangston,
- denken originell, ohne die anderen zu verurteilen
- üben konstruktive Kritik nur in Anwesenheit des Betroffenen
- stehen zu persönlichen Überzeugungen auch gegen Widerstand,
- Zusammenarbeit auf sachlicher und Toleranter... Ebene.

In der Selbstbeschreibung der Pendler fällt auf, daß sie teilweise eine Umkehr der Kritikpunkte am Kern darstellt, wenn es heißt „pflegen einen höflichen Umgangston“, „denken originell, ohne die anderen zu verurteilen“ (statt jemandem ein Image zu verpassen), „üben konstruktive Kritik nur in Anwesenheit der Betroffenen“ (nicht durch sarkastische Witze hinter dem Rücken der anderen, oder durch Gerüchte verbreiten). Die Pendler beschreiben sich selbst als „eigenwillige Personen mit unterschiedlicher Altersstruktur“.

Auch die anderen Gruppen sehen sie übereinstimmend als „Individualisten“. Die Pendler werden als „Einzelkämpfer“ beschrieben. Sie können eigentlich nicht als „Gruppe“ bezeichnet werden; es verbindet sie ihre Kritik am Kern.

Das *Selbstbild des „Antikerns“* wird in der Abgrenzung zum Kaffeezimmer gesehen, „wir gehen da nicht rein“.

Die anderen Gruppen schätzen sie als introvertiert ein. Sie sind „liebe Leute“, man bedauert, sie so selten im Kaffeezimmer zu sehen. Sie selbst meinen „wir schätzen den Kern nicht so hoch ein“.

Das untenstehende Bild drückt den Status der Individualität massiv aus. Jeder wird alleine in einem Stockwerk gezeichnet. Kontakte gibt es lediglich bei der Begrüßung. Allerdings sind die Mitglieder des Antikerns tatsächlich während ihrer Unterrichtstätigkeit in getrennten Räumen tätig (z. B. im Zeichensaal), was eine Kontaktaufnahme untereinander oder zum Kaffeezimmer real erschwert.

Die überaus ausführliche Untersuchung der Beziehungen zwischen den Gruppen, half nicht nur, das konkrete Problem zu durchschauen, sondern konnte als Beispiel für den Umgang mit Konflikten dienen. Grundlegend ist dabei die Einsicht, daß es notwendig ist, die Probleme aufzufächern, um sie zu verstehen. Der verbreitete Impuls, sofort Lösungsmöglichkeiten oder Bagatellisierungen (es ist eh nicht so arg) anzubieten, hindert die notwendige Entfaltung von Problemen.

In der Besprechung der Einschätzungen der Gruppen untereinander wurde einerseits die große Bedeutung des Kaffeezimmers als emotionales Zentrum der Schule durchschaut, deren Macht in einem exakt funktionierenden Kommunikationssystem über politische Grenzen hinweg besteht. Wichtig dabei waren die Interventionen der Trainer, die darauf achteten, daß die persönlichen Beschreibungen als solche aufgenommen wurden und nicht als normative Urteile, als falsch und richtig. Lösungsvorschläge wurden nicht eingebracht. „Wir gehen davon aus", so meinte der Trainer, „daß die Leute, die in einer Organisation zusammenleben, besser wissen müssen, was für sie gut ist" (25/5). Das Erkennen des eigenen Status im Lehrerzimmer und die Zugehörigkeit zu einer Gruppe ermöglichten schrittweise ein zunehmendes Maß an Offenheit und Abbau von mitgebrachten Ängsten. Es war leichter, eine Rückmeldung über die Einschätzung der Gruppe, der man angehört, zu hören, als eine persönliche Einschätzung. Bei der Beschreibung der Probleme zwischen den Gruppen wurden auch Beispiele zurückliegender Konflikte besprochen, die in das Thema der nächsten Phase mündeten.

Dritte Phase: Emotionale Nähe/Distanz zum Direktor

Ausgehend von der oppositionellen Haltung des Kerns zum Direktor wurde ein schon lang schwelendes Problem angesprochen: das der besonderen Nähe einzelner Lehrer zum Direktor. Freundschaftliche Beziehungen eines Lehrers zum Direktor führten zu Gerüchten und Vermutungen. Das Verhalten der Betroffenen und schulische Entscheidungen wurden uminterpretiert. Grundmotiv vor allem für die Teilnehmer der Kerngruppe war die Angst, benachteiligt und ausgeschlossen zu sein, ja sogar von der „vertrauten“ Person ausgehorcht und bespitzelt zu werden.

Es wurde deutlich, daß die Befürchtungen mit der hierarchischen Position des Direktors zusammenhingen, und daß sie vor allem für jene älteren „Orientierungslehrer“ zum Problem wurden, die vor dem Direktorwechsel graue Eminenzen der Schule gewesen waren.

Für den Direktor war die Veränderung der emotionalen Grundstimmung nicht verständlich. In sehr bewegenden Worten zeichnete der Direktor die Auswirkungen des Umschlagens von Freundschaft in stärkere Distanz und zuweilen Kritik nach. Vor allem die Kritik des Administrators wäre „für den Kapitän, der das Ruder zu führen hat“ frappierend und unerwartet gekommen. Hatte er sich doch eher erwartet, „mit dem Steuermann das Schiff in Ablöse zu führen“. Die offene Darstellung dieser Erfahrungen löste große Betroffenheit aus, ist sie ja nicht als Vorwurf mangelnder Loyalität, sondern als persönliche Schwierigkeit mit der veränderten Position als Direktor vermittelt worden. Die Interpretation eines Trainers, daß die zwischenmenschlichen Beziehungen auch damit zu tun haben, welche Rollen und Rollenanforderungen wir erfüllen, hilft den strukturellen Zusammenhang zu erhellen. (27/16) Als Direktor ist man in einer anderen Welt als früher – damit ändern sich auch die emotionalen Beziehungen. Das ist für den Betroffenen oft enttäuschend und schwierig, den Verlust mancher vertrauter Beziehungen aufgeben und neue Rollenanforderungen erfüllen zu müssen.

In sehr bedrohlichen Situationen wurden Vorwürfe erhoben, erfolgte Verteidigung und Abwehr, indem das Problem auf eine andere Ebene gehoben wurde. Von allen Beteiligten wurde versucht, das emotionale Problem auf eine sachliche Ebene zu schieben.

Der Prozeßverlauf war durch die gegensätzlichen Wünsche nach Besprechung und Offenlegung einerseits und Verschieben und Abwehren andererseits gekennzeichnet. Als die Randgruppe ihre Stellungnahme zum Problem der Nähe zum Direktor nannte, wurde dieses nicht gehört. Die Randgruppe behauptete, sie hätte kein Problem, weil sie „noch keine Machtansprüche“ (27/3) hätte. Immer wieder ließen sich nun Mitglieder des Kerns mit den problematisierten Personen (Nähe zum Direktor) in hitzige Wortgefechte ein; sie benützten andere Personen, um Ungerechtigkeiten nachzuweisen. Die Intervention der Trainer, hier könne nicht akzeptiert werden, daß die Jungen keine Probleme damit hätten, ließ die Bedeutung der jetzigen Kämpfe deutlich werden: Es ging um die Frage des Publikums!

Der subjektive Anteil der Gruppe um den Direktor und beim Direktor selbst war, daß sie aufgrund ihrer Persönlichkeitsstruktur, die auf besondere Exaktheit und Korrektheit orientiert ist, niemals Vorteile aus dem Näheverhältnis ziehen wollten. Genau dieses Verhalten provozierte aber neue Vermutungen über geheime Bevorzugungen.

Diese Phase der Besprechung der verschiedenen Positionen und Wünsche dem Direktor gegenüber sowie Ansprüche nach Macht und Mitbestimmung bildeten den emotionalen Höhepunkt des Seminars. Eruptiv ergossen sich eine Unzahl von schon lange aufgestauten Vermutungen, Kränkungen, Verdächtigungen, Richtigstellungen und Näheangeboten. Die Junglehrer waren von der Intensität der Diskussion überrascht, da sie selbst nicht in den Konflikt verwickelt waren. Sie fühlten sich vom Direktor unterstützt und hatten damit zu tun „sich im Lehrkörper zu etablieren und in der Unterrichtsarbeit Anerkennung zu finden“ (27/1).

Schwierigstes Problem für die Leitung bestand darin, eine Balance zwischen der notwendigen Offenheit und dem möglichen Spannungsgrad zu halten. „Eine präzise Benennung der Interessendivergenzen ist notwendig“, so kennzeichnet Walton das Problem, „da auch das potentielle Maß an späterer Integration beider Seiten nicht größer sein kann als das vorangegangene Maß an Differenzierung; gegenseitig unbekannt gebliebene Interessenswidersprüche können kaum aufgelöst werden“ (Walton 1969, 122). Walton stellt diese „Gradwanderung“ als Kurve dar (siehe Abb.).

Ein zu niedriges Maß an Spannung verhindert das notwendige Maß an innerer Beteiligung, während ein zu hohes Maß an Spannungen unfruchtbare Abwehrmechanismen (wie Verleugnung und Projektion) aktiviert. Wesentlich ist, daß die Offenheit auf einer Basis der wechselseitigen Akzeptanz aufbaut und

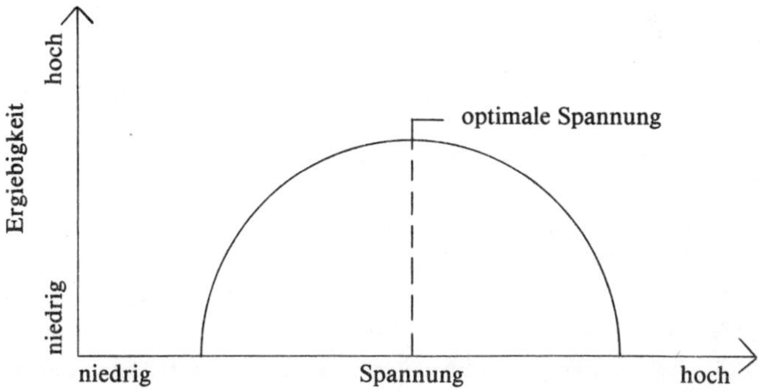

in der Art des Äußerns nicht beleidigend, sondern konstruktiv bleibt.

Die Betroffenen beider Seiten bezeichneten diesen Teil als „Höhepunkt“ des Seminars. Sagten, „sie hätten sich nie überfordert, sondern erleichtert gefühlt“, endlich „ihre Sichtweise darstellen zu können“. Insgesamt entstand nach dieser Klärung eine neue Offenheit. Die Abwehrmechanismen konnten in ihrer Bedeutung als „Schutzwall“ besprochen werden. Die Aktivierung der alten kindlichen Rivalität mit den Geschwistern um die (wenn möglich alleinige und ausschließliche) Zuwendung der Eltern konnte als Antrieb sichtbar gemacht werden. Lehrer sagten, sie wollten vom Schulleiter „persönlich“ behandelt werden. Die Trainer wiesen darauf hin, daß man nicht zu sechzig Lehrer/innen gleichartige Beziehungen haben könnte. Außerdem stünde man nicht Einzelpersonen gegenüber, sondern Personen, die in einer komplexen Struktur von emotionalen und positionalen Beziehungen verflochten wären. Diese Intervention wirkte entlastend für die Teilnehmer. „Für mich war das Wichtigste das, was in den letzten fünf Minuten von den Trainern gesagt worden ist“, sagte eine Teilnehmerin unmittelbar danach. „Sie haben ihr Geld verdient.“ (26/5)

Ab diesem Wendepunkt konnten auch Lehrer mit schwächerer Position von ihren Problemen erzählen, die bisher fast nur geschwiegen hatten. Die Spannung ließ nach, Ausdrücke der Erleichterung und der Zufriedenheit waren zu hören. Der Direktor und die einflußreichen Lehrer konnten dann offen ihre Wünsche miteinander besprechen. Die Rolle der Opposition konnte als wichtig akzeptiert werden. Man einigte sich auf mehr Offenheit bei der Informationsweitergabe.

Vierte Phase: Wechselseitige Einschätzung als Lehrer

In der neuen, offenen Atmosphäre, die durch die Klärung der Inter-Gruppen-Probleme entstanden war, konnte ein weiteres für die Zusammenarbeit hinderliches Problem in Angriff genommen werden: die Unsicherheit und Ängste vor einem schlechten Image als Lehrer. In drei T-Gruppen (die Pendler hatten sich aufgelöst) wurden die Lehrer gebeten, einander ihre Einschätzung über die fachliche und pädagogische Qualifikation mitzuteilen. Besprochen sollten auch die diesbezüglichen Informationskanäle werden.

Nach einem zögernden Beginn erwachte ein so großes Interesse für diese Besprechung der wechselseitigen Einschätzungen, daß in zwei Mittagspausen noch zusätzlich gearbeitet wurde. Die akzeptierende Grundstimmung machte es möglich, die eigene Unsicherheit fachlichen und pädagogischen Fragen gegenüber einzugestehen. Die Gelegenheit wurde benutzt, sich bei den anderen Kollegen Rat zu konkreten pädagogischen Fragen zu holen. Es zeigte sich, daß im Schulalltag eher über Probleme mit anderen Lehrern gesprochen als wechselseitige Anerkennung oder Interesse ausgedrückt werden könne. Aus diesem offenen Gespräch entstand der Wunsch, mehr voneinander zu wissen; konkrete Vorschläge zu fachspezifischer und fächerübergreifender Zusammenarbeit wurden geplant.

Fünfte Phase: Jahrmarkt der offenen Probleme und Wünsche

Die während dieser Woche aufgetauchten Probleme wurden gesammelt. Jeder erhielt den Auftrag, seine dringlichsten Kooperationswünsche zu nennen und sich diejenigen Kollegen zu suchen, mit denen er diese Anliegen besprechen wollte. Folgende Gruppen wurden gebildet: 1. Arbeiten ohne Druck; 2. Fachgruppen, ihre bessere Koordination; 3. Behinderung im Unterricht durch andere Kollegen (Zeichner, Mathematiker, Turner:

z. B. Probleme der Fächerhierarchie, z. T. der Konzentration im nachfolgenden Fach); 4. Niederschlag des Seminars im Führungsstil der Schule.

Die Gruppen arbeiteten arbeitsteilig an ihren Fragestellungen. Eine Stunde später wurde ein zweiter Durchgang gemacht:

1. Gruppe „Führungsstil“ setzt ihre Arbeit fort
2. Leistungsbeurteilung
3. Fächerübergreifende Kooperation zwischen Latein und Deutsch in bezug auf die Grammatik
4. Erholungsgruppe: Entspannung, um kooperieren zu können
5. Aktive Entspannung (es war Gruppenmüdigkeit entstanden)
6. Persönliche Veränderungen.

Im folgenden Plenum wurden die Gruppenergebnisse ausgetauscht. Anschließend wurden in einem „Jahrmarkt“ frei gewählter, fluktuierender Gruppen organisatorische Maßnahmen zur Behandlung dieser Vorhaben fixiert bzw. konkrete Pläne besprochen. Die Themen lauteten:

1. Das Verhältnis der Einführenden zu den Probelehrern
2. Beurteilung der Mitarbeit, pädagogische Standards
3. Kooperation der Klassenlehrer
4. Fächerübergreifender Unterricht
5. Umgang mit Eltern, Gestaltung der Elternabende
6. Ordnungsvorstellungen in der Schule
7. Umgang mit Strafen und Disziplin
8. Fächerhierarchie
9. Verhältnis zu den Zuhause-Gebliebenen
10. Erstellen eines Seminarberichts für das BMUKS.

Ein Rollenspiel „Ein zuhausegebliebener Kollege wird über das Kooperationsseminar informiert“ beschloß den Tag.

3.4.3. Rückspielen der Daten als Intervention

Gemäß den Prinzipien der Handlungsforschung wurden den Betroffenen die Ergebnisse der Erhebung jeweils mitgeteilt, wodurch sich sogleich die Situation verändert, so daß dieses Vorgehen den Stellenwert einer Intervention gewinnt (Merton

1968). Eine besonders starke Intervention stellte die Bekanntgabe der Ergebnisse der Schülerbefragung über das Lehrerverhalten (DSL) dar. Sie wurde als Imput zur Reflexion und Besprechung der Situation der Lehrer genützt. In 22 Klassen (736 Schüler) wurden die Lehrer, bezogen auf unterstützendes versus autokratisches Lehrerverhalten, als durchschnittlich eingeschätzt. Eine Normtabelle erlaubt einen Vergleich mit anderen Erhebungen. Die Mitteilung der Gesamtergebnisse war schon wegen der durchschnittlichen Einschätzung nicht problematisch.

Schwierig war die Entscheidung, wie wir mit den persönlichen Ergebnissen der Lehrer umgehen sollten. 22 Lehrer wurden von jeweils zwei Klassen eingeschätzt, u. zw. vor dem Kooperationsseminar und vor dem Schulschluß. Einerseits wollten wir gemäß unseres handlungsorientierten Ansatzes die erhobenen Daten als Imput zur Selbstreflexion mitteilen; andererseits wußten wir aus dem nervösen und neugierigen Verhalten der Lehrer, daß die Einschätzung durch die Schüler die verletzlichste Stelle des Lehrers betraf. Eine öffentliche Bekanntgabe der individuellen Ergebnisse wäre somit als eine Bloßstellung oder eine Belobigung eines einzelnen Lehrers erlebt worden. Ein hoher Wert im Gesamturteil entsprach als „unterstützendes Lehrerverhalten" einem Lob, „strenges Lehrerverhalten" würde als Kritik verstanden werden. Aufgrund dieser Vorüberlegungen konzipierten wir die Präsentation der Einzelergebnisse als Gruppendiskussion und eine individuelle Besprechung. Jeder Lehrer erhielt ein Blatt mit seinen Ergebnissen (differenziert nach den beiden befragten Klassen, seinem durchschnittlichen Wert sowie als Vergleichsgröße den durchschnittlichen Wert der Schule). Die Form, wie die Gruppen (8 – 12 Lehrer) ihre individuellen Ergebnisse besprechen sollten, wurde nicht vorgegeben. Eine Gruppe sprach nur allgemein über die gestellten Fragen, ohne einander die eigenen Ergebnisse mitzuteilen; die beiden anderen Gruppen verglichen zu Beginn ihre individuellen Ergebnisse und sprachen offen über ihre Erwartungen, Überraschungen und Enttäuschungen. Alle Lehrer, die von den Schülern eingeschätzt worden waren, wollten die Ergebnisse der Befragung erfahren. Es ist nicht überflüssig, festzustellen, daß der Direktor *keine* individuellen Ergebnisse der Lehrereinschätzung erhielt, noch je von sich aus so eine Bitte äußerte.

Insgesamt wurden vier Lehrer als überdurchschnittlich „stützend“ eingestuft, während fünf Lehrer als „streng“ beurteilt wurden. Die Reaktion der Lehrer richtete sich aber nur zu einem geringen Teil nach den sogenannten objektiven Ergebnissen im Vergleich zur Normtabelle oder zu den Kollegen. Ausschlaggebend waren die Erwartungen, die man sich von einer bestimmten Klasse gemacht hatte. So wurde ein durchschnittliches Ergebnis von einer Lehrerin mit großer Überraschung und Freude aufgenommen, da sie den Eindruck hatte „mit dieser Klasse auf Kriegsfuß zu stehen“. Ein anderer Lehrer war von einem überaus positiven Ergebnis tief enttäuscht; er hatte ein besseres Ergebnis in dieser Klasse erwartet, da er ein freundschaftliches Verhältnis zu haben glaubte (eine 8. Kl.).

12 der 22 Lehrer nahmen den DSL zum Anlaß, um mit den Schülern über ihre Beziehung zu sprechen, über ihren Unterrichtsstil und andere offene Probleme. Schon bei der Durchführung der Befragung in den Klassen ergaben sich interessante Interaktionen zwischen den Forschern und den Schülern. Die Schüler waren alle mit großem Eifer bei der Sache. Sie wünschten sich, die Ergebnisse in einer Ausstellung im Schulhof besichtigen zu können. Ein Hinweis auf die mögliche Bloßstellung einzelner Lehrer stieß auf Einsicht.

In einer dritten Klasse entwickelte sich eine lange Diskussion. Ausgangspunkt war eine spitze Bemerkung zu einem Kollegen von seinen Mitschülern, „er sei das Weimperl der Lehrerin X“. Das interessierte Nachfragen der Forscher brachte eine detaillierte Beschreibung zutage, wie dieser Schüler in der Pause diese Lehrerin verteidigt und sie liebt. Die betroffene Lehrerin hatte – wie in einem folgenden Gespräch mit den Forschern klar wurde – noch nie etwas davon bemerkt. Mit großem Eifer beobachtete sie daraufhin die soziale Situation in dieser Klasse; das Interesse der Lehrerin an dieser Klasse stieg enorm (sie hatte sie vorher als langweilig bezeichnet), die Sonderstellung des Schülers konnte zugunsten eines allgemein herzlicheren Verhältnisses verändert werden. (Genannte Lehrerin war zudem Klassenvorstand in dieser Klasse). Solche

Mini-Interventionen fanden im formellen Bereich oft statt. Die am Kooperationsseminar entstandene Vertrauensatmosphäre reichte auch weiter in die Forschung im Schulalltag hinein.

3.4.4. Wochenendseminar zu pädagogischen Fragen

Die bei einem außerhalb der Arbeitssituation durchgeführten Training initiierten Lernvorgänge haben, allen Erfahrungen und Untersuchungen zufolge, nur dann eine Chance, sich auch im Schulalltag durchzusetzen, wenn die positiven Erfahrungen des Trainings durch immer neue bewußte Anstrengungen in das Schulleben übertragen werden. (Schley 1980) Auf Wunsch der Lehrer fand zu Beginn des folgenden Schuljahres ein weiteres Trainingswochenende statt. An ihm nahmen dieselbe Anzahl von Lehrern teil, wobei eine leichte Fluktuation festzustellen war. Das Ziel des Wochenendseminars war, die konkreten Erfahrungen im Schulalltag zu besprechen.

Zu Beginn wurden die positiven und negativen Erfahrungen seit dem Kooperationstraining in Arbeitsgruppen gesammelt und im Plenum diskutiert. Als positive Erlebnisse wurden empfunden: Die offene Gesprächssituation mit den Kollegen, die dauerhafte Bearbeitung von Konflikten, die konstruktive Beziehung zwischen Kaffeezimmer und Direktion. Bedauernd wurde hinzugefügt, daß nun nicht mehr so viel geblödelt werde.

Als enttäuschend wurde erlebt: die geplante Fächerzusammenarbeit habe nicht stattgefunden; die Gesprächsbereitschaft sei nicht nahtlos auf die Lehrer-Eltern-Ebene übertragbar; es gäbe Spannungen zwischen Seminarteilnehmern und Zuhausegebliebenen.

Die Erwartungen für die Zukunft lauteten: Fächerübergreifende Kooperationsvorhaben durchzuführen, gemeinsame Erarbeitung von Ordnungsstandards, Ehrlichkeit und Offenheit im Umgang miteinander, direkte Kommunikation, Einbeziehung des neuen Administrators, Beachtung der sozialen Situation der Schüler, schülerzentrierter Unterricht.

Die Diskussion im Plenum vertiefte die Übertragungsmöglichkeit auf die Lehrer-Schüler-Beziehung. Einige angesprochene Probleme in der Klassensituation wurden auch in Form eines Rollenspiels dargestellt. Im Mittelpunkt der Analyse des Rollenspiels stand das Verstehen des Wechselprozesses zwischen dem Verhalten des Lehrers und dem der Schüler.

Die Diskussion im Anschluß an die Rollenspiele beschäftigte sich mit der Frage des Führungsstils und der Frage, ob ein Lehrer seine Unsicherheit eingestehen dürfe. Die unterschiedliche Bewegungsfreiheit einzelner Lehrer im Umgang mit ihrer Klasse wurde deutlich.

Die unterschiedliche Unterrichtsgestaltung wurde zum Ausgangspunkt des nächsten Designschritts gemacht. In Form einer Paarübung sollten sich jeweils diejenigen Lehrer zusammenfinden, deren Unterrichtsstil sich am meisten voneinander unterscheidet. Nach einer kurzen Überlegungsphase wurde besprochen (in den Kleingruppen), wie sich die Unterschiede in der schulischen Realität äußern. Die Gespräche verliefen erstaunlich offen und zeigten ein hohes Maß an Einfühlungsvermögen auch den unterschiedlichen Kollegen gegenüber.

Zum Abschluß wurde ein Zielkatalog erstellt und in Gruppen besprochen. Gruppenthemen waren: gemeinsame Schularbeiten, gemeinsame Unterrichtsmaterialienherstellung, Hausübungsmappen zur Koordinierung der Aufgaben in jeder Klasse, Selbstverständnis des Lehrers. Zu den Ordnungsvorstellungen wurde eine Konferenz geplant, die klarstellen sollte, für welche Ordnungsvorstellungen sich jeder Lehrer verpflichten könnte. Auf die Einhaltung durch die Schüler hätten dann alle zu achten.

Schon beim Wochenendseminar zeigte sich, daß viele gewünschte Veränderungen eine längere Begleitung von Beratern nötig hätten, um sich in institutionelle Routine festmachen zu können und dadurch von freiwilligen Aktionen zu festen Bestandteilen des Schulalltags werden zu können.

3.5. Veränderungen in der Schule

Entsprechend der Theorie der Organisationsentwicklung für einen Lehrkörper wird in diesem Kapitel untersucht, ob und in welchem Ausmaß sich angenommene Veränderungen entwikkelt haben. Es handelt sich dabei nicht um experimentelle Veränderungen. Die aus den qualitativen (Interviews und Seminarprotokollen) und quantitativen Untersuchungsinstrumenten (Tests und Fragebögen) gewonnenen Daten können als Indizien angesehen werden, die sich durch ihre wechselseitige Stützung als faktisch stattgefundene Veränderungen manifestieren. Die unter Punkt 3.1. angeführten Hypothesen sollen wiederholt werden:

Im Rahmen einer Organisationsberatung wird

1. den Schulmitgliedern Schule als gestaltungsfähige Organisation bewußt
2. erfolgt eine Teambildung der Lehrer mit mehr Verlagerung der Entscheidung nach unten
3. wird bei den Mitgliedern des Lehrkörpers die Fähigkeit der Zusammenarbeit erhöht (Professionalisierung)
4. wird die Problemlösungsfähigkeit in der Schule als soziales System erhöht
5. tritt eine Orientierung an der Zielsetzung der Schule (Wahrnehmung pädagogischer Aufgaben) verstärkt auf
6. werden Veränderungen in der konkreten Schule „vor Ort“ durchgeführt.

Zur Auswertung herangezogen werden die Protokolle des Kooperationsseminars und des Nachfolgeseminars, die ein halbes Jahr nach dem Kooperationsseminar durchgeführten narrativen Post-Interviews sowie die Ergebnisse der Befragung. Die interpretierten Veränderungen wurden bei informellen Gesprächen, die bei der Präsentation der Teilergebnisse geführt wurden, auch von den Lehrern als wichtige Verbesserung des Schulklimas bezeichnet.

3.5.1. Bewußtwerdung der Schule als gestaltungsfähige Organisation

Bewußtwerdung der Schule als soziales System auf der individuellen und Gruppenebene ist als Element der Handlungsfähigkeit zu verstehen. Da Lehrer aufgrund ihrer pädagogischen Ausbildung und der klassischen Aufgabenteilung zwischen Direktor und Lehrer gewöhnlich ein großes Defizit an Organisationswissen aufweisen, stand dieses Lernziel im Zentrum des Kooperationsseminars. Als Merkmale können wir formulieren:

— Lehrer können Schule als soziale Organisation erfassen
— sehen ihre Schule als gestaltbar an
— können Erlässe und Verordnungen weit auslegen
— sehen Konflikte und Probleme nicht personenorientiert, sondern differenziert in Abhängigkeit zu Strukturen
— sehen Schule als dynamische Organisation
— nennen konkrete Veränderungswünsche
— äußern Bereitschaft zu schulischen Veränderungen.

Die ausführliche Behandlung der Intergruppen-Beziehungen am Seminar hatte die formelle und informelle Struktur der Schule für alle deutlich werden lassen. Die wichtigen sozialemotionalen Beziehungsgefüge waren flexibler geworden. Fixierende Vorurteile und Verteidigungspositionen konnten aufgegeben werden. Das Auflösen der starren Fronten war am Nachfolgeseminar als wichtigste Veränderung angesprochen worden. Statt der Schwellenangst dem Kaffeezimmer gegenüber, war eine Öffnung zu erkennen, die sich in der Umbenennung des Kaffeezimmers in „Ich-will-mit-Dir-reden-Zimmer« niederschlug. Die Auflösung der starren Grenzen wurde von Mitgliedern des Kerns auch mit Bedauern gesehen „Es ist jetzt nichts mehr los".

Das zentrale Problem des permanenten Machtkampfes zwischen dem Direktor und den Mitgliedern des Kaffeezimmers, das das Schulklima stark belastet hatte, konnte in ein konstruktives problemlösendes Verhalten verändert werden. Die Analyse des Gewordenseins dieser Fronten konnte den strukturellen Anteil deutlicher machen. Die wechselseitige Schuldzuschreibung und Verteidigung konnte zugunsten einer analytischen Betrachtungsweise aufgegeben werden.

Der zweite wichtige Lernschritt, der von der überwiegenden Mehrzahl der Teilnehmer am Kooperationsseminar vollzogen werden konnte, war das Erkennen der Bedeutung der hierarchischen Leitungsposition des Direktors für dessen emotionale Stellung. Die Intervention eines Trainers: „Herr Direktor, Sie werden von allen geliebt", machte das latente Konkurrieren der Lehrer um die Gunst des Direktors deutlich.

Einsicht in die Gestaltbarkeit der Schule zeigte die Erstellung des zu behandelnden Problemkatalogs am „Jahrmarkt der offenen Probleme“ zum Abschluß des Kooperationsseminars. Genannt wurden: Koordination und Kooperation mit den Einführenden, Beurteilung der Mitarbeit der Schüler, fächerübergreifender Unterricht, Umgang mit den Eltern, Gestaltung der Klassenabende, Ordnungsvorstellungen in der Schule, Umgang mit Strafen und Disziplin, Fächerhierarchie, Verhältnis der Seminarteilnehmer zu den Zuhause-Gebliebenen, Erstellung eines Seminarberichts für das Bundesministerium für Unterricht und Kunst. Schon die Aufzählung der genannten Punkte zeigt, daß man sich dabei keine rechtliche Regelung durch Verordnungen und Erlässe erwartet, sondern bereits weiß, daß Fragen der Benotungskriterien, der Ordnungsvorstellungen kommunikativ erarbeitet werden müssen.

Nach dem Fragebogen zum Einstellungsverhalten von Lehrern erlebten die Seminarteilnehmer mit einer Signifikanz von 2% gegenüber den Nicht-Teilnehmern drei Monate nach dem Kooperationsseminar weniger Enttäuschung und Entfremdung. Sie erfuhren ihre Arbeit als weniger überflüssig und sinnlos und fühlten sich weniger minderwertig und ohnmächtig. Die Seminarteilnehmer hatten schon vor dem Seminar einen höheren Wert und konnten ihn noch erhöhen, während der Wert bei den Nicht-Teilnehmern sank. Die berufliche Zufriedenheit war bei 88% der Seminarteilnehmer gestiegen.

3.5.2. Teambildung – Verlagerung der Entscheidung nach unten

Organisationsentwicklung nach dem Human-Relation-Modell zielt generell auf eine Erhöhung der Effizienz einer Organisation durch die Verbesserung der menschlichen Beziehungen. Die Zielsetzung der Schule liegt in der pädagogischen Führung und der Wissensvermittlung für die Schüler. Zur Wahrnehmung dieser Aufgaben ist nach Fürstenau eine Verstärkung der horizontalen Kommunikation sowie die Verlagerung der Entscheidungen nach unten günstig. Teambildung ist nun ein wichtiger Ansatzpunkt der Organisationsentwicklung, um die

Funktionsfähigkeit von Gruppen und damit von Organisationen zu erhöhen. Inwieweit Teambildung (besser als vorher) erreicht wurde, kann abgelesen werden, ob

— das Verhältnis der Lehrer zum Direktor weniger distanziert ist
— Lehrer in die Meinungsbildung und/oder Entscheidung einbezogen werden
— Konferenzen effektiver geworden sind
— die Teilnahme an Fachgruppentreffen und Klassenkonferenzen zunimmt
— die Arbeitsweise in Gruppen verbessert wurde und
— neue Organisationsformen der Konferenzen für neue Aufgaben eingeführt werden.

Eine *Verbesserung der Beziehung zum Direktor* wurde von 14 der 20 befragten Seminarteilnehmer und Nichtseminarteilnehmer angeführt. Der Direktor „hat sich total verändert" (IV/3), „er ist lockerer geworden" (XVIII/4), und er hat als Person gewonnen. Personen, die in einen starken Konflikt mit ihm verwickelt waren, „können wieder normal mit ihm reden" (XVII/2), haben „so eine Änderung um hundertachtzig Grad innerhalb einer Woche nicht für möglich gehalten" (X/4).

Auffallend ist, daß sowohl die im Machtkampf verwickelten Lehrer als auch der Direktor bei sich selbst keine Verhaltensveränderungen feststellen, sondern jeweils den anderen gesprächsbereiter, lockerer, umgänglicher erleben. Der Direktor meint „wieder als Mensch sichtbar geworden zu sein". Die Wechselwirkung in der Interaktion von Machtanspruch – Bedrohung – Verteidigung und deren Rückwirkung auf das eigene Verhalten wird unterbewertet. Der Direktor „geht mehr auf die Lehrer ein", „unterstützt ihre Aktivitäten" (VII/9), „hat mehr Vertrauen zu den Lehrern". (IX/6) Eine Verschlechterung in Richtung autoritäre Führung hat keiner der Befragten genannt.

Einbeziehung der Lehrer bei der Meinungsbildung und Entscheidung

Das Einbeziehen der Lehrer hat nach dem Kooperationsseminar keine strukturelle Sicherstellung durch formelle Institutionen gefunden. Es gibt Initiativen des Direktors, bei wichtigen Entscheidungen die Information und Entscheidung offen durchzuführen. So wurde bei der Besetzung des neuen Administrators (der vorherige Administrator wurde als Direktor an eine andere Schule berufen) im Lehrerzimmer eine Liste aufgehängt, in die sich alle Interessenten eintragen sollten. In einer Beratung mit den Personalvertretern hat der Direktor dann die Entscheidung für einen der drei Kandidaten getroffen. Die Zustimmung zu der Entscheidung war im Lehrkörper sehr groß, niemand sprach von einer ungerechten Wahl. Die Vorgangsweise wird „als sehr demokratisch" (XII/4) bezeichnet, man glaubt nicht, „daß soetwas vor dem Seminar möglich gewesen wäre" (X/11).

Der am Seminar geäußerten Kritik, daß die Lehrer über die Tagesordnung der Konferenzen erst währenddessen konfrontiert würden, entsprach der Direktor durch Bekanntmachen der Tagesordnung durch einen Anschlag am Schwarzen Brett des Lehrerzimmers.

Konferenzgestaltung

Die Frage, ob die *Konferenzen effektiver geworden sind,* kann eindeutig positiv beantwortet werden. 10 Lehrer nennen spontan als eine auffallende Veränderung den Konferenzstil: „Es wird mehr diskutiert" (I/7), sie „sind harmonischer" (V/3), „Lehrer streiten nicht mehr so viel" (XI/5), „es gibt weniger Lehrläufe" (XII/6), „weniger Spannungen". Die Teilnahme an den Konferenzen wird nicht mehr als lästige Pflicht erlebt, wo man möglichst schnell weggeht. Eine Lehrerin sagt:

„Mir ist aufgefallen, daß nach Konferenzen Gruppen sitzen bleiben und Gespräche führen, wo man den anderen ausreden läßt und die Person akzeptiert; sich ganz unkonventionell zusammensetzt. Man hat gelernt zuzuhören ... Ich bin froh über alle Konferenzen." (XVI/4)

Trotz der verbesserten Grundstimmung habe sich in der Konferenzgestaltung nichts verbessert, finden vier Lehrer, die „sei gleich geblieben" (XIV/4), es werde lediglich jetzt sachlicher gesprochen. Die einzige Konferenz, die anders war, war die zur Politischen Bildung, wo in Arbeitsgruppen diskutiert und dann die Idee zu dem Organisationsseminar geboren wurde. (VII/5) So fassen zwei kritische Lehrer ihre Sichtweise zusammen.

Ein Drittel der befragten Lehrer (6 von 20) greifen das *Ordnungsthema* auf, dessen stereotype Behandlung in Form eines Monologs vom Direktor bisher stark kritisiert wurde. Bei der Konferenz hätten die Lehrer „erstmals wirklich zugehört". Das Anliegen eines gemeinsam vertretenen Ordnungsrahmens der Lehrer wird nun von allen akzeptiert.

„Diesmal habe ich das Gefühl gehabt, daß er (Direktor) das erstmals wirklich will, daß das geschieht, z. B. die Klassen runterführen. Ich hatte auch das Gefühl, daß die Leute auch glauben, daß man das einheitlich machen sollte, damit die Schüler wissen, das ist bei allen so." (IX/4)

Trotz des gemeinsamen Vorgehens gibt es noch unterschiedliche Vorstellungen wie etwa über das Fußballspielen in der Klasse (jetzt nur ohne Schuhe und mit einem Papierball erlaubt) oder über das Rauchen vor dem Schulhaus statt im Hof. (XI/6) Auch das ostentativ langsame In-die-Klassen-Gehen, oft erst zehn Minuten nach Beginn, wurde geändert. Die Lehrer bemühen sich um pünktliches Erscheinen, der Direktor macht keine Vorwürfe, sondern kann sie freundlich daran erinnern.

Fachgruppentreffen

Die Teilnahme an Fachgruppentreffen nimmt zu, allerdings unterschiedlich in den einzelnen Fächern. Es gab schon vor der Organisationsberatung Fachgruppen wie die der Physiker, die eine sehr enge Kommunikation pflegten. In einigen Fächern wurden sie neu eingeführt und funktionierten zufriedenstellend (Geographie, Zeichnen, Deutsch, Chemie, Biologie und Mathematik). In zwei Fachgruppen hat sich das anfängliche Engagement „wieder aufgehört" (XVIII/7), das Interesse ist „wieder abgeflacht", weil das Anforderungsniveau der beteiligten

Lehrer zu verschieden war (III/6); ein Problem, das bereits am Seminar angesprochen worden war. Der verbesserte Kontakt zu den Fachkollegen wird als angenehm erlebt (VIII/7) und bringt auch einen Anreiz „gute Schularbeitsthemen zu überlegen“, da man dadurch in der Akzeptanz steigt. (IX/6f)

„Die Zusammenarbeit ist freiwillig. Man kann beobachten, daß man den Ehrgeiz hat, gute Schularbeiten zu geben, um anerkannt zu werden, und sich viel einfallen läßt, und das ist eine Bestätigung des Lehrers. Das ist dann eine gewisse Art von Leistungsdruck – doch akzeptiere ich das. Die alten Themen sind dann eben keine guten Schularbeiten.“ (IX/6)

Durch das gemeinsame Vorbereiten sind auch Dinge möglich, die „früher undenkbar gewesen wären“, wie ein Volleyballspiel zwischen Mädchen und Buben, das von allen als sehr gelungen bezeichnet wurde. (XIX/7) Von einer Verschlechterung der Beziehung unter den Fachkollegen sprach niemand.

Klassenlehrergespräche

Die Teilnahme an Klassenlehrergesprächen hat gemäß der Hypothese zugenommen. Die Initiative zur Einberufung geht überwiegend von den Klassenvorständen aus. „Es gibt jetzt mehr Klassenlehrergespräche, die informell am Nachmittag oder Abend stattfinden.“ (X/7) Es bemühen sich die Klassenvorstände zu diesen Gesprächen einzuladen „schon bevor der Hut brennt“. (VII/6) Es wird dabei der Elternabend vorbesprochen und gemeinsam geplant (IX), über schwierige Schüler gesprochen (und deren Lernprobleme). (XVIII/3) Dabei schätzen die Lehrer, die „wichtige Hintergrundinformation über die soziale Lage des Problemschülers“ (XX/3), „die gemeinsame Vorgangsweise und Maßnahmen wie Hausarbeitskontrolle (III/5) und die dabei entstehende Rückendeckung. Frau D. sagt:

„Wenn man sich in der Lehrergruppe wohler fühlt, wenn man weiß, daß man akzeptiert wird, verkraftet man Angriffe der Schüler wesentlich besser. Man hat eine Rückendeckung.“ (XIII/4)

Diese Tendenz zu öfter stattfindenden Gesprächen der Klassenlehrer wird von 12 Befragten (N = 20) explizit begrüßt, es gibt keine negativen Stimmen oder ein Sich-Ausschließen einzelner Lehrer. Die Sinnhaftigkeit wird eingesehen. Selbst in der Klasse, wo ein Konflikt zwischen zwei Lehrern auf dem Rücken der Schüler ausgetragen wurde (Vgl. S 186), findet nun ein koordiniertes Vorgehen statt. „Früher hätte der Klassenvorstand uns anderen die Schuld gegeben, jetzt setzen wir uns gemeinsam zusammen", charakterisiert eine Lehrerin die Veränderung. (III/3)

Über die *Arbeitsweise* in den Gruppen erfahren wir nichts Genaueres. Die Gespräche der Klassenlehrer finden in kleinen Gruppen statt. (XVIII/3) Die Überprüfung dieser Hypothese muß deshalb offen bleiben.

3.5.3. Kooperation der Lehrer (Professionalisierung)

In der Schule haben wir unzureichende Kooperation der Lehrer diagnostiziert. Die hohe Aufgabendifferenzierung in Fächer und Jahrgangsklassen festigt die Verhaltensweise der „Alleinverantwortlichkeit" des Lehrers. Auf seinem Arbeitsplatz ist er isoliert, „wenn er hinter sich die Türe zumachen kann". Das permanent isolierte Unterrichten führt zu Konkurrenzdruck, läßt nur einen sehr geringen Vertrautheitsgrad zwischen Kollegen entstehen. Statt einer Einschätzung nach dem Können der Lehrer herrscht die Hierarchie der Fächer. Konflikte werden nicht offen ausdiskutiert, nicht berührt und über die Gerüchtebörse gehandelt. Gespräche über Beziehungen sowie über Erfolge und Mißerfolge bei der schulischen Arbeit erfolgen nicht.

Hauptansatzpunkt der Organisationsberatung war die Interaktion der Lehrer zur Verbesserung der horizontalen Kommunikation. Wir hatten daher als günstige Voraussetzungen zur Kooperation formuliert:

- Pflege eines offenen Klimas
- Besprechen der Beziehungen statt Teilnahme an der Gerüchtebörse
- Soziale Sensibilität und Kompetenz
- weniger Fremdkontrolle, mehr Selbstkontrolle

Als unterrichtsbezogene Handlungsfelder von technischer und pädagogischer Kooperation nannten wir (nach Rolff/ Steinweg 1980) folgende Items in aufsteigender Linie:

technische Kooperationsdimension:

— Unterrichtsmaterialien werden unter Lehrern ausgetauscht
— Lehrer eines Jahrgangs oder einer Klasse treffen sich, um ihren Unterricht zu besprechen
— Stoffpläne werden gemeinsam erstellt
— Unterrichtsplanung erfolgt durch alle Lehrer eines Fachs

pädagogische Kooperationsdimension:

— Unterrichtsplanung erfolgt fächerübergreifend
— Unterricht wird fächerübergreifend durchgeführt
— Unterricht wird durch alle Lehrer eines Faches durchgeführt
— Unterricht wird gemeinsam geplant und durch Hospitation überprüft.

Die Realisierung der genannten Kooperationsdimensionen setzt neben der personalen auch Änderungen im Prozeßverlauf voraus, der flexibler gestaltet werden muß (Stundenplaneinteilungen), oder geplant: z. B.: Fachtreffen oder Jahrgangskonferenzen finden in regelmäßigen Abständen statt.

Die erfolgreiche technische und pädagogische Kooperation ist nach Fürstenau (neben der Verlagerung der Entscheidung nach unten) wichtiges Kriterium einer Professionalisierung der Lehrer als pädagogische Fachleute.

Die Hypothese, daß nach dem Kooperationsseminar ein *offenes Klima in der Schule* herrscht, kann als voll bestätigt gelten. Es wird als „gutes Klima“ (XI/6), „lockere Atmosphäre“ (VIII/5), „entspannt“ bezeichnet, man kann „mehr Offenheit und Ehrlichkeit zeigen“, alles ist „offener und herzlicher“. Als Folge davon wird beobachtet, daß „einige mehr Mut haben und dadurch mehr Initiativen setzen“ (VIII/5). Gestärkt gingen eindeutig die jüngeren Lehrer vor allem aus der „Randgruppe“ hervor, die durch das Seminar mehr Selbstvertrauen und soziale Kompetenz erworben haben. „Die Ideen kommen nicht mehr nur aus dem Kaffeezimmer. Jetzt hat sich das demokratisiert.“ (VII/8) Von dem verbesserten Schulklima profitieren auch die Lehrer, die nicht am Seminar teilgenommen haben. Eine Nicht-Teilnehmerin sagt:

„Es herrscht ein offenes Arbeitsklima. Man hat gelernt Vertrauen zu haben, egal, ob man beim Seminar war oder nicht. Ich fühle mich wohler, wenn ich mit dem einen oder anderen reden kann." (XI/5)

Die Klimaverbesserung ist fast allen (18 von 20 Befragten) aufgefallen und wird stark betont. Die Erklärung dafür gibt ein Lehrer ganz explizit:

„Es war so ein Spannungsverhältnis zwischen Teilen des Lehrkörpers und dem Direktor. Das war so stark, daß man es überall negativ gespürt hat, daß man das gar nicht mehr stoppen konnte. Man hat nicht mehr können. Das ist jetzt weg seit dem Seminar. Die Gruppengrenzen sind jetzt mehr verschwommen." (XIII/2)

Die große Erleichterung über die Lösung des seit längerer Zeit schwellenden Konflikts ist deutlich zu hören. An dieser Stelle wäre kritisch zu fragen, ob von der Schule aus eine Verbesserung (Innovation) der Zusammenarbeit angestrebt wurde oder eine Verbesserung im Sinn der Herstellung des Status quo ante. d. h. eine Lösung des aktuellen Konflikts und eine Herstellung des alten Zustandes.

Festzustellen war ein gewisses Abflauen der Euphorie nach dem Seminar. „Am Anfang hat sich jeder bemüht, das hat sich dann wieder etwas gegeben", sagt ein Lehrer, der nicht am Seminar teilgenommen hatte.

Unsere Annahme, daß die *Lehrer* nach der Organisationsberatung *mehr über ihre Beziehungen sprechen,* statt sie an der Gerüchtebörse hinter dem Rücken der Betroffenen zu handeln, wurde von Seminarteilnehmern ebenso wie von den Lehrern, die nicht am Seminar teilgenommen haben, bestätigt.

Wesentliche Impulse dazu setzten die ausführlichen Gespräche über die Selbst- und Fremdbilder der Subgruppen am Seminar (Vgl. Kap. Intervention). Der zweite wichtige Lernschritt bestand in der Überwindung des Tabus, einander über die wechselseitige Einschätzung als Lehrer zu erzählen (Vgl. S 210). Einhellig (17 positive Äußerungen, 0 negative Äußerung) wird in den Interviews (teilweise im selben Wortlaut) gesagt: „Die Gruppen sind durchlässiger geworden", der „Kern ist entmystifiziert worden" (VII/10), die „Schwellenangst vorm Kaffeezimmer ist weg" (X/3). „Viele trauen sich jetzt ihre Meinung sagen." (XII/7) Die Bearbeitung der Vermutungen, Unterstellungen und Gerüchte sowie die konstruktive Beziehungserklärung konnte eine dauerhafte Verbesserung bewirken. Der permanent geführte Stellungskrieg über Witzemachen und negative Gespräche über die anderen Gruppen ist weggefallen. „Das Kaffeezimmer ist nicht mehr so lustig. Wenn man die Witze auf Kosten der anderen abstellt und jeder ist fromm und nett zum anderen, dann ist es fad“ (II/2), sagt ein Lehrer, der dem Kooperationsseminar von Anfang an skeptisch gegenübergestanden ist und auch nicht mitgefahren ist. „Das Getuschel ist weg“, meint ein Teilnehmer. „Die Cliquenwirtschaft ist anders geworden, die Beziehungen sind freier und lockerer“ (XVIII/4), stimmt eine andere zu. Es scheint durch die Kooperation gelungen zu sein, auch *zwischen den Gruppen ein neues Vertrauensverhältnis* aufzubauen. Besonders stark wird der Unterschied bei einzelnen Lehrern gesehen, auf die sich die Konflikte zugespitzt hatten. „Man vermutet in ihr nicht mehr die Intrigantin“ (XI/7), begründet ein Lehrer die positive neue Beziehung. Das Bild von manchen Lehrern hat sich radikal geändert, andere bis dahin unbekannte Lehrer wurden bekannt und sympathisch. (X/5) In der Veränderung der Einschätzung von Kollegen zeigt sich eine neu erworbene *soziale Sensibilität.* Es gelingt vielen Lehrern, das Verhalten einzelner Kollegen und Kolleginnen besser zu verstehen. So wurde ein Lehrer, der sich leicht angegriffen gefühlt hat, vorher als aggressiv gesehen. Ein anderer, der viel Engagement in die Vorbereitung eines schülerorientierten Unterrichts steckte und die Schüler zur Selbsttätigkeit ermutigen wollte, wurde als „faul“ eingeschätzt. Beide Einschätzungen konnten korrigiert werden und bilden nun die Basis für weiterführende Gespräche. (Vgl. VIII/5, IX/8, XI/7 u. v. a.)

Die Korrektur eines falschen Selbstbildes durch das Feedback der Kollegen kann auch schmerzhafte Lernprozesse einschließen, wie in einem Fall deutlich wurde. Das Feedback, Lehrerin XV sei jemand, der immer im Mittelpunkt stehen wolle oder beleidigt den Rückzug antrete, hat sie tief gekränkt. Ihr Rückzug aus dem Kaffeezimmer und ihre Kritik am „anal hintergründigen Diskussionsstil“ erweckte wieder bei den Mitgliedern des Kaffeezimmers Schuldgefühle. Die Betroffene sieht es so:

„Für mich war es das Wichtigste, daß ich gesehen habe, wie ich eingeschätzt werde. Ich war vollkommen ahnungslos und habe nicht gewußt, welche Probleme ich meinen Kollegen bereite ... Ich habe dort (am Seminar) gehört, daß ich mich zu sehr in den Mittelpunkt dränge und eine zu laute Stimme habe, und mich allen Männern an den Hals werfe und Blumen gieße ... Ich halte mich jetzt sehr zurück und hoffe, daß es keinen Anstoß mehr gibt ... Eine Kollegin, die nicht mehr hier ist, hat mir gesagt, warum sie mich drücken."
I: „Was waren wirklich die Motive, Sie zu drücken?"
„Erstens haben sie nicht ertragen, daß in meiner Ehe und in meinem Familienleben alles stimmt ... Mein Sohn lernt gut, mein Mann hat eine sehr gute Stellung, der ist die Karriereleiter hinaufgeklettert, ich habe keine Schwierigkeiten mit den Schülern ... Und viele haben zu Hause die Trümmer, und ich war so blöd und habe das alles ausposaunt, weil ich Gefühle schlecht zurückhalten kann. Ich habe alles am Tablett getragen, und das hat andere geärgert. Vielleicht habe ich sie damit verletzt, kann sein."
I: „Waren sie da nicht auch manchmal böse auf das Seminar?"
„Nein, überhaupt nicht. Ich war so glücklich darüber, daß ich die Leute endlich kennengelernt habe. Weil ich habe bestimmt auch vieles falsch gemacht, und es ist gut, wenn man das erfährt und sich danach richten kann ... Vielleicht war es hart, wie man mit mir verfahren ist ..." (XV/2–6)

Als Motiv für die Witzeleien der Kollegen und Kolleginnen nennt Lehrerin XV den Neid, sieht aber auch ihren Anteil an dieser Situation, da sie selbst ganz naiv alles erzählt, ohne zu bedenken, daß sie damit andere auch kränken und verletzen kann. Die Erfahrung war sicher schmerzlich, da sie es „hart" gefunden hat, wie man mit ihr verfahren ist. Einer der Hauptakteure war einmal in derselben Firma wie ihr Mann, der dann Karriere gemacht hat. Sie ist von einigen Lehrern enttäuscht „da ist die Maske gefallen" und vor ihnen auf der Hut. Die Problematik, daß bei der Einschätzung anderer Personen die eigene Situation, eigene Wünsche, Fehlschläge und Hoffnungen eine Rolle spielen, wurde bei diesem Fall besonders deutlich. Für Lehrerin XV gab es eine Verschiebung ihrer Bezugsgruppe im Lehrkörper, distanzierter zum Kaffeezimmer und neue Kontakte zu anderen Lehrern. (XV/2)

Fremdkontrolle – Selbstkontrolle

Zum Prinzip „weniger Fremdkontrolle, mehr Selbstkontrolle" gab es wenig Äußerungen in den Interviews. Die Ausgangssituation vor der Organisationsentwicklung war ja ein Konflikt, da die Lehrer unter dem alten Direktor mehr Verantwortung getragen hatten (Kaffeezimmer) und dies auch weiter tun wollten. Es gab eine Rollenunsicherheit des neuen Direktors, den „Schlendrian" des alten Direktors durch eine straffe Führung zu korrigieren und doch die Eigenverantwortung der Lehrer nicht zu bedrohen. Nach dem Seminar versteht der Direktor seine Führungsaufgabe stärker in der Beratung und Ermutigung zur Kooperation. Die Anzahl der aktiven Lehrer ist durch die Aufwertung der jungen Lehrer (Randgruppen) erhöht worden. Der Direktor sagt: „Es wird Bereiche geben, wo die Lehrer zu mir kommen und das Beraten im Vordergrund steht. Aber am besten ist es, wenn die Kollegen selbst die Lösung ihrer Probleme finden"! (I/10) Diese Norm ist zugleich die der Organisationsentwicklung zugrundeliegende, für die Betroffenen nicht die Probleme zu lösen, sondern sie zu beraten. Wieweit die Übernahme dieser „Führungsphilosophie" auch der Praxis entspricht, konnten wir nicht überprüfen.

Drei der vier genannten Voraussetzungen für eine gute Zusammenarbeit unter den Lehrern sind in sehr hohem Maß erfüllt: es herrscht ein offenes Klima, die Gerüchtebörse wird zugunsten der direkten Gespräche aufgelöst, gemachte Äußerungen lassen auf eine Steigerung der sozialen Sensibilität schließen. Auch die vierte Dimension einer Verringerung der Fremdkontrolle zu stärkerer Übernahme der Verantwortung durch die Lehrer ist tendentiell günstig. Man müßte also erwarten, daß es zu zahlreichen Manifestationen der konkreten Zusammenarbeit der Lehrer gekommen ist. Lassen sich die Kooperationsformen nicht nachweisen bzw. sind Versuche nur von geringer Dauerhaftigkeit, gilt es den Ursachen dafür auf die Spur zu kommen.

Stufen der Zusammenarbeit

Bevor wir die genannten acht Stufen der Zusammenarbeit untersuchen, wollen wir daran erinnern, daß Kooperation in der Regelschule möglich, aber nicht vorgegeben ist. „Die staatliche Schule ist so verfaßt und wird so verwaltet, daß teamartige Kooperation aus der formellen Organisation der Schule geradezu herausfällt.“ (Rolff/Steinweg 1980/S 177) Zusammenarbeit muß daher von den Lehrern einer Schule jeweils neu gelernt werden.

Von den acht genannten aufsteigenden Handlungsfeldern der technischen und pädagogischen Kooperation ergaben sich

große Veränderungen bei Punkt 1	(Unterrichtsmaterialien werden unter Lehrern ausgetauscht) und
Punkt 2	(Lehrer einer Klasse treffen sich, um ihren Unterricht zu besprechen),
geringe Veränderungen bei Punkt 3	(Stoffpläne werden gemeinsam erstellt),
keine Veränderungen bei Punkt 4	(Unterrichtsplanung erfolgt durch alle Lehrer eines Fachs),
vereinzelte Veränderungen bei Punkt 5	(Unterrichtsplanung erfolgt fächerübergreifend) und
Punkt 6	(Unterricht wird fächerübergreifend durchgeführt),
keine Verränderung bei Punkt 7	(Unterricht wird durch alle Lehrer eines Fachs durchgeführt) und
Punkt 8	(Unterricht wird gemeinsam geplant und durch Hospitation überprüft).

Bei den Kooperationsformen eines niedrigen Schwierigkeitsgrades (1 und 2) gab es große Veränderungen.

ad 1) In den *Fachgruppen werden Unterrichtsmaterialien ausgetauscht,* Schularbeitsangaben sowie die Korrektur der Schularbeiten werden gemeinsam besprochen. Man bemüht sich, „gute Schularbeitsthemen zu geben". (XI/6) Wir wollen an dieser Stelle noch einmal darauf hinweisen, daß es in verschiedenen Fachgruppen schon vor der Organisationsberatung eine intensive und befriedigende Zusammenarbeit gegeben hat (z. B. Fachgruppe der Physiker). Durch die Gespräche über Möglichkeiten der Zusammenarbeit am Kooperationsseminar ist allen Teilnehmern die Kooperation als wesentliche qualitative Verbesserung der pädagogischen Tätigkeit bewußt geworden. Probleme der Zusammenarbeit wurden als Interaktionsschwierigkeiten und nicht mehr als Beweis für deren Undurchführbarkeit erkannt (z. B. unterschiedliches Anforderungsniveau, Angst, sich zu blamieren, Konkurrenz etc.). In verschiedenen Fächern wurden erstmalig Fachgruppentreffen durchgeführt (Zeichnen, Geographie etc.).

ad 2) *Gespräche über den eigenen Unterricht* finden in den Klassenlehrergesprächen (Vgl. Teambildung) und auch informell statt. „Es finden Gespräche über den Schulalltag statt." (III/4) Wie groß die Schwelle ist, die es dabei zu überwinden gilt, drückt ein Lehrer aus: „Der Umgang mit der Klasse ist der intimste Bereich der einzelnen Leute." (IV/2) Es bedarf eines hohen Grades an Vertrautheit, seine Probleme und Mißerfolge den anderen preiszugeben. Kann man es jedoch, wird es als große Erleichterung empfunden:

„Nach einer mißglückten Stunde ist es gut, mit Kollegen zu reden und es gemeinsam zu probieren, weil sonst verfällt man doch in eine Lethargie." (V/2)

Gerade für das Probieren neuer Unterrichtsformen ist ein Erfahrungsaustausch mit anderen Lehrern essentiell. Einerseits kann man Fehler, die einem unterlaufen sind, besser in einer gemeinsamen Analyse mit einem anderen Experten erkennen. Auch die Frustrationstoleranz ist geringer, wenn man Zuspruch von anderen hört. „Frauen reden viel offener über ihre Klassenerfahrungen" (IV/2), meint ein Lehrer, der jetzt mehr mit Kolleginnen spricht. Wichtige strukturelle Voraussetzung zum offenen Erfahrungsaustausch ist die bereits oben angeführte Auflockerung der starren Gruppen- und Cliquengrenzen.

„Mir ist aber eh auch aufgefallen, daß die Lehrer jetzt mehr nach dem Unterricht zusammen etwas besprechen als vor einigen Jahren ... Früher wollten alle so schnell wie möglich weg, nur ja keine Supplierstunden mehr." (XIII/3)

Gespräche über die Klassengrenzen hinweg wie etwa Jahrgangslehrertreffen finden nicht statt. Es ist nicht klar, wer dafür die Initiative übernehmen sollte. Die Klassengespräche werden jeweils von den Klassenvorständen einberufen, die sich für „ihre Klasse" verantwortlich fühlen. Hier zeigt sich das *strukturelle Problem* eines Kompetenzvakuums, da für dic Koordination eines Jahrganges (es gibt bis zu vier Parallelklassen pro Jahrgang) niemand zuständig ist.

ad 3) Über die *fachliche Unterrichtsplanung* findet wenig Zusammenarbeit statt. Dies ist verwunderlich, da Lehrer oft über den „Stoffdruck" klagen, unsicher sind, was man von dem Rahmenlehrplan durchnehmen muß, was man weglassen kann, wie sehr man das exemplarische Lernen forcieren soll oder darf. Gerade hier ist die Angst vor dem Fachinspektor sehr groß. Erfolgreiche Versuche wurden jeweils von Lehrern eines Fachs durchgeführt, die im selben Jahrgang unterrichten. Ein Mathematiklehrer spricht von Versuchen in der sechsten und achten Klasse:

„In der 8. Klasse haben wir mehr zusammengearbeitet, wir haben die erste Schularbeit gleich gemacht. Man glaubt zwar, man erspart sich eine Arbeit, aber es ist doch ein zeitlicher Aufwand."
I: „Und was bringt es sonst?"
„Daß du nicht mehr ganz allein mit deiner Klasse dastehst ... Man hat mehr Sicherheit, wenn zwei das anschauen und darüber reden, dann findet man leichter einen Fehler. Es kommt was Besseres raus, als wenn man selbst was macht. Man kommt auf andere Beispiele drauf, gemeinsam." (XI/4)

Nach der Beschreibung der Zusammenarbeit wird zuerst der größere zeitliche Aufwand erwähnt, erst auf Nachfragen des Interviewers die inhaltlichen (bessere Qualität) und persönlichen Vorteile (mehr Sicherheit) genannt. Man merkt hier, daß es emotionales Neuland ist. Das professionelle Selbstverständnis, sich auch in der Freizeit weiterzubilden, ist noch nicht selbstverständlich. Die Einsicht, daß gemeinsame Vorbereitung langfristig auch eine zeitliche Ersparnis bedeuten würde, formuliert ein Chemiker:

„Mit einem Kollegen haben wir so eine Art Chemie (Zusammenarbeit), wo wir was vorbereiten und neue Versuche probieren. ... der Plan hat bestanden, eine Kartei aufzustellen, eine Versuchskartei, damit man gleich die Geräte und Anordnung rasch findet ... Sie wurde aus Zeitmangel nicht realisiert. Aber auf lange Sicht würde das eine Einsparung bedeuten, weil man oft am Nachmittag dasteht und vorbereitet." (II/3)

Eine auch als sinnvoll erkannte gemeinsame Unterrichtsplanung kommt nicht zustande; lediglich zwischen zwei Lehrern wurden insgesamt vier geglückte Aktionen genannt (Mathematik, Chemie, Physik und Deutsch).

ad 4) Eine *gemeinsame Unterrichtsplanung aller Lehrer eines Fachs* findet nicht statt, sie wird nicht einmal diskutiert. Dieses Thema wurde weder beim Kooperationsseminar noch bei den Interviews genannt. Sie würde allerdings eine stärkere, langfristige Zusammenarbeit erfordern. Es müßte dabei auch zu einem Konsens über inhaltliche Prioritätensetzungen kommen – eine nur schwer zu überwindende Hürde, da dann auch weltanschauliche und wissenschaftstheoretische Unterschiede zutage treten würden.

ad 5) und 6) Die Sinnhaftigkeit, *fächerübergreifend zu planen* und auch den *Unterricht durchzuführen,* wird von den Lehrern klar erkannt und auch am Seminar betont. Konkrete Vorschläge wurden gemacht, wie etwa im Werkunterricht einen Heißluftballon zu bauen, dessen ärodynamischen und physikalischen Gesetze vorher im Physikunterricht errechnet werden könnten. Oder eine andere Idee war, parallel zu der Thematik des Zeichenunterrichts „Clown" im Deutschunterricht Clowngedichte oder Erzählungen durchzunehmen. Verwirklicht wurden beide nicht. Zu konkreten Zusammenarbeiten kam es zwischen Zeichnern und Geschichtslehrern (VI/6), fächerübergreifende Arbeitsgruppen wurden in Mathematik und Geschichte durchgeführt (VIII/2), eine Arbeitsgemeinschaft in Physik/Chemie für die Schüler der 7. und 8. Klasse (II/3) wurde gegründet; eine Exkursion ins Technische Museum wurde in den Geschichts- und Mathematikunterricht integriert (XI/3). Gemessen an den zahlreichen Möglichkeiten, stellen die vier genannten Konkretisierungen lediglich vereinzelte Punkte in der fachhomogenen Schullandschaft dar.

ad 7) und 8) Die *Durchführung des Unterrichts durch alle Lehrer eines Fachs* und deren Überprüfung durch *Hospitation* wurde nicht versucht. Bei der Besprechung der wechselseitigen Einschätzung als Lehrer am Kooperationsseminar wurden zwar Wünsche nach Hospitation des eigenen Unterrichts als Lernmöglichkeit über den eigenen Unterricht genannt (Vgl. 214), die Angstschwelle war aber zu groß.

Wie ist nun diese Diskrepanz zwischen den äußerst günstigen Voraussetzungen für Kooperation und den schwachen Realisierungsansätzen zu interpretieren? Wir sind von dem „personalen Ansatz" der Organisationsentwicklung (Human-Relation-Modell) ausgegangen. Im personalen Ansatz wird angenommen, daß eine Veränderung der inneren Situation (Einstellungen der Personen, Interaktion) mehr Autonomie ermöglicht, die sekundär positive Einstellungen gegenüber strukturellen Änderungen macht. (Vgl. S 57) Bei der Untersuchung der strukturellen Veränderung der Kooperation zeigt deren mangelhafte Realisierung, daß die innere Situation *nicht genügt, dauerhafte Veränderungen* einzuführen. Es bedarf, so meinen wir in Kritik zur geäußerten Annahme, daß es begleitend Strukturveränderungen der „äußeren" Realität geben müßte, d. h. Zusammenarbeitsformen einen offiziellen Status (rechtlich und finanziell) zu geben, die dann als Dienstaufgabe von Lehrern von der Schulverwaltung zu berücksichtigen wären.

3.5.4. Erhöhung der Problemlösungsfähigkeit

Die Hypothese der „Erhöhung der Problemlösungsfähigkeit der Schule als soziales System" beruht auf der Annahme, daß die Problemlösungskapazität in Schulen nicht optimal genützt wird. Wir schließen uns damit Schmuck/Runkel u. a. (1970) an, die von einem „variety pool“ sprechen. Von „variety pool“ spricht man, wenn „in einer Organisation bislang nicht genutzte Handlungs- und Verhaltenspotentiale und Ressourcen existieren, die jedoch erst durch die Intervention und die damit verknüpften Lernprozesse aktiviert werden müssen“. (Schmuck/Runkel u. a. 1970, ebenso: Bauer/Rolff 1978, 72) Gelernt werden muß dazu von den Betroffenen eine kooperative Problemdiagnose- und Problemlösungsanstrengung: Offene Kommunikation, analytische Prozesse, Trennung von Informations- und Bewertungsphasen, Entscheidungsmodalitäten unter Einschluß von Minderheiten etc.

Die Fähigkeit von Lehrern, Funktionen bei Lösungen von Problemen in Gruppen wahrnehmen zu können, ist von großer Bedeutung, da sie schließlich den Schülern nur das Wissen vermitteln können, das sie selbst erworben haben und anwenden. Die Mitbestimmung der Schüler bei der Auswahl des Lehrplanes ist bisher die große Ausnahme.

Inwieweit eine Erhöhung der Problemlösungsfähigkeit erreicht worden ist, kann an folgenden Merkmalen untersucht werden:

— Verwenden Arbeitsgruppen Verfahrensweisen, die sicherstellen, daß das Denk- und Leistungspotential der Gruppenmitglieder gut genutzt wird.
— Wird die affektive Seite bei der Problemlösung berücksichtigt, d. h.. die Meinung des anderen akzeptiert, ist man offen für abweichende Standpunkte etc.
— Zusammensetzung der Arbeitsgruppen problemadäquat statt Interessensgruppen.

Meier/Wilfer (1980, 5ff) erstellen eine Systematik der Erscheinungsformen mangelhafter Problemlösungsformen in Schulen, der wir uns anschließen:

— Probleme werden nicht wahrgenommen
— Probleme werden wahrgenommen, aber nicht artikuliert
— Probleme werden artikuliert, aber Lösungen nicht gesucht bzw. gefunden
— Problemlösungen werden gefunden, aber nicht umgesetzt – das Problem bleibt erhalten.

Am Kooperationsseminar war es gegen Ende der Woche möglich, die während des Seminars genannten Probleme zu sammeln. Was wurde daraus, konnten sie gelöst werden und wenn, in welcher Weise? (Vgl. S. 210)

Zureichend besprochen wurden von den genannten Problemen die „Beurteilung der Mitarbeit der Schüler", die „Gestaltung der Klassenabende" und der „Umgang mit Strafen und Disziplin" jeweils in den Fachgruppen oder Klassenlehrergesprächen. Das Problem des „Umgangs mit den Eltern" mündete in eine Initiative (siehe Punkt 6.6.). Die einzelnen konkreten fächerübergreifenden Unterrichtsplanungen wurden unter Punkt 6.3. Kooperation oben genannt. Über die Ordnungsvorstellungen konnte in der ersten Konferenz zu Schulbeginn ausführlich gesprochen werden (Vgl. 6.1. Bewußtwerdung).

Nicht weiter verfolgt wurden die beiden Punkte „Koordination und Kooperation mit den Einführenden" und der „Umgang mit Strafen und Disziplin".

Zu einem neu auftauchenden Problem „Sexualaufklärung" wurde ein interdisziplinärer Arbeitskreis gegründet; der Frage der Drogengefahr wurde eine pädagogische Konferenz gewidmet, die ein Lehrer vorbereitete. (I/10)

Zu Fragen der Lehrfächerverteilung gab es bereits vor der Organisationsberatung funktionierende Problemlösungsrituale, nämlich das Erarbeiten von Vorschlägen in den Fachgruppen, die als Entscheidungsgrundlage für den Administrator und Direktor dienten (Vgl. Situation vor dem Seminar oben).

Die durch die Interviews und das Training festgestellte Kooperationsbereitschaft wurde durch die Ergebnisse des EVL bestätigt. 88% der Lehrer verwendeten nach dem Seminar häufiger kollegiale Strategien statt sich individuell den Nominierungen und dem Konfirmitätsdruck zu beugen. Isolation hat sich bei 73% der Lehrer in Richtung Kooperation verändert. Dazu ist zu beachten, daß der Ausgangspunkt schon eine relativ hohe Kooperation anzeigte. Vergleicht man dieses Ergebnis mit den Nicht-Teilnehmern, ergibt sich ein signifikanter Unterschied auf dem 2% Niveau zugunsten der Seminar-Teilnehmer.

Als günstige *Form der Konfliktlösung* setzte sich die Norm durch, Lösungen im Konsens der Betroffenen zu suchen, sowohl bei Problemen zwischen Lehrerkollegen als auch zwischen Lehrer und Klasse (Vgl. 6.2. Teambildung). Diese Vorgangsweise des Direktors wird von den Lehrern voll unterstützt, einer sagt:

„Die Schüler selbst kommen ganz selten selber zum anderen Lehrer, wenn Probleme sind. Es kommt eher vor, daß Kinder gleich zum Direktor gehen, und das will er nicht. Er will, daß die Kinder erst zum Lehrer gehen." (XII/7)

Es ist am Kooperationsseminar deutlich geworden, daß bei Konfliktlösungen durch Delegation an den Direktor, der Konflikt nie zur Zufriedenheit beider Parteien gelöst werden kann. Auch Lehrer haben es gelernt, sich nicht als Schiedsrichter zwischen die Fronten der Konfliktpartner drängen zu lassen. Ihr Verhalten, die Betroffenen selbst zur Lösung der Spannungen zu ermutigen, beschreibt eine andere Lehrerin:

„Meine Schüler sind zweimal zu mir gekommen, wegen einem Lehrer. Ich habe es mir angehört, kommentarlos. Damit sie sich abreagieren können. Da sollten sie sehen, was da kommt. Was sich da aufgestaut hat, welche Emotionen. Ich nehme weder Partei für die Schüler noch den Lehrer. Dann sage ich zu ihnen, sie mögen sich an den Kollegen wenden. Ich kann ja nicht urteilen. Ich vermittle aber immer das Gespräch, weil sie sich das nicht traun ... Das Gespräch mit dem Kollegen ist dann zustande gekommen. Er sagte mir, er ist auch froh darüber." (XV/8f)

Bei Konfliktverhalten zeigt sich bei der Auswertung des EVL eine gegenteilige Tendenz zur geäußerten Norm, Konflikte selbst zu lösen, nämlich in Richtung auf Zudecken der Konflikte. Möglicherweise hat der Trend zu mehr Kooperation die Einsicht in den Hintergrund gedrängt, daß Konflikte auch positive Aspekte im Sinn des Sichtbarmachens unterschiedlicher Ansichten, somit zusätzlicher Ressourcen zu Innovation sichtbar macht. Während des Kooperationsseminars waren besonders bei denjenigen Teilnehmern, die nicht in die aktuellen, einer Lösung zugeführten Probleme involviert waren, verstärkt Ängste aufgetreten.

Zusammenfassend kann man sagen, daß kleine, überschaubare Probleme durchwegs besser gelöst werden können als früher, u. zw. jene, die zwischen den Lehrern und zwischen Lehrern und Klasse stattfinden. Große, planende, zukunftsweisende Planungsentscheidungen über die Form des Schulversuches konnten jedoch nur als Mehrheitsentscheidungen durchgeführt werden. Die Meinung einer Minderheit, lieber eine Ganztagesschule statt einer Tagesheimschule einzureichen, wurde nicht berücksichtigt.

Die durchaus positiven Tendenzen bedürfen jedoch einer gezielten, längerfristigen Betreuung, bis sie von den Teilnehmern habitualisiert werden können. Es bedarf auch der beratenden Hilfestellung bei einer Institutionalisierung kooperativer Kommunikationsmuster und Organisationsformen. In einer solchen Schulwirklichkeit kann erst eine auf soziales und politisches Lernen gerichtete Demokratisierung stattfinden.

3.5.5. Orientierung an pädagogischen Zielsetzungen

Aufgrund des systemischen Verständnisses der Organisationsentwicklung nahmen wir an, daß die Verbesserung der Zusammenarbeit des Teilsystems Lehrkörper sekundär auch Auswirkungen auf das Teilsystem Lehrer-Schüler hat. Eine stärkere Orientierung am Human-Relations-Modell in Form einer stärkeren Mitbestimmung der Lehrer an Schulentscheidungen läßt die bürokratisch-regelgebundenen Verhaltensweisen zugunsten der primären pädagogischen Zielsetzung in den Hintergrund treten, so verlief die Argumentation (Vogel 1977, Fürstenau 1979).

Von einer stärkeren Orientierung auf die pädagogischen Zielsetzungen sprechen wir, wenn
— Lehrer stärker auf das soziale Klima der Klasse eingehen
— den Schülern Mitbestimmungsmöglichkeiten einräumen und Eigeninitiativen der Schüler fördern
— Methoden des sozialen Lernens im Unterricht verwenden.

Die Annahme, daß eine Orientierung an der Zielsetzung der Schule, nämlich die Wahrnehmung pädagogischer Aufgaben mit den Schülern verstärkt auftritt, wird bestätigt. Die größte Veränderung ergab sich in der Beachtung des sozialen Klimas in der Schulklasse. 90% der Befragten gaben für sich und für andere eine veränderte Einstellung zu den Schülern und zur Bedeutung der sozialen Dimension des Unterrichts an. Eine Erweiterung der Mitbestimmungsmöglichkeit wurde hingegen nur von fünf Lehrern eingeräumt. Methoden des sozialen Lernens wurden von der Mehrzahl der Lehrer verstärkt im Unterricht angewandt.

Sehr ausführlich gingen die befragten Lehrer auf die neue *Bedeutung des sozialen Geschehens* für die Unterrichtsgestaltung ein. Durch das Kooperationsseminar und die durchgeführte Schülerbefragung, die teilweise für die Lehrer überraschende Ergebnisse gebracht hatte, trat das soziale Klima deutlich in den Vordergrund des Interesses. Unter dem „sozialen Klima" verstehen wir die generalisierenden Einstellungen aller Schüler gegen den Lehrer und die Klasse. Lehrer besprachen ihre Situation in der Klasse, forderten die Schüler auf, ihnen Rückmeldungen über ihr Lehrerverhalten zu geben, besprachen die Ergebnisse der Schülerbefragung (DSL). (III/8, IV/2, VII/6 etc.) Die veränderte Einstellung wird von zwei Lehrern unterschiedlich, in der Tendenz aber gleich beschrieben. Lehrer VII sagt:

„... ich gehe jetzt mit einer anderen Einstellung an die Sache (den Unterricht) heran. Daß ich sicher den Stoff immer unwichtiger finde, zumindest eine Menge. Und das bringt Vorteile, man macht sich freier für manche Dinge, man redet. Und der Versuch, ihre momentane Situation zu begreifen ..." (VII/7)

„Ich versuche, in die Schüler hineinzuhorchen ... Es ist mir nicht mehr um die Stunde leid, wenn ich mich ‚verplaudere'. Ich verbinde das Soziale mit dem Lernen. Ich mache es nicht öfter als früher, aber mit weniger schlechtem Gewissen." (X/9)

Beide Aussagen zeigen eindeutig eine Aufwertung des Eingehens auf die Schüler, auf die soziale Situation der Klasse. Tritt bei Lehrer VII die Stoffülle in den Hintergrund, meint Lehrer X, nicht mehr Zeit dafür zu verwenden, nun aber pädagogisch dafür legitimiert zu sein, das als sinnvoll zu bewerten, da er nun keine Schuldgefühle (schlechtes Gewissen) mehr haben muß. Mehr Selbstsicherheit machen einige Befragte dafür verantwortlich, daß sie nun mit den Schülern offen über deren Einschätzung sprechen können. (XV/8f, XVI/2 etc.) „Ein guter Lehrer ist nun der", so beschreibt eine Lehrerin die Trendwende, „der mit den Schülern redet und auf sie eingeht".

(IX/3) Lehrer haben „nun mehr Mut, etwas zu probieren" (VIII/8), da sie bei den Kollegen nun Rückhalt haben. Diese neue Forderung wird auch als Belastung gesehen. „Ich soll den Stoff durchnehmen und soll auch hellhörig sein und Probleme heraushören." (VIII/8) Viele wollen etwas ändern, aber der äußere Zwang ist zu groß. (X/9) Hier zeigt sich eindeutig der Bezug zu der fehlenden Kooperation bei der gemeinsamen Planung des Unterrichts, das auch die Diskussion der jeweiligen Sozialform einschließen würde. Die Umsetzungsversuche erfolgen vereinzelt. Positive Erfahrungen werden nur mit den engsten Freunden besprochen.

Der Mangel an *Mitbestimmung der Schüler* beim Unterrichtsgeschehen war in der Schülerbefragung zum Lehrerverhalten (DSL) schon plenar diskutiert worden. Lehrer, die zu Jahresbeginn mit der Klasse die Lehrplangestaltung durchbesprochen hatten, hatten bei dieser Frage hohe Werte (VII/6) und behielten diese Verhaltensweise bei. Unsicherheit herrscht, ob die Schüler bei einer größeren Mitbestimmung „es sich nicht zu leicht machen würden" (XI/10). „Gewisse Dinge müssen sie eben lernen" (ebenda) rechtfertigen sie das mangelnde Gespräch über den Lehrstoff. Eine Lehrerin berichtet, wie sie die Probleme zu Schulbeginn (nach einem ermutigenden Gespräch mit dem Klassenvorstand) durch eine Diskussion mit den Schülern bereinigen konnte. „Ich habe der Klasse meine Vorstellungen gesagt – es war ein offenes Gespräch, ein voller Erfolg." (III/9)

Schulweit werden die *Eigeninitiativen der Schüler* besonders zur Gestaltung der letzten Schulwoche traditionell unterstützt. Vor zwei Jahren gab es bereits eine „Kulturwoche", dann eine Woche der „Menschenrechte: Amnesty International", für dieses Jahr ist eine „Gemeinschaftswoche" geplant. Die Themen dieser Wochen wurden jeweils von den Schülervertretern (bzw. Schulsprecher) vorgeschlagen. Ein Lehrer aus dem Schulgemeinschaftsausschuß erzählt von den Vorbereitungsaktionen zur Gemeinschaftswoche:

„Die Gemeinschaftswoche wird von den Schülern geplant. Da treffen sich ca. 25 Schüler. Das ist nur von ihrer Seite initiiert worden, wir (Lehrer) wollen das unterstützen. Wir haben einen Informationsstand gemacht und unsere Anliegen als Lehrer vertreten. Sie (die Schüler) haben die Idee gehabt, daß wir auch was machen ... Wir wollen nun einen Diskussionskreis machen, Lehrer und Schüler, vielleicht auch Eltern einladen." (VII/6)

Sowohl die Lehrer als auch der Direktor sind stolz auf diese Initiativen, die von den Schülern kommen. Negative Stimmen oder Kritiken wurden nicht geäußert.

Die Ergebnisse bei der quantitativen Befragung weisen in dieselbe Richtung. Der Konstanzer Fragebogen zu Schul- und Erziehungseinstellungen der Lehrer (KSE) ergab, daß 77% der Lehrer sich selbst mehr als Pädagogen denn als Fachwissenschafter sehen, 65% ihre Einstellung in Richtung Allgemeinbildung versus Spezialwissen veränderten; allerdings nur noch 36% der Lehrer verbesserten ihre Einstellung zum Beruf in Richtung einer verantwortlichen Auffassung im Gegensatz zu einer Jobgesinnung.

Erwartungsgemäß versuchten zahlreiche Lehrer *Methoden des sozialen Lernens*, die im Kooperations- und Nachfolgeseminar angeboten wurden, auch im Unterricht anzuwenden. Die Angaben erstreckten sich typischerweise auf Gruppenprozesse wie „Verwendung von Arbeitsgruppen zur Erarbeitung", „Verwendung von symbolischen Arrangements oder nonverbaler Übungen, um den emotionalen Gehalt des Stoffs zu veranschaulichen", „Veränderungen der Sitzordnung zur besseren Kommunikation", „Methoden zum Erlernen des Feedbackgebens", „Methoden zum prozessualen Problemlösen". Aus der eigenen Erfahrung am Seminar wurde das Ansetzen bei der Betroffenheit der Schüler genannt. „Im verstärkten Maß bemühe ich mich, auf die Interessen der Schüler einzugehen", sagt ein Seminarteilnehmer. Je stärker die Themen die Schüler persönlich berühren, desto interessierter sind sie – diese Erkenntnis wird häufig formuliert. Eine dieser Schilderungen lautet so:

„Die Religionslehrerin hat mich aufmerksam gemacht, daß die Kleinen die grauslichen Nachtfilme anschauen. Sie hat gefunden, daß man darüber reden soll, und ich bin dann auch selbst draufgekommen, daß sie geprägt sind von Knallereien und nichts wie sadistische Phantasien haben. Dann haben wir lange darüber gesprochen." (IX/9)

Die Anregung der Religionslehrerin hat erst die Deutschlehrerin auf diese aktuelle Thematik der Schüler aufmerksam gemacht. Das fächerübergreifende Vorgehen wurde nicht als solches erkannt.

Die Dortmunder Skala zum Lehrerverhalten im Unterricht (DSL), die zeigt, wieweit Lehrer nach der Einschätzung der Schüler mit „Zug" oder mit „Druck" arbeiten, ergab eine leichte Verschlechterung gegenüber der Voruntersuchung. Dieses Ergebnis könnte durch den ungünstigen Zeitpunkt der Nacherhebung knapp vor der Jahresabschlußkonferenz verfälscht sein. Es kann jedoch als erwiesen gelten, daß sich Veränderungen in der Lehrereinstellung nicht innerhalb in einer veränderten Einschätzung durch die Schüler niederschlagen. Es sind dazu zuviele Veränderungsstufen zu durchqueren: Von der Einstellungsänderung der Lehrer zu einer veränderten Praxis. Selbst eine veränderte Praxis der Unterrichtsgestaltung trifft auf ein langjähriges Schülerurteil über den Lehrer, das einer Veränderung Widerstände entgegensetzt. Hier müßte eine begleitende Beobachtung im Unterricht, Formen der Hospitation über veränderte Unterrichtspraxis Auskunft geben.

Zusammenfassend kann gesagt werden, daß sich die Norm, schülerorientiert zu unterrichten, eindeutig durchgesetzt hat. Konkrete Veränderungsansätze werden jedoch nur im Alleingang versucht. Im folgenden Jahr ist vermutlich aus dem Erleben der Vereinzelung der Wunsch nach einer Lehrer-Balintgruppe an der Schule realisiert worden. In einer Balint-Gruppe werden die auftauchenden Probleme des Lehrers im Umgang mit den Schülern zum Thema gemacht.

3.5.6. Unterrichtliche und schulorganisatorische Veränderungen und Aktivitäten

Erfolgreiche Organisationsentwicklung bringt unserem Verständnis nach eine konkrete Veränderung in der zu beratenden Institution, die für die Mitglieder und die Zielsetzung der Schule förderlich ist. Den erkannten Mängeln der Kooperation und den definierten Problemfeldern sollen konkrete Veränderungen folgen, bei denen die Organisationsberater beigezogen werden können. In diesem Verständnis greift das „Lernen" des Individuums, der Gruppe und der Institution ineinander. Steuer nennt die konkreten Projekte zur „Veränderung vor Ort" den „Transmissionsriemen für die übrigen OE-Ziele." (Steuer 1983, 150)

In unserer untersuchten Schule erfolgten eine Vielzahl von Initiativen als sichtbarer Ausdruck des Veränderungswillens des Lehrkörpers.

Zum Zeitpunkt der Post-Befragung (Dez. 1981), das sind acht Monate nach der Durchführung des Kooperationsseminars und drei Monate nach dem Wochenendseminar (Okt. 1981), war bereits ein gewisses Abklingen der Euphorie zu bemerken. Bei der Rückmeldung der Untersuchungsergebnisse im November 1982 war die Grundstimmung in latente Enttäuschung bezüglich realer Veränderungsmöglichkeiten umgeschlagen, die Einschätzung des Kooperationsseminars blieb positiv als „Ausräumen von tiefen Problemen". Der Frage der Langzeitstabilisierung von schulischen Innovationen sollen daher eigene Überlegungen gewidmet sein.

Die *Klassenlehrergespräche* und die Vertiefung der *Fachgruppen,* die oben bereits beschrieben wurden, stellten die weitreichendste Veränderung dar. Angeregt wurde das Sammeln der Schularbeitsnoten durch die Klassenvorstände *„Schularbeitsstatistik"*, um einen Überblick über das Leistungsverhalten und den Leistungsstand der Schüler einer Klasse zu bekommen. (V/3) Weniger konnte sich die Idee durchsetzen, eine *„Aufgabenmappe"* in jeder Klasse einzuführen, um einer Überlastung der Schüler durch eine Massierung der Aufgaben entgegenwirken zu können. (XIV/7) Die Aufgabenbelastung wurde getestet:

„Ich hab' es (die Aufgabenmappe) ausprobiert ... und bin draufgekommen, daß sie (die Schüler) eh überhaupt nicht überarbeitet sind. Ich habe das einem Schüler gegeben, das war ein guter, und er hat mir aufgeschrieben, wie lange sie ungefähr brauchen. Er hat es drei Wochen lang gemacht und ich hatte mit ihm gesprochen, ob es sich wirklich staut... Ich habe nicht den Eindruck gehabt." (XI/5)

Durch die Anregung der „Aufgabenmappe" wurde die Frage der zeitlichen Überlastung der Schüler durch schlecht koordinierte Aufgaben untersucht, mit negativem Ergebnis. Die

Beibehaltung der Aufgabenmappe wurde deshalb als überflüssig erachtet.

Die Durchführung und Planung einer *„Drogenkonferenz"* durch einen Lehrer (siehe oben) stieß auf allgemeine positive Resonanz. Die Vorbereitung einer pädagogischen Konferenz durch eine Lehrergruppe wurde ins Auge gefaßt. (VII/4)

Wie bereits oben ausgeführt, wurden die *Aktivitäten der Schüler* bei der Veranstaltung der „Gemeinschaftswoche" im laufenden Jahr tatkräftig unterstützt. Damit wurde eine bereits bestehende Tradition fortgesetzt (Kulturwoche, Amnesty International – Menschenrechtswoche).

Viel Energie und Engagement wurde auf eine *Veränderung der Pausenordnung* gelegt, wo sich aber dann bei der Abstimmung nichts änderte. Es gab drei Alternativen: die alte Pausenordnung beizubehalten, eine neue Form mit einer langen (15 Min.) Pause und kurzen (5 Min.) Pausen oder die dritte Form mit zwei langen Pausen. Der allgemeine Wunsch nach mehr Gesprächsmöglichkeiten der Lehrer scheiterte an der realen Gegebenheit, der Abfahrtszeit des Busses. (Vgl. VII/9, XIX/8, V/2 etc.)

Eine weitere von vielen Lehrern als nicht geglückt bezeichnete Initiative war die *Verbesserung des Kontaktes zum Elternverein* in Form einer Plenumsdiskussion bei der Jahreshauptversammlung. Es kamen mehr Lehrer als gewöhnlich, jedoch weniger Eltern als erwartet. Ungünstig war die Form der Abwicklung in einer Podiumsdiskussion mit 100 Personen als Zuhörer. Die Eltern sprachen nur von ihren individuellen Problemen mit ihrem Kind, nie über allgemeine Fragen der Zusammenarbeit zwischen Eltern und Lehrern. Die durchgeführte Untersuchung, über die Schulpartnerschaft Eltern – Lehrer – Schüler wurde präsentiert und unzureichend aufgenommen. „Die Besprechung war eine Pleite, hat aber gezeigt, wie real die Situation ist." (IX/2) So wurde zumindest eine Bewußtmachung der mangelhaften Zusammenarbeit mit den Eltern erreicht. „Der Elternvereinsabend war ein Denkanstoß." (XIV/2)

Sehr positive Erfahrungen wurden bei der Zusammenarbeit mit den Eltern auf Klassenebene gemacht. Am Elternabend konnten gemeinsam die Probleme der Klasse analysiert werden

(VI/3), teilweise wurden auch die Schüler dazu eingeladen, um ihren Standpunkt darstellen zu können (IX/4). Neue Formen der Gestaltung wurden versucht: „Mehr private Gespräche“ (VII/6), oder den Eltern vorher Zeit zum gemeinsamen Gespräch zu geben:

„Es hat sich in einer Klasse als positiv erwiesen, daß die Eltern, bevor die Lehrer dazukamen, miteinander sprechen. Da haben sie sich wirklich getraut, ihre Probleme auszusprechen, während es sich viele vor den Lehrern nicht trauen.“ (XIV/3)

Die zahlreichen Neuerungsversuche zeigen den großen Elan an, der nach dem Kooperationsseminar herrschte. Er birgt allerdings auch die Gefahr einer Enttäuschung und eines Umschlagens in Apathie, wenn mühevolle Versuche wie die Änderung der Pausenordnung an objektiven Gegebenheiten wie den Abfahrtszeiten des Autobusses scheitern. Hier wären neben der bereits angesprochenen längerfristigen Beratung auch eine enge Zusammenarbeit mit der Schulverwaltung anzustreben. Nur so können sich Vorstellungen einer inneren Schulreform auch institutionell niederschlagen.

3.6. Zusammenfassung und Ausblick

Die Besonderheit der vorliegenden Modellstudie besteht in der Zielsetzung, einen Lehrkörper als Ganzes in seiner Kooperations- und Innovationsfähigkeit zu unterstützen, sowie hinderliche Probleme lösen zu lernen. Die gewonnenen Daten interpretieren wir so, daß sie die Behauptung stützen, eine Reihe wünschenswerter Ergebnisse sind auf diese Intervention zurückzuführen, wobei unserer Meinung nach das Kooperationsseminar entscheidend war, das Projekt in eine produktive Richtung zu lenken.

Bei der Einschätzung der Veränderung muß auf die unterschiedliche Betrachtungsweise der Betroffenen und der Berater hingewiesen werden. Unausgesprochen stand bei den Initiatoren die Beseitigung von aktuellen Problemen, die die Arbeit behinderten und für einige emotional untragbar geworden waren, im Vordergrund. (Eine stark involvierte Lehrerin trug sich mit dem Gedanken, die Schule zu wechseln und betrachtete das Kooperationsseminar als letzte Hoffnung. Sie blieb nachher erleichtert an der Schule – der Druck war weg). Als Erfolg wurde die Rückkehr zum alten organisatorischen System mit verbessertem Klima betrachtet. Die von den Forschern als möglich betrachtete Innovation in Richtung auf eine innere Schulreform, der Entwicklung neuer Organisationsformen wurde bei den Vorbesprechungen zu wenig besprochen und berücksichtigt. Auch die dazu notwendigen Kontaktaufnahmen zur Schulverwaltung fehlten. Das Projekt wurde zwar vom BMUKS finanziell und durch teilweise Freistellung der Teilnehmer unterstützt. Es waren aber keine organisatorischen und finanziellen Rahmenbedingungen geschaffen worden, die auftauchenden Konzepte einer inneren Schulreform (Zusammenarbeitsformen der Lehrer, Aufhebung der Fächergrenzen durch verstärkte fächerübergreifende Unterrichtsformen, Zusammenarbeit mit den Eltern etc.) zu verwirklichen.

Innerhalb des vorgegebenen Rahmens, bezogen auf die Schule, betrachten wir als *Stärken des Projekts:*

1. das Ausgehen der Initiative von der Schule
2. die freiwillige Teilnahme der Hälfte des Lehrkörpers und des Direktors
3. die Konzeption des Designs, Problemlösungen an konkreten Fällen zu lernen
4. die Arbeit mit konkreten Gruppen des Lehrkörpers
5. die Integration der Nicht-Seminarteilnehmer sowie
6. die Erarbeitung präziser Pläne zur Bewältigung der genannten Probleme.

Auf den Erfolg des Projekts haben sich die unbürokratische Kooperation mit dem Landesschulrat in Oberösterreich, die persönliche Unterstützung sowie die konstante Teilnahme aller Trainer und Begleitforscher positiv ausgewirkt.

Als *erschwerende Rahmenbedingungen* erlebten wir das skeptische Zögern des Bundesministeriums für Unterricht und Kunst bei der Bewilligung des Kooperationsseminars, das verschoben werden mußte und so die weiterreichende Planung verzögerte. Die erfolgreiche Durchführung der Beratung wurde jedoch im Herbst 1982 durch die Verleihung des „Schulpartnerschaftspreises gewürdigt“ (verliehen vom BMUKS).

Als *Schwächen des Designs* betrachten wir die mangelhafte Weiterbetreuung während des Schuljahres, was auf die ungeklärte finanzielle Situation zurückzuführen ist. Zu überlegen wäre auch, ob beim nachfolgenden Wochenendseminar die Bearbeitung struktureller Einheiten (wie Fachgruppen, Klassenlehrergruppen etc.) nicht sinnvoller gewesen wäre. Die geplante Teilnahme an Konferenzen, Fachgruppentreffen oder Klassenlehrerbesprechungen konnten aus geographischen, finanziellen und schulrechtlichen Fragen nicht realisiert werden.

Gerade eine Verschränkung von Beratung und Schulalltag wäre aber erst der Garant einer Übertragung der Zusammenarbeits-Vorhaben in den Schulalltag. Die ausgebliebene Unterstützung der Veränderungswünsche durch die Schulverwaltung, verlagert notwendig alle zusätzlichen Anstrengungen der Lehrer in die Freizeit. Die Befürchtung, daß die aufgezeigten Veränderungen nur einen begrenzten Zeitraum hindurch vom Engagement und Idealismus der Lehrer getragen werden können, muß als berechtigt bezeichnet werden. Bei den später erfolgten Besprechungen der Berater mit dem Lehrkörper wurden Äußerungen in diese Richtung gehört.

Zusammenfassend kann gesagt werden, daß die Organisationsberatung eine glaubhafte Alternative einer Schulreform von unten darstellt. Werden Lehrer in die Lage versetzt, sich selbst Gedanken zu einer inneren Veränderung der Schule zu machen, wird ein erstaunliches Maß an Kreativität, Offenheit und Bereitschaft sichtbar. Voraussetzung dazu ist, daß die Fähigkeit, Probleme und Konflikte konstruktiv zu lösen, vorher gelernt wird. Für eine erfolgreiche Weiterführung einer Organisationsberatung wäre eine institutionelle Verankerung als Schulversuch notwendig, um eine zeitliche und finanzielle Berücksichtigung der zusätzlichen Arbeit der Lehrer zu gewährleisten. Das Nachhinken der österreichischen Schule mit den Reformen von oben im Vergleich zu angelsächsischen und skandinavischen Selbstverständlichkeiten einer Beraterzentrale für Schulen, fällt schmerzlich auf. In den genannten Ländern existieren Zentren, von denen sich Schulen für ihre Probleme und Vorhaben Berater holen können. Die zahlreichen Basisinitiativen österreichischer Lehrer müßten die Schulverwaltung aufhorchen lassen.

4. Literaturverzeichnis

ADORNO, Th.: Der Positivismusstreit in der deutschen Soziologie, Neuwied 1972

AKTIONSFORSCHUNG: Balanceakt ohne Netz? Methodische Kommentare, hg. v. Klaus Horn, Syndikatverlag, Frankfurt 1979

ATTESLANDER, P.: Methoden der empirischen Sozialforschung, Sammlung Göschen, Berlin 1969

BARROM, A.: The Effect of three Styles of Interviewing on the Response of Woman from Two Contrasting Socio-Economic Groups, New York 1960

BAUER, K. O., ROLFF, H. G.: Innovation und Schulentwicklung, Weinheim und Basel 1978

BECKMANN, D., RICHTER, H. E.: Gießen – Test. Ein Test für Individual- und Gruppendiagnostik, Bern, Stuttgart, Wien 1975

BENNE, K. D.: The Significance of the Human Conflict, in: Reading Book for Human Relation Training, Ed. PORTER/MILL, NTL-Institut 1976

BERELSON, B., STEINER, G. A.: Human Behavior. An Inventory of Scientific Findings, Harcourt, Brace & World, New York, Chicago 1964

BERNFELD, S.: Sisyphos oder die Grenzen der Erziehung, Frankfurt 1979, erstmals 1925

BOLTERAUER, L.: Psychologie der Erzieherpersönlichkeit, in: Erziehung und Unterricht, H. 11 – 12, 1948

BRADFORD, L. P.: Das Geschäft des Lehrens und Lernens, in: ders: The Teaching-Learning Transaction, in: Adult Education, 1958, deutsch in: Gruppenpädagogische Auswahl aus Schriften und Dokumenten, hg. v. C. W. Müller, Weinheim 1972

BRADFORD, L. P., GIBB, J. R., BENNE, K. D. (Hg.): Gruppentraining. T-Gruppentheorie und Laboratoriumsmethode, Stuttgart 1972

CAMPELL, I. P., DUNETTE, M. D.: Effectivness of t-group experiences in managerial training and development. Psychological Bulletin, 1970

CHRISTIE, A.: Mord im Spiegel, Frankfurt 1962

CICOUREL, A. V.: Methode und Messung in der Soziologie, Frankfurt 1970

DEUTSCH, M.: 50 Jahre Konfliktforschung, in: Grunwald/Lilge (Hg): Kooperation und Konkurrenz in Organisationen, München 1981
DEVEREUX, G.: Angst und Methode in den Verhaltenswissenschaften, München 1976
DEWEY, J.: Grundfragen der Erziehung, München 1974
DIEM-WILLE, G.: Die Lehrer-Schüler-Beziehung im Projektunterricht, in: Erziehung und Unterricht, H. 6., Wien 1982
DIEM-WILLE, G.: Unterrichten will gelernt sein – Zur Theorie und Praxis der AHS-Lehrer-Ausbildung, in: Zeitschrift für Hochschuldidaktik H. 2, 1983

ELIAS, N.: Über den Prozeß der Zivilisation. Soziogenetische und psychogenetische Untersuchungen, Bd. 1 und 2, Frankfurt 1978
ETZIONI, A.: Soziologie der Organisation, München 1971

FATZER, G.: Organisationsentwicklung in den Vereinigten Staaten – Eindrücke und Überlegungen, in: Gruppendynamik 14. Jg., 1983, H. 4
FEND, H.: Theorie der Schule, München 1981
FISCHER, W.: Bildung trotz Schule?, in: Vierteljahresschrift für wissenschaftliche Pädagogik, 51. Jg. 1975
FISCHER, W.: Schule als parapädagogische Organisation, Kastellaun 1978
FREUD, A.: Das Ich und die Abwehrmechanismen, München 1976
FREUD, S.: Gesammelte Werke in 18 Bänden, Frankfurt
FROHMANN, M. A., SASHKIN, M., u. a.: Action research as an organization development approach, Manuskript 1974
FÜRSTENAU, P.: Der psychoanalytische Beitrag zur Erziehungswissenschaft, Darmstadt 1974
FÜRSTENAU, P.: Zur Theorie psychoanalytischer Praxis. Psychoanalytisch-sozialwissenschaftliche Studien, Stuttgart 1979

GEBERT, D.: Organisationsentwicklung. Probleme des geplanten organisatorischen Wandels, Stuttgart 1974
GEHLEN, A.: Anthropologische Forschung. Zur Selbstbegegnung und Selbstentdeckung des Menschen, Hamburg 1961
GIBB, J. R.: Is Help Helpful?, in: Forum, Journal of the Association of Professional Directors of YMCA's in the United States, 1976 (NTL-Book)
GRAUMANN, C. F.: Wahrnehmung und Beurteilung der anderen und der eigenen Person. Probleme und Erkenntnisse, in: Psychologie des 20. Jahrhunderts, Bd. VII, Kurt Lewin und die Folgen, Zürich 1979

GREENSON, S.: Technik der Psychoanalyse, Stuttgart 1978
GSTETTNER, P.: Distanz und Verweigerung. Über einige Schwierigkeiten, zu einer erkenntnisrelevanten Aktionsforschungspraxis zu kommen, in: Klaus Horn (Hg.): Balanceakt ohne Netz? Frankfurt 1979

HABERMAS, J.: Vorbereitende Bemerkungen zu einer Theorie der kommunikativen Kompetenz, in: Habermas/Luhmann: Theorie der Gesellschaft oder Sozialtechnologie, Frankfurt 1971
HAMILTON, G.: A Research in Marriage, New York 1929 (zit. nach Scheuch a. o. O.)
HEINTEL, P.: Institutions- und Organisationsberatung, in: Psychologie des 20. Jahrhunderts, VIII: Lewin und die Folgen, Zürich 1979
HEINTEL, P., HUBER, J.: Aktionsforschung – Theorieaspekte und Anwendungsprobleme in Gruppendynamik Jg. 9, 1978
HEINZE, Th., KLUSEMANN, H. W.: Lebensweltanalyse von Fernstudenten. Qualitative Inhaltsanalyse – theoretische und methodologische Überlegungen, Werkstattbericht 1977
HEINZE, Th., MÜLLER, E., STICKELMANN, B., ZINNECKER, J.: Handlungsforschung im pädagogischen Feld, München 1975
HOBBES, Th.: Der Leviathan, Berlin 1966
HUBER, J., HIEDEN, J. u. a.: Das Schulorganisationsprojekt Klein St. Paul. Projektbericht der ÖGGG 1, Klagenfurt 1978
HYMAN, H. u. a.: Interviewing in Social Research, Chicago 1954

ILLICH, I.: Entschulung der Gesellschaft, München 1972
INTERPRETATION EINER BILDUNGSGESCHICHTE: Überlegungen zur sozialwissenschaftlichen Hermeneutik, hg. v. Heinze, Th., Klusemann, H. W., Soeffner, G. H., Bensheim 1980
IRLE, M.: Soziale Systeme, Göttingen 1963

JAMES, M., JONGEWARD, D.: Born to Win, New York 1978

KAFKA, F.: Vor dem Gesetz, in: ders: Sämtliche Erzählungen, (Hg.) P. Raabe, Frankfurt 1969
KALB, J.: Das soziale Bewußtsein des Lehrers an höheren Schulen, Würzburg 1958
KLAFKI, W.: Handlungsforschung im Schulfeld, in: Zeitschrift für Pädagogik, H. 4. 1973
KLAFKI, W.: Werkstattbericht aus dem Marburger Grundschulprojekt, in: Hameyer, U., Haft, H. (Hg.): Handlungsorientierte Schulforschungsprojekte, Weinheim und Basel 1977
KOCH, J. J., CLOETTA, B., MÜLLER-FOHRBRODT, G.: Konstanzer Fragebogen, K. S. E. Weinheim 1972

KOHLI, M.: „Offenes“ und „geschlossenes“ Interview. Neue Argumente zu einer alten Kontroverse, in: Soziale Welt H. 1, 1978
KOLB, J.: Das soziale Bewußtsein des Lehrers an höheren Schulen, Würzburg 1958.

LEWIN, K.: Feldtheorie in den Sozialwissenschaften, Bern 1963, erstm. 1946
LEWIN, K.: Group decision and social change, in: Newcombs T. H. Hartley (Ed), Readings in social psychologie, New York
LIEBHART, E. H.: Sozialisation im Beruf. Ergebnisse einer Panelbefragung von Studienreferendaren, Kölner Zeitschrift für Soziologie und Sozialpsychologie 22. Jg. H. 4. 1970
LIPPITT, G., LIPPITT, R.: The Consulting Process in Action, University Assosiates, San Diago, Cal. 1978
LIPPITT, R.: Change Agent Skills and Knowledge, in: Reading Book for Human Relation Training, NTL 1976
LIPPITT, R.: Kurt Lewin und die Aktionsforschung, in: Psychologie des 20. Jahrhunderts, VIII: Kurt Lewin und die Folgen, Zürich 1979
LITT, Th.: Das Allgemeine im Aufbau der Erkenntnis, Leipzig 1941
LITWAK, E.: Drei alternative Bürokratiemodelle, in: Bürokratische Organisation, hg. v. Mayntz, R., Köln Berlin 1968
LOHMANN, Ch., PROSE, F.: Organisation und Interaktion in der Schule. Möglichkeiten und Grenzen des Diskurses, Köln 1975
LÖWISCH, D. J.: Staatsschule und Werterziehung, in: Vierteljahresschrift für wissenschaftliche Pädagogik, 58. Jg., 1982

MASENDORF, F., TÜCKE, M., KRETSCHMANN, R., BARTRAM, M.: Dortmunder Skala zum Erfassen von Lehrerverhalten durch Schüler, Braunschweig 1976
MASLOW, A.: Motivation und Persönlichkeit, Olten 1977
MAYNTZ, R., HOLM, K., HÜBNER, P.: Einführung in die Methoden der empirischen Soziologie, Opladen 1969
MERTON, R. K.: Social theory and social structure, New York 1968
MOORE, W. E.: Occupational socialisation, in: Goslin, D. A. (Ed): Handbook of socialisation theory and research, Chicago 1971
MÜNCH, W.: Datensammlung in den Sozialwissenschaften, Stuttgart 1971
MOSER, H.: Methoden der Aktionsforschung. Eine Einführung, Kösel, München 1977
MÜLLER, C. W., SCHRÖTER, U.: Das Gemeinwesenprojekt Märkisches Viertel in Berlin, in: Betrifft Erziehung 8, 1975, H. 5.

NEURATH, O., CARNAP, R., HAHN, H.: Wissenschaftliche Weltauffassung – Der Wiener Kreis, Frankfurt 1975 (erst. 1929)
NOELLE-NEUMANN, E.: Umfragen in der Massengesellschaft, Reinbeck 1963

PETER, H. U.: Die Schule als soziale Organisation, Weinheim und Basel 1973
PHILLIPS, B. S.: Empirische Sozialforschung. Strategie und Taktik, hg. v. Bodzenta, E., Wien, New York 1970
PIAGET, J.: Lebendige Entwicklung, in: Zeitschrift f. Päd. H. 1, 1974
PORTMANN, A.: Biologische Fragmente zu einer Lehre vom Menschen, Basel 1951

RAMMSTEDT, O.: Überlegungen zum historischen Stellenwert von Aktionsforschung, in: Aktionsforschung: Balanceakt ohne Netz? a. a. O.
REIMER, E.: Schafft die Schule ab! Befreiung aus der Lernmaschine, Reinbeck 1972
RENCH, W. L., BELL, C. H.: Organization developement. Behavioral science interventions for organization improvement. Englewood Cliffs, New York 1973 (deutsch 1977)
RICHTER, H. E.: Alle reden vom Frieden. Versuch einer paradoxen Intervention, Reinbek 1981
RIESMAN, D., GLASER, N.: The Meaning of Opinion, in: Public Opinion, Quarterly, Bd. 12, 1948 zit. n. Scheuch a. a. O.
ROGERS, C.: Die nicht-direktive Beratung, München 1972
ROLFF, H. G., STEINWEG, A.: Realität und Entwicklung von Lehrerkooperation, in: Rolff, H. G.: Soziologie der Schulreform, Weinheim und Basel 1980
RÜSSLER, H.: Betriebsklima in der Schule, München 1977

SASHKIN, M., MORRIS, W. C.; u. a.: A comparison of social and organizational change models. Information flow and data use Process. Psychological Review, 1980
SANDNER, H.: Untersuchungen über Einstellungen und Verhaltensdispositionen von Lehrern in der Situation struktureller Arbeitslosigkeit, Frankfurt 1978
SCHURR, J.: Zum Curriculum vermarkteter Bildung. In: Vierteljahresschrift für wissenschaftliche Pädagogik, 53. Jg. 1977
SCHEUCH, E. K.: Auswahlverfahren in der Sozialforschung, in: König, R. (Hg.) Handbuch der Empirischen Sozialforschung Bd. 1, Stuttgart 1967
SCHEUCH, E.: Das Interview in der Sozialforschung, in: Handbuch der empirischen Sozialforschung, hg. v. R. König, Stuttgart 1967

SCHLEY, W.: Ausbildung in kooperativer Verhaltensmodifikation als Vermittlung sozialerzieherischer Kompetenz an Lehrern und Erprobung und kritische Bewertung eines Trainingsprogramms, Frankfurt 1980

SCHMIDTCHEN, G.: Das Interview in der Sozialpsychologie, in: Psychologie des 20. Jahrhunderts, Bd. VIII, Zürich 1979

SCHMUCK, R. A., MURRAY, D.: Consultation for Innovative Schools. OD for Multiunit Structure, Un. of Oregon, Eugene, Origon 1975

SCHMUCK, R. A., RUNKEL, Ph. J.: Organizational Training for a School Faculty. Center for the Advanced Study of Educational Administration, Un. of Oregon, Eugene, Oregon 1970

SCHMUCK, R. A., RUNKEL, P. J., LANGMEYER, D.: Die Verbesserung des Problemlösungspotentials von Organisationen im Lehrerkollegium einer Schule, in: Sievers (Hg.) Organisationsentwicklung als Problem, a. a. O.

SCHNEIDER, U.: Sozialwissenschaftliche Methodenkrise und Handlungsforschung. Methodische Grundlagen der kritischen Psychologie 2, Frankfurt 1980

SCHNITZLER, A.: Ausgewählte Werke, Frankfurt 1962

SCHÜLEIN, J. A.: Alltagshandeln und Reflexion. Voraussetzungen und Probleme alternativer Sozialwissenschaft. In: Aktionsforschung: Balanceakt ohne Netz? a. a. O.

SCHÜLERLADEN ROTE FREIHEIT, Autorenkollektiv am Psychologischen Institut der FU-Berlin, Frankfurt 1971

SCHÜTZ, A.: Das Problem der Relevanz, München 1971

SCHWARZ, G.: Konfliktlösung als Prozeß, unveröffentlichtes Manuskript.

SCHWARZ, G.: Die Problematik der Gruppe. In: P. Heintel (Hg.) Das ist Gruppendynamik. Eine Einführung in Bedeutung, Funktion und Anwendbarkeit, München 1974

SELVINI-PALAZZOLI, M.: Der entzauberte Magier, Stuttgart 1978

SHOSTAK, M.: Nisa erzählt. Das Leben einer Nomadenfrau in Afrika. Reinbek 1982

SIEVERS, B.: Organisationsentwicklung als Strategie der Integration von Schulreform und Lehrerfortbildung. In: Aregger, K. (Hg.), Lehrerfortbildung, Projektorientierte Konzepte und neue Bereiche, Weinheim 1976

SIEVERS, B.: Organisationsentwicklung als Problem, in: ders. (Hg.): Organisationsentwicklung als Problem a. a. O.

SIEVERS, B.: Organisationsentwicklung als Problem, Stuttgart 1977

STEUER, E.: Organisationsentwicklung für die Schule. Leitbild, Strategie und Verwirklichung schulinterner Organisationsentwicklung, Frankfurt, Bern, New York 1983

VOGEL, Peter: Die bürokratische Schule, Kastellaun 1977

WAELDER, R.: Areas of Agreement in Psychotherapie, in: American Journal of Orthopsychiatry, Oct. 1940

WATZLAWICK, P.: Menschliche Kommunikation, Bern 1963

WALTON, R. E.: Interpersonal peacemaking: Confrontations and third-party consultations, London 1969

WIMMER, R.: Lehrerfortbildung und politische Bildung. Bietet das Organisationslaboratorium Lernchancen im Sinne einer politischen Bewußtseinsbildung? In: Gruppendynamik und Gruppenpädagogik, hg. v. Huber, J., Wien, München 1976

WIMMER, R.: Schule und Politische Bildung I. Die historische Entwicklung der Politischen Bildung in Österreich, Klagenfurt 1979

WEBER, M.: Die protestantische Ethik, Hamburg 1975

WEBER, M.: Wirtschaft und Gesellschaft (Tübinger Jubiläumsausgabe o. J.) Vollständiger Nachdruck der Erstausgabe von 1922

WELLENDORF, F.: Sozioanalyse und Beratung pädagogischer Institutionen. In: Geissler, K. A. Gruppendynamik für Lehrer, Reinbek 1979

ZINNECKER, J., STICKELMANN, B., MÜLLER, E., HEINZE, Th.: Die Praxis von Handlungsforschung, München 1975

ZWETTLER, S.: Warum Lehrer Lehrer werden. Eine hilfreiche Verhaltensstudie für Eltern, Lehrer und Schüler, Wien 1981

5. Anhang

5.1. Interviewleitfaden

1. Warum sind Sie Lehrer geworden?
2. Was konnten Sie von Ihren Vorstellungen verwirklichen?
3. Was gefällt Ihnen an dieser Schule, was gefällt Ihnen hier weniger?
4. Wie zufrieden sind Sie mit
   a) dem Unterrichten (Wissensvermittlung)
   b) dem Umgang mit den Schülern (pädagogische Ebene)
   c) den Beziehungen zu den Kollegen und dem Direktor?
5. Kennen Sie alle Lehrer beim Namen?
6. Zu wem sagen Sie „Du“?
7. Mit wem besprechen Sie Ihre beruflichen Schwierigkeiten und Erfolge?
8. Gibt es Gruppierungen, die auf schulinterne Fragen mehr Einfluß nehmen können als andere (Stundenplan, Ämter etc.)?
9. Gehören Sie zu einer der Gruppierungen?
10. Wenn es Konflikte in der Schule gibt, wie werden sie gelöst?
11. Denken Sie an Konflikte, die Ihnen aus der letzten Zeit in Erinnerung geblieben sind: Welche waren es?
12. Wie wurden sie gelöst?
13. Welche Aktivitäten (soziale Kontakte) gibt es außerhalb des Unterrichts im Lehrkörper? (Häufigkeit)
14. Welche Kontakte und Aktivitäten erscheinen Ihnen wünschenswert?
15. Haben Sie zu Kollegen auch familiäre/private Kontakte?
16. Sehen Sie Mängel an Ihrer Universitätsausbildung? Welche?
17. Wie wirken sich diese Mängel im Schulalltag für Sie persönlich aus?
18. Erscheint Ihnen im allgemeinen eine Lehrerfortbildung notwendig?
19. Haben Sie in den letzten drei Jahren an einer Lehrerfortbildungsveranstaltung teilgenommen?
20. Bei welcher?
21. Was hat Ihnen das/die Seminare gebracht?

5.2. Interviewleitfaden Post

1. Wie war Ihre Teilnahme am Projekt: Soziales Lernen:
   a) Interview
   b) Fragebogen
   c) DSL
   d) Seminar Holzleithen
   e) Seminar Linz – Bedeutung
   f) neu im Lehrkörper
2. Gibt es konkrete Initiativen seit dem Seminar (z. B. Fachgruppen, pädagogische Konferenzen) (Versucht und gescheitert, versucht und erfolgreich)
   — Konferenzen
   — Kontakte zu Eltern
   — Fachgruppen
   — Klassenlehrerkonferenzen (Fächerübergreifend)
   — Arbeitskreise (Themen: Ordnung, Klassenvorstände, Probelehrer, Beurteilung, Aufgabenmappe etc.)
3. Wie sind sie zustande gekommen?
4. An welchen nehmen Sie selbst teil? Wie stehen Sie dazu?
5. Wie steht Ihrer Meinung nach der Inspektor/Fachinspektor zum Seminar und zu den neuen Initiativen?
6. Wie ist Ihr Verhältnis zum Schulinspektor/Fachinspektor (hat es sich verändert)?
7. Wie ist Ihr Verhältnis jetzt zum Direktor im Vergleich zu früher?
8. Wie war eigentlich der alte Direktor im Vergleich zum neuen? (Gerüchte)?
9. Wie ist Ihre jetzige Situation im Lehrkörper (im Vergleich zum Vorjahr), persönliche Kontakte und Gespräche: mehr – weniger?
10. Hat sich die Atmosphäre in der Schule geändert: positiv – negativ?
11. Wie zeigt sich die Klimaänderung? (z. B. Abwicklung der Konferenzen)
12. Hat es in letzter Zeit Konflikte gegeben? Welche? Auswirkung – Lösungsmodus.
13. Wie klappt Ihrer Meinung nach die Zusammenarbeit der Lehrer im allgemeinen? Wie sind Ihre Erfahrungen damit?
14. Am Seminar sind gewisse Gruppierungen sichtbar geworden (haben Sie davon gehört), gibt es diese noch (Kaffeezimmer, Randgruppe, Pendler)?
15. Hat es Ihrer Meinung nach negative Auswirkungen des Seminars gegeben? (Für Sie persönlich, wissen Sie es von jemand anderem?)

16. Hat sich Ihre Meinung über Kollegen geändert?
17. Werden Sie von ihren Kollegen jetzt anders eingeschätzt?
18. Wurde über die Schülerbefragung (DSL) gesprochen (L – L und L – Sch)?
19. Haben Sie den Eindruck, daß das Projekt etwas am Umgang der Lehrer mit den Schülern geändert hat?
20. Welche Veränderungen würden Sie in der Schule durchführen, wenn Sie könnten?
21. Wenn Kollegen aus anderen Schulen Sie fragen würden, ob Sie ein solches Seminar auch machen sollten, was würden Sie sagen?

5.3. Konstanzer Fragebogen für Schul- und Erziehungseinstellung (KSE)

Ablehnung			Zustimmung		
—3	—2	—1	+1	+2	+3
Ich finde das sehr falsch	Ich finde das falsch	ich finde das eher falsch als richtig	Ich finde das eher richtig als falsch	Ich finde das richtig	Ich finde das sehr richtig

1. Eine Schulbildung ohne Kunst- und Musikerziehung wäre kaum zu verantworten.
2. Geschichtszahlen, Gedichte und ähnliches sind nun einmal notwendiger Wissensstoff, der auswendig gelernt werden muß.
3. Die schwierige Situation der Lehrer wird von der Bevölkerung im allgemeinen noch zu wenig gewürdigt.
4. Bei den Schulhausbauten sollte noch viel mehr auf die Bedürfnisse von Lehrern und Schülern Rücksicht genommen werden.
5. Die Vertreter der Elternschaft sollten mehr Einfluß auf die Gestaltung der Bildungspläne nehmen.
6. Strafe ist als Erziehungsmittel ganz allgemein ungeeignet.
7. Wenn man schon im schulischen Bereich ein hohes Maß an Spezialisierung anstrebt, dann erschwert man damit die spätere Verständigung zwischen den Angehörigen verschiedener Berufe noch mehr.

8. Ein Lehrer, der nicht mehr mit Idealismus bei der Sache ist, sollte besser den Beruf wechseln.
9. In der Schule muß man mit plötzlichen Veränderungen zurückhaltend sein, sonst schaden sie mehr als sie nützen.
10. Die Schule sollte nicht in erster Linie Wissen vermitteln, sondern vor allem charakterlich gefestigte und autonome Menschen heranbilden.
11. An der geistigen und charakterlichen Ähnlichkeit von Geschwistern kann man die große Bedeutung der Erbanlagen erkennen.
12. Kinder müssen lernen, auch dann zu gehorchen, wenn sie einmal nicht verstehen, wozu etwas gut ist.
13. Institutionen, wie z. B. das Schulsystem, müssen ständig radikal in Frage gestellt werden.
14. Lehrer sollten auch in ihrer privaten Lebensführung ihren Schülern Vorbild sein.
15. Die Schule sollte dem Schüler die Möglichkeit verschaffen, sich ausschließlich mit solchen Dingen zu befassen, für die er auch wirklich Interesse hat.
16. Die Vererbung setzt der geistigen Leistungsfähigkeit spürbare Grenzen.
17. Im Zweifelsfall muß die Vermittlung fundierten Sachwissens Vorrang vor allgemeinen pädagogischen Bemühungen haben.
18. Wenn man dem Lehrer die Zensur als Kontrollmittel nimmt, werden die meisten Schüler bald nichts mehr tun.
19. Konzentrierung auf bestimmte Fächer sollte im Gymnasium schon früher einsetzen, als es heute der Fall ist.
20. Die alte Ansicht, daß der Lehrberuf den Einsatz des ganzen Menschen erfordere, ist heute doch überholt.
21. Ein Fachlehrer, der in erster Linie Wissen beibringen und nicht erziehen will, ist für den Lehrberuf nicht geeignet.
22. Wenn eine Institution oder Methode als „bewährt“ bezeichnet wird, ist sie meistens schon überholt.
23. Manche Kinder haben von Natur aus einfach keinen Wissensdrang.
24. Ein gewisses Maß an Strenge in der Erziehung fördert ein angemessenes Leistungsstreben.
25. Da wir in der modernen Welt viele hochqualifizierte Spezialisten brauchen, sollten diese bereits in der Schule entsprechend spezifisch vorbereitet werden.
26. Man kann eigentlich kein wirklich guter Lehrer sein, wenn man das Unterrichten vorwiegend als Mittel zum Broterwerb auffaßt.
27. Wer ständig auf Neuerungen aus ist, verkennt die wahren Aufgaben der Schule.

28. Schüler arbeiten auf die Dauer nur dann konzentriert, wenn sie beaufsichtigt werden.
29. An den Intelligenzleistungen seiner Schüler kann der Lehrer im Grunde wenig ändern.
30. Ein Naturwissenschafter kann sich eigentlich nur dann zu Recht Akademiker nennen, wenn er auch einige Kenntnisse in Philosophie und Kulturgeschichte hat.
31. Der Lehrer sollte ältere Schüler nicht so sehr nach der Qualität ihres Wissens, sondern vielmehr danach beurteilen, ob sie über ein sicheres Werturteil verfügen.
32. Eine Ohrfeige zur rechten Zeit wirkt unter Umständen wie ein reinigendes Gewitter.
33. Man sollte niemanden zur Lehrerausbildung zulassen, der in diesem Beruf ausschließlich die sichere, krisenfeste Lebensstellung sucht.
34. Auch für einen Lehrer am Gymnasium ist pädagogisches Geschick wichtiger als fundiertes Fachwissen.
35. Es sollte einem verdächtig vorkommen, wenn eine Einrichtung, die vor hundert Jahren entstanden ist, heute immer noch für gut gehalten wird.
36. Wenn man nur die Umwelt entsprechend gestalten würde, könnte man fast alle Schüler zum Abitur führen.
37. Das Gymnasium sollte in erster Linie eine umfassende Bildung anstreben und weniger Wert auf gründliche Detailkenntnisse in einzelnen Gebieten legen.
38. Wenn das Klima in der Schule humaner wäre, würden sich auf die Dauer bei allen Schülern auch die Leistungen verbessern.
39. Die Schule sollte es als ihre wichtigste Aufgabe betrachten, die Schüler möglichst intensiv auf das Berufsleben vorzubereiten.
40. Der Lehrberuf kann prinzipiell nicht mehr Befriedigung verschaffen als andere Berufe auch.
41. Kinder mit charakterlichen Mängeln sind oft erblich belastet.
42. Man sollte gerade auch Kinder schon frühzeitig daraufhin erziehen, daß sie die bestehenden Formen menschlichen Zusammenlebens stets aufs neue in Frage stellen.
43. Der Schulbetrieb steht und fällt nun einmal mit einem gewissen Autoritätsgefälle zwischen Lehrer und Schüler.
44. Die Schule hat heutzutage ein so umfangreiches Wissen zu vermitteln, daß die erzieherischen Bemühungen dagegen etwas zurücktreten müssen.
45. Wer Schüler straft, zeigt damit im Grunde nur, daß er nicht in der Lage ist, den Unterricht interessant und fesselnd zu gestalten.

46. Nur wenn sie sich schon frühzeitig auf wenige wichtige Fächer beschränken, können die Schüler ihre individuellen Fähigkeiten und Interessen intensiv entwickeln.
47. In einem Lehrer muß sich alles gegen den Gedanken sträuben, nach Schulschluß „einfach die Schultür hinter sich zuzumachen".
48. Bei allen Bemühungen um Schulreform wird heutzutage oft vergessen, daß es hier Dinge gibt, die bewahrt werden müssen.
49. Vererbung spielt bei Intelligenz und Begabung nur eine sehr geringe Rolle.
50. Jede Form von körperlicher Strafe ist sinnlos.
51. Lehrer sollte nur derjenige werden, der bereit ist, um der Aufgabe willen auch beträchtliche persönliche Opfer zu bringen.
52. Nur wirklich revolutionäre Umwälzungen können jetzt noch die notwendigen Veränderungen für die Schule bringen.
53. Es ist nun einmal die Eigenart des Menschen, daß er nur dann arbeitet, wenn er irgendwie dazu gezwungen wird.
54. Das Gymnasium darf nicht zu einer berufsvorbereitenden Schule werden.
55. Niemand kann von einem Lehrer erwarten, daß er mehr tut als seine Pflicht.
56. Die Schule sollte sich wieder mehr auf die Vermittlung des Lehrstoffs konzentrieren und sich etwas weniger mit allgemeinen Erziehungsproblemen beschäftigen.
57. Wenn man noch mehr Schüler ins Gymnasium aufnimmt, wird der Anteil der Ungeeigneten zwangsläufig steigen.
58. Vor den Anforderungen der modernen Welt müssen die bislang gewohnten Schulformen und Unterrichtsmethoden einfach versagen.
59. Mit einem sehr nachgiebigen Verhalten erweist man Schülern keinen guten Dienst.
60. Wir brauchen unbedingt wieder mehr Menschen, die umfassend gebildet sind.
61. Es gibt Kinder, die eine angeborene Tendenz haben, unbeherrscht zu reagieren.
62. Das Argument, etwas habe sich „bewährt", vertuscht in jedem Fall nur mangelnde Reformbereitschaft.
63. Das Unterrichten sollte als eine berufliche Tätigkeit wie jede andere aufgefaßt werden.
64. Bei den meisten Kindern muß man von Zeit zu Zeit einmal hart durchgreifen.
65. In jedem Schulfach sollten die jüngsten und modernsten Entwicklungen des betreffenden Gebietes ausführlicher berücksichtigt werden als der lehrplanmäßig vorgeschriebene Stoff.

66. Im Schulunterricht sollte man sich heutzutage nur noch mit Dingen befassen, die später im Beruf auch praktische Auswirkungen haben.
67. Es tut den Schülern nur gut, wenn sie bereits in der Schule erfahren, daß man im Leben oft Dinge tun muß, an denen man keine Freude hat.
68. Wer nicht aus innerer Überzeugung Lehrer wird, sollte es lieber ganz bleiben lassen.
69. Ein Abiturient sollte in der Lage sein, zu jedem Thema aus einem beliebigen Fachgebiet eine kurze sinnvolle Abhandlung zu verfassen.
70. Die Schule sollte möglichst jeden Ansatz zu Veränderungen sofort aufgreifen.
71. Viele Lehrer neigen immer noch dazu, die Bedeutung von Anlage und Vererbung stark zu überschätzen.
72. Lehrer an Gymnasien sollten vor allem Pädagogen und weniger Fachwissenschafter sein.
73. Die Befriedigung, an der Erziehung der Jugend mitzuwirken, sollte den Lehrer für alle Belastungen entschädigen.
74. Ganz ohne Zwang wird auch der beste Lehrer nichts erreichen.
75. Schulmethoden und Schuleinrichtungen, die sich einmal als brauchbar erwiesen haben, sollte man nicht einfach aufgeben.
76. Im Grunde genommen könnte fast jeder Schüler musikalisch sein, wenn man ihn nur intensiv genug fördern würde.
77. Sehr vieles muß man einfach lernen, auch wenn man es nicht „gebrauchen" kann.
78. Eine stärker wissenschaftlich geprägte, sachlich nüchterne Atmosphäre würde den meisten Gymnasiasten nur gut bekommen.
79. Man kann von einem Lehrer nicht gut erwarten, daß er sich auch noch mit allen persönlichen Problemen der Schüler belastet.
80. Schüler finden die Ordnung ihres Arbeitens und Zusammenlebens bei rechter Anleitung selbst und benötigen daher keine äußerliche Disziplin.
81. Wenn man die Nebenfächer frei wählen läßt, entfallen für manche Schüler wesentliche Bereiche der Schulbildung.
82. Abgesehen von Grenzfällen ist Intelligenz eine reine Sache der Erziehung.
83. Wenn man die Schülermitverwaltung mit ausreichenden Mitteln versähe und ihr genügend Zeit gäbe, würde sie für die Belange der ganzen Schule Hervorragendes leisten können.
84. Es kann häufig pädagogisch sehr sinnvoll sein, einen Schüler auch dann in die nächste Klasse zu versetzen, wenn er schlechte Leistungen gezeigt hat.

85. Ein Lehrer, der seinen Beruf mit hohem Idealismus ausübt, gerät sehr leicht in Gefahr, sich lächerlich zu machen.
86. Ohne strikte Disziplin ist eine erfolgreiche Arbeit in den meisten Klassen nicht möglich.
87. Dem Trend zur Spezialisierung, der das Studium immer mehr zu einer Fachausbildung macht, muß unbedingt Einhalt geboten werden.
88. Der Lehrer kann mit seinen Bemühungen nur dann Erfolg haben, wenn der Schüler für den jeweiligen Stoff wenigstens über ein Minimum von angeborener Begabung verfügt.
89. Für die Schule ist es immer noch besser, nicht ganz vollkommene Einrichtungen beizubehalten, als sich den Ungewißheiten nicht erprobter Neuerungen auszusetzen.
90. Der Gymnasiallehrer sollte sich in seiner freien Zeit mehr mit fachwissenschaftlicher als mit pädagogischer Literatur beschäftigen.
91. Das Prinzip der breiten Allgemeinbildung muß heute doch als antiquiert bezeichnet werden.
92. Man dürfte wohl nicht weit kommen, wenn man die Arbeit in der Schule allein auf den individuellen Interessen der Schüler aufbauen wollte.
93. Für jeden Lehrer sollte es eine Selbstverständlichkeit sein, Schülern mit schlechten Leistungen in seinem Fach zusätzlichen Unterricht zu erteilen.
94. Die Schüler sind letztlich die Leidtragenden, wenn ein Lehrer ständig neue Unterrichtsmethoden ausprobiert.
95. Jeder Lehrer sollte einen schwierigen Erziehungsfall auch dann mit Kollegen besprechen, wenn er eigentlich dringend einen wichtigen Fachartikel lesen müßte.
96. Sobald die Gesetzmäßigkeiten der Vererbung vollständig erforscht sind, wird man erkennen, daß der Mensch durch seine Anlagen im Grunde stark festgelegt ist.
97. Der gute Lehrer bemüht sich auch um Einflußnahme auf das, was seine Schüler außerhalb der Schule tun.

5.4. Gießen-Test (GT)

1	Ich habe den Eindruck, ich bin eher ungeduldig	3 2 1 0 1 2 3	eher geduldig.
2	Ich glaube, ich suche eher	3 2 1 0 1 2 3	ich meide eher Geselligkeit.
3	Ich schätze, ich lege es eher darauf an, andere zu lenken	3 2 1 0 1 2 3	von anderen gelenkt zu werden.

4	Ich glaube, eine Änderung meiner äußeren Lebensbedingungen würde meine seelische Verfassung sehr stark	3 2 1 0 1 2 3	sehr wenig beeinflußen.
5	Ich habe den Eindruck, daß ich mir eher selten	3 2 1 0 1 2 3	eher besonders häufig über meine inneren Probleme Gedanken mache.
6	Ich schätze, daß ich eher dazu neige, meinen Ärger in mich hineinzufressen	3 2 1 0 1 2 3	meinen Ärger irgendwie abzureagieren.
7	Ich habe den Eindruck, ich bin sehr stark	3 2 1 0 1 2 3	kaum daran interessiert, andere zu übertreffen.
8	Ich halte mich für sehr wenig	3 2 1 0 1 2 3	besonders ängstlich.
9	Ich habe den Eindruck, daß andere mit meiner Arbeitsleistung im allgemeinen eher besonders zufrieden	3 2 1 0 1 2 3	eher unzufrieden sind.
10	Ich glaube, ich habe zu anderen Menschen eher besonders viel	3 2 1 0 1 2 3	besonders wenig Vertrauen.
11	Ich habe den Eindruck, ich zeige sehr viel	3 2 1 0 1 2 3	sehr wenig von meinen Bedürfnissen nach Liebe.
12	Ich glaube, ich meide eher	3 2 1 0 1 2 3	suche eher sehr engen Anschluß an einen anderen Menschen.
13	Ich glaube, ich kann im Vergleich zu anderen eher gut	3 2 1 0 1 2 3	eher schlecht mit Geld umgehen.
14	Ich halte mich selten	3 2 1 0 1 2 3	oft für sehr bedrückt.
15	Ich habe den Eindruck, ich gebe im allgemeinen viel	3 2 1 0 1 2 3	sehr wenig von mir preis.
16	Ich schätze, es gelingt mir eher schwer	3 2 1 0 1 2 3	eher leicht, mich beliebt zu machen.
17	Ich glaube, ich habe es eher leicht	3 2 1 0 1 2 3	eher schwer, midh für lange Zeit an einen anderen Menschen zu binden.
18	Ich glaube, ich bin mit der Wahrheit eher großzügig	3 2 1 0 1 2 3	eher übergenau.
19	Ich habe den Eindruck, ich gehe eher leicht	3 2 1 0 1 2 3	eher schwer aus mir heraus.
20	Ich glaube, im Vergleich zu meinen Altersgenossen wirke ich in meinem Benehmen eher jünger	3 2 1 0 1 2 3	eher älter.
21	Ich habe den Eindruck, ich bin eher wenig ordentlich	3 2 1 0 1 2 3	eher überordentlich.
22	Ich schätze, ich gerate besonders häufig	3 2 1 0 1 2 3	besonders selten in Auseinandersetzungen mit anderen Menschen.

23 Ich glaube, ich bin eher darauf eingestellt, daß man mich für minderwertig	3 2 1 0 1 2 3	für wertvoll hält.
24 Ich habe den Eindruck, ich schaffe mir im Leben eher besonders viel Mühe	3 2 1 0 1 2 3	eher Bequemlichkeit.
25 Ich denke, ich fühle mich den anderen Menschen eher sehr fern	3 2 1 0 1 2 3	eher sehr nahe.
26 Ich glaube, ich habe im Vergleich zu anderen eher besonders viel	3 2 1 0 1 2 3	eher wenig Phantasie.
27 Ich glaube, ich lege kaum	3 2 1 0 1 2 3	sehr viel Wert darauf, schön auszusehen.
28 Ich habe den Eindruck, es fällt mir eher schwer	3 2 1 0 1 2 3	eher leicht, mit anderen eng zusammenzuarbeiten.
29 Ich denke, ich mache mir selten	3 2 1 0 1 2 3	immer Selbstvorwürfe.
30 Ich glaube, ich kann einem Partner außerordentlich viel	3 2 1 0 1 2 3	wenig Liebe schenken.
31 Ich glaube, ich benehme mich im Vergleich zu anderen besonders fügsam	3 2 1 0 1 2 3	besonders eigensinnig.
32 Ich glaube, ich mache mir verhältnismäßig selten	3 2 1 0 1 2 3	verhältnismäßig oft große Sorgen um andere Menschen.
33 Ich habe den Eindruck, es gelingt mir eher schlecht	3 2 1 0 1 2 3	eher gut, meine Interessen im Lebenskampf durchzusetzen.
34 Ich glaube, ich bin im Vergleich zu anderen in der Liebe intensiv	3 2 1 0 1 2 3	wenig erlebnisfähig.
35 Ich denke, ich habe sehr gute	3 2 1 0 1 2 3	sehr schlechte schauspielerische Fähigkeiten.
36 Ich glaube, daß man mich im allgemeinen eher als stark	3 2 1 0 1 2 3	eher als schwach einschätzt.
37 Ich habe den Eindruck, ich habe es sehr schwer	3 2 1 0 1 2 3	sehr leicht, auf andere anziehend zu wirken.
38 ich glaube, ich habe es im Vergleich zu anderen eher leicht	3 2 1 0 1 2 3	eher schwer, bei einer Sache zu bleiben.
39 Ich glaube, ich kann sehr schwer	3 2 1 0 1 2 3	sehr leicht ausgelassen sein.
40 Ich fühle mich im Umgang mit dem anderen Geschlecht unbefangen	3 2 1 0 1 2 3	sehr befangen.

5.5. Fragebogen zu Einstellungen und Verhaltensdispositionen von Lehrern (EVL)

1. Das Hochschulstudium hat mich nicht genügend auf meine Tätigkeit als Lehrer vorbereitet.
2. Die Position eines Lehrers in der schulischen Hierarchie hängt von seinem Einsatz und seinen Fähigkeiten ab.
3. Junge Lehrer müssen sich die Anerkennung der Kollegen erst durch entsprechende Leistungen verdienen.
4. Jüngere und ältere Kollegen sollten sich gemeinsam mit den Vorgesetzten über unterrichtliche Maßnahmen einigen.
5. Der Lehrerberuf leidet unter einem Rückgang des Prestiges.
6. Gegenüber den Anweisungen von Vorgesetzten ist man machtlos.
7. Konflikte sollten am besten gar nicht auftreten.
8. Als Lehrer hat man eine relativ bessere soziale Stellung erreicht als viele Absolventen anderer akademischer Ausbildungsgänge.
9. Wenn Sie Ihren Kontakt zu den Kollegen anhand der nachstehenden Merkmale charakterisieren müßten, in welchem Ausmaß träfen die einzelnen Merkmale zu?
   — kollegial/hilfsbereit.
10. — konfliktgeladen.
11. — freundschaftlich.
12. — unkollegial/jeder arbeitet für sich.
13. Die Meinungen der älteren Kollegen sollte man respektieren.
14. Die Leute betrachten heutzutage den Lehrer im allgemeinen mit mehr Vorurteilen als andere Berufe mit gleicher sozialer Stellung.
15. Junge Lehrer haben zu hohe Erwartungen an ihren Beruf.
16. Die Schulverwaltung engt demokratisches Verhalten der Lehrer ein.
17. Konflikte stören das Arbeitsklima und müssen deshalb vermieden werden.
18. Ohne Konflikte ist eine Verbesserung der Arbeitssituation nicht möglich.
19. An den geringen Einflußmöglichkeiten zur Veränderung und Verbesserung der Schulsituation sieht man seine Machtlosigkeit gegenüber staatlichen Instanzen.
20. Partnerschaftliche Umgangsstile zwischen allen Lehrern im Kollegium scheitern gewöhnlich daran, daß die Mitglieder einzelner Gruppierungen nicht aufeinander eingehen.
21. Nur ein solidarisches Vorgehen aller Lehrer kann zu Verbesserungen der Arbeitssituation führen.
22. Der Lehrerberuf genießt heute bei den meisten Leuten nicht das Ansehen, das er verdient.

23. Das berufliche Engagement der jungen Lehrer wird von den älteren Kollegen nicht anerkannt.
24. Solange alle Beteiligten sachlich bleiben, können Konflikte nicht auftreten.
25. Ein Direktor ist umso besser, je weniger Konflikte auftreten.
26. Wenn zwischen einzelnen Lehrern Gegensätze auftreten, sollte der Direktor eine Entscheidung treffen.
27. Im Gespräch mit Kollegen über Schulprobleme fühle ich mich allein gelassen.
28. Kollegen sprechen über mich Dinge, von denen ich nichts erfahre.
29. Die besten Lehrer sind solche, die im Unterricht gute Beziehungen zu den Schülern haben.
30. Mit Kollegen kann man über sein Verhalten im Unterricht nicht sprechen.
31. Die meisten Probleme in der Schule sind individuell lösbar, man muß sich nur etwas einfallen lassen.
32. Unter Lehrern herrscht ein stärkeres Konkurrenzverhalten als bei anderen akademischen Berufsgruppen.
33. Lehrer wissen über den Unterricht der Kollegen mehr von den Schülern als voneinander.
34. Im folgenden geht es um den Kontakt mit Kollegen.
Was befürworten Sie bzw. lehnen Sie ab?
— Teamarbeit ist nützlich.
35. — Jeder sollte für sich allein im Unterricht arbeiten.
36. — Über die Konferenzen hinausgehende Zusammenarbeit mit Kollegen ist unnötig.
37. — Es gibt eine schulische Hierarchie, die nicht abgebaut werden darf.
38. — Die schulische arbeitsbezogene Kommunikation zwischen allen Lehrern müßte intensiviert werden.
39. Es sollten im Kollegium mehr Besprechungen stattfinden:
— über gemeinsame Probleme.
40. — über gegenseitige Hilfen bei der Unterrichtsvorbereitung.
41. — über gegenseitige Hilfen bei der Unterrichtsdurchführung.
42. — über Probleme mit Schülern.
43. Unter Lehrern herrscht im allgemeinen ein starkes Konkurrenzverhalten.
44. Wenn es alle Kollegen betreffende Informationen gibt, dann erfährt man sie vom Anschlagbrett eher als von den Kollegen.
45. Die Teilnahme an Entscheidungen über schulische Probleme ist kaum möglich.
46. Es gibt viele Lehrer im Kollegium, mit denen man in seinen beruflichen Interessen übereinstimmt.

47. Die besten Lehrer sind solche mit gutem Fachwissen.
48. Unterrichtsinhalte müßten eigentlich besser mit Kollegen abgestimmt werden.
49. Junge Lehrer sollten Ratschläge älterer Kollegen annehmen.
50. Der Schulbetrieb steht und fällt nun einmal mit einem gewissen Autoritätsgefälle.
51. Wenn es Schwierigkeiten in der Zusammenarbeit mit Kollegen gibt, dann beruhen sie möglicherweise auf:
— ideologischen Differenzen.
52. — parteipolitischen Differenzen.
53. — pädagogischen Differenzen.
54. An Entscheidungen mitzuwirken ist sinnlos, weil die Beiträge nicht berücksichtigt werden.
55. Die neu in die Schule eintretenden Lehrer werden stark verunsichert.
56. Mein Beruf als Lehrer ist ein Beruf:
— in dem gute Beziehungen zwischen Vorgesetzten und Kollegen bestehen.
57. — der hilft die Gesellschaft zu verändern.
58. — der ein hohes Sozialprestige besitzt.
59. — der gut bezahlt wird.
60. Eine gute emotionale Beziehung zu allen Lehrern eines Kollegiums ist nicht möglich.
61. Um für Lehrer verbesserte Einstellungsbedingungen zu erreichen, ist ein gemeinsames gewerkschaftliches Vorgehen aller Lehrer notwendig.
62. Ich bin mit meiner augenblicklichen beruflichen Situation zufrieden.
63. Junge Lehrer haben das Gefühl, von den älteren Kollegen nicht genügend beachtet zu werden.
64. Der Aufstieg des Lehrers in der Schulhierarchie hängt von der Anpassung des Lehrers ab.
65. Die Aufteilung der Lehrer in pragmatisierte Lehrer, Vertragslehrer, Sondervertragslehrer und Probelehrer verstärkt die Ungleichheit zwischen den Kollegen.
66. Ich bin mit der Schulsituation zufrieden.
67. Als Lehrer sollte man sich lieber intensiver um seine Schüler kümmern, als durch Diskussion mit Kollegen eine Veränderung der Arbeitssituation herbeiführen zu wollen.
68. Es hat sowieso keinen Zweck, sich an einem Unternehmen zur Veränderung der gegenwärtigen Schulsituation zu beteiligen.

Bitte beantworten Sie die nachfolgenden Punkte nicht auf dem Antwortbogen, sondern auf dieser Vorlage.

69. Verbringen Sie die Pausen im Kaffeezimmer?
   - ○ regelmäßig
   - ○ manchmal
   - ○ selten
   - ○ nie

70. Geschlecht
   - ○ männlich
   - ○ weiblich

71. Lebensalter:

72. Dienstjahre und Monate insgesamt:

73. Dienstjahre und Monate an der Schule:

74. Nehmen Sie am Seminar teil? ○ ja ○ nein

75. Familienstand:
   - ○ ledig
   - ○ verheiratet
   - ○ geschieden
   - ○ verwitwet
   - ○ mit festem Partner zusammenlebend

76. Als was sind Sie gegenwärtig beschäftigt?
   - ○ pragmatisierter Lehrer/vollbeschäftigt ○ teilzeitbeschäftigt
   - ○ Vertragslehrer/vollbeschäftigt ○ teilzeitbeschäftigt
   - ○ Sondervertragslehrer (vollbeschäftigt)
   - ○ Sondervertragslehrer (teilzeitbeschäftigt)
   - ○ Probelehrer

77. Gehören Sie einer politischen Partei an? ○ ja ○ nein

78. Sind Sie Mitglied der Gewerkschaft der öffentlichen Bediensteten? ○ ja ○ nein

79. Sind Sie Mitglied einer anderen schulpolitischen Organisation? ○ ja ○ nein

80. Welchen Beruf übt(e) Ihr Vater aus?
   Falls verstorben oder im Ruhestand geben Sie bitte seine letzte berufliche Tätigkeit an.
   Schreiben Sie bitte die genaue Berufsbezeichnung in folgender

Tabelle in die Spalte, deren Berufsbezeichnung für Ihren Vater zutrifft:

Berufsgruppe:	Beruf:
○ Arbeiter	
○ Angestellter	
○ Beamter	
○ Selbständiger	
○ andere Berufsgruppe	

5.6. Dortmunder Skala zum Lehrerverhalten im Unterricht (DSL)

Die folgenden Fragen beziehen sich auf

1	Der Lehrer freut sich, wenn er die Klasse betritt.
2	Wenn er etwas verspricht, dann hält er das auch.
3	Der Lehrer hat schlechte Laune.
4	Der Unterricht ist langweilig, daß man einschläft.
5	Der Lehrer sagt, daß er Fragen von Schülern für dumm hält.
6	Der Lehrer blamiert einige Schüler vor der Klasse.
7	Der Lehrer sagt uns gegenüber manchmal Dinge, die wir zu ihm nicht sagen dürften.
8	Auch wenn der Lehrer bei Schülern Fehler entdeckt, bleibt er freundlich.
9	Der Lehrer bespricht mit uns Schülern die Auswahl der Unterrichtsthemen.
10	Der Lehrer erteilt Befehle.
11	Der Lehrer gibt uns Aufgaben, ohne zu sagen, wie wir sie ausführen sollen.
12	Der Lehrer lobt uns, wenn wir gute Arbeit leisten.
13	Der Lehrer bringt uns Dinge bei, die wir gern können möchten.
14	Wenn wir etwas getan haben, was der Lehrer falsch findet, dürfen wir sagen, warum wir es getan haben.
15	Man kann mit ihm über alles sprechen, auch wenn man etwas ausgefressen hat.
16	Der Lehrer sieht ein, daß die Schüler recht haben und gibt nach.
17	Der Lehrer schimpft mit uns.
18	Wenn in der Klasse Unruhe ist, dann bestraft der Lehrer die ganze Klasse.
19	Wenn man ein Schulbuch vergißt, dann schimpft der Lehrer.
20	Auch wenn man mal frech gewesen ist, bleibt der Lehrer ruhig.
21	Der Lehrer sorgt dafür, daß alle Schüler arbeiten, so gut sie können.
22	Der Lehrer gibt Strafarbeiten auf.
23	Bei unserem Lehrer dürfen wir offen unsere Meinung sagen.
24	Der Lehrer ist auch zu den Schülern nett, die faul sind.
25	Der Lehrer wird leicht ärgerlich

5.7. Mittelwerte aller Lehrer (DSL)

Item	Mittelwert	Normtabelle	Beurteilung	Erläuterung
1. Der Lehrer freut sich, wenn er die Klasse betritt.	3.19	1.0—2.9 3.0—3.5 3.6—4.0	unterdurchschnittlich + durchschnittlich überdurchschnittlich	+ Die Schüler erleben das Unterrichtsverhalten als routiniert und distanziert.
2. Wenn er etwas verspricht, dann hält er das auch.	3.67	1.0—3.2 3.3—3.7 3.8—4.0	unterdurchschnittlich + durchschnittlich überdurchschnittlich	+ Dies muß nicht ausschließlich als wortbrüchiges Verhalten interpretiert werden. Denkbar ist auch, daß einfach vergessen wird, Schüleräußerungen aufzugreifen.
3. Der Lehrer hat schlechte Laune.	2.60	1.0—2.3 2.4—2.8 2.9—4.0	unterdurchschnittlich durchschnittlich überdurchschnittlich	————
4. Der Unterricht ist langweilig, daß man einschläft.	2.89	1.0—2.5 2.6—3.1 3.2—4.0	unterdurchschnittlich + durchschnittlich überdurchschnittlich	+ Möglicherweise werden die Schüler durch die Unterrichtsmethoden und/oder -inhalte nicht hinreichend motiviert.
5. Der Lehrer sagt, daß er Fragen von Schülern für dumm hält.	3.37	1.0—3.0 3.1—3.5 3.6—4.0	unterdurchschnittlich + durchschnittlich überdurchschnittlich	+ Das kann auch bedeuten, daß der Lehrer nicht ausreichend auf Schüleräußerungen eingeht, sie überhört oder (unbegründet) zurückweist.
6. Der Lehrer blamiert einige Schüler vor der Klasse.	3.37	1.0—3.1 3.2—3.7 3.8—4.0	unterdurchschnittlich + durchschnittlich überdurchschnittlich	+ Hierbei ist nur an eine absichtliche Bloßstellung zu denken. Auch ein Übermaß an (sachlich begründeter) Kritik kann als Blamage erlebt werden.

7. Der Lehrer sagt uns gegenüber manchmal Dinge, die wir zu ihm nicht sagen dürften.	3.15	1.0—2.8 2.9—3.5 3.6—4.0	unterdurchschnittlich + durchschnittlich überdurchschnittlich	+ Dies kann bedeuten daß der Lehrer Schülern gegenüber Äußerungen gebraucht, die — würden sie vom Schüler übernommen — Vom Lehrer als gegen Takt und Höflichkeit verstoßend aufgefaßt werden könnten.
8. Auch wenn der Lehrer bei Schülern Fehler entdeckt, bleibt er freundlich.	3.46	1.0—3.3 3.4—3.7 3.8—4.0	unterdurchschnittlich durchschnittlich überdurchschnittlich	———
9. Der Lehrer bespricht mit uns Schülern die Auswahl der Unterrichtsthemen.	2.21	1.0—2.3 2.4—3.1 3.2—4.0	unterdurchschnittlich + durchschnittlich überdurchschnittlich	+ Sinn und Zweck des Lernstoffes oder von unterrichtlichen Maßnahmen erscheinen dem Schüler unzureichend begründet.
10. Der Lehrer erteilt Befehle.	2.64	1.0—2.4 2.5—3.0 3.1—4.0	unterdurchschnittlich + durchschnittlich überdurchschnittlich	+ Das kann bedeuten, daß Entscheidungen des Lehrers nicht hinreichend begründet und diskutiert werden.
11. Der Lehrer gibt uns Aufgaben, ohne zu sagen, wie wir sie ausführen sollen.	3.18	1.0—3.0 3.1—3.5 3.6—4.0	unterdurchschnittlich + durchschnittlich überdurchschnittlich	+ Möglicherweise mangelnde didaktische Vermittlung von Lösungswegen; u. U. Anspruchsniveau.
12. Der Lehrer lobt uns, wenn wir gute Arbeit leisten.	3.32	1.0—3.0 3.1—3.5 3.6—4.0	unterdurchschnittlich + durchschnittlich überdurchschnittlich	+ U. U. werden die Leistungen der Schüler zu sehr als selbstverständlich angesehen.
13. Der Lehrer bringt uns Dinge bei, die wir gerne können möchten.	2.82	1.0—2.9 3.0—3.3 3.4—4.0	unterdurchschnittlich + durchschnittlich überdurchschnittlich	+ Die Unterrichtsgegenstände werden von den Schülern nicht als sinnvoll erlebt. Möglicherweise ordnet der Lehrer sie nicht in einen übergeordneten Sinnzusammenhang ein.

14. Wenn wir etwas getan haben, was der Lehrer falsch findet, dürfen wir sagen, warum wir es getan haben.	3.33	1.0—2.8 2.9—3.5 3.6—4.0	unterdurchschnittlich + durchschnittlich überdurchschnittlich	+ Der Lehrer bewertet Schülerhandlungen mehr nach der Schwere des Verstoßes als nach den Motiven der Schüler. Konfliktfälle werden möglicherweise nicht ausreichend diskutiert.
15. Man kann mit ihm über alles sprechen, auch wenn man etwas ausgefressen hat.	3.25	1.0—3.0 3.1—3.7 3.8—4.0	unterdurchschnittlich durchschnittlich überdurchschnittlich	———
16. Der Lehrer sieht ein, daß Schüler recht haben und gibt nach.	2.90	1.0—2.6 2.7—3.1 3.2—4.0	unterdurchschnittlich + durchschnittlich überdurchschnittlich	+ Nach Auffassung der Schüler gibt der Lehrer selten Fehler zu. Das kann z.B. daran liegen, daß er eigene Fehler nicht bemerkt oder den Schülern gegenüber nicht eingesteht.
17. Der Lehrer schimpft mit uns.	2.60	1.0—2.0 2.0—2.6 2.7—4.0	unterdurchschnittlich durchschnittlich überdurchschnittlich	———
18. Wenn in der Klasse Unruhe ist, dann bestraft der Lehrer die ganze Klasse.	3.23	1.0—2.8 2.9—3.4 3.5—4.0	unterdurchschnittlich + durchschnittlich überdurchschnittlich	+ Der Lehrer verwendet Disziplinierungstechniken, bei denen sich auch die Schüler betroffen fühlen, die an einem Fehlverhalten nicht beteiligt sind.
19. Wenn man ein Schulbuch vergißt, dann schimpft der Lehrer.	3.34	1.0—2.4 2.5—3.1 3.2—4.0	unterdurchschnittlich + durchschnittlich überdurchschnittlich	+ Bei Nachlässigkeiten und kleinen Versäumnissen wird der Lehrer leicht ungeduldig.
20. Auch wenn man mal frech gewesen ist, bleibt der Lehrer ruhig.	2.79	1.0—2.6 2.7—3.2 3.3—4.0	unterdurchschnittlich + durchschnittlich überdurchschnittlich	+ Die kann auf mangelnde Gelassenheit und Ausgeglichenheit in unterrichtlichen Konfliktsituationen hindeuten.

21. Der Lehrer sorgt dafür, daß alle Schüler arbeiten, so gut sie können.	3.55	1.0—3.5 3.6—3.7 3.8—4.0	unterdurchschnittlich durchschnittlich überdurchschnittlich	———
22. Der Lehrer gibt Strafaufgaben auf.	3.19	1.0—2.1 2.2—3.1 3.2—4.0	unterdurchschnittlich + durchschnittlich überdurchschnittlich	+ Das kann auch bedeuten, daß zum Unterricht gehörige Beschäftigungen für die Schüler nicht genügend motivierend sind.
23. Bei unserem Lehrer dürfen wir offen unsere Meinung sagen.	3.24	1.0—3.1 3.2—3.7 3.8—4.0	unterdurchschnittlich + durchschnittlich überdurchschnittlich	+ Die Schüler haben das Gefühl, mit freimütigen Äußerungen beim Lehrer auf Desinteresse oder sogar Ablehnung zu stoßen.
24. Der Lehrer ist auch zu Schülern nett, die faul sind.	2.86	1.0—2.6 2.7—3.2 3.3—4.0	unterdurchschnittlich + durchschnittlich überdurchschnittlich	+ Die Zuwendung des Lehrers orientiert sich u. U. an der Leistung der Schüler.
25. Der Lehrer wird leicht ärgerlich.	2.51	1.0—2.2 2.3—2.9 3.0—4.0	unterdurchschnittlich durchschnittlich überdurchschnittlich	———
Mittleres Gesamturteil		bis 72	25%	Unterdurchschnittliche Beurteilung, »Strenges« Erzieherverhalten.
	76,6	73—83	26—75%	Durchschnittliche Beurteilung
		über 83	76—100%	Überdurchschnittliche Beurteilung, »unterstützendes« Erzieherverhalten.

Das Wagnis Erziehung

Aus der Lebenswirklichkeit einer Rudolf Steiner-Schule.

Redaktion: Helmut Ganser, Elisabeth Gergely, Tobias Richter.
Bildauswahl und -texte: Johannes Matthiessen, Tobias Richter.
Fotos: Gottfried Preinfalk u.a.

Ist die Waldorf-Pädagogik eine Alternative?
Wozu brauchen wir Rudolf Steiner-Schulen?
Schule ohne Angst — gibt es das?
Erziehung zur Freiheit — mehr als nur ein Schlagwort?
Auf all diese Fragen versucht dieser Band, Antworten zu geben, nicht im Sinne einer theoretischen Einführung, sondern durch das Aufzeigen der konkreten Praxis einer österreichischen Waldorfschule. Einerseits liegen Waldorfschulen heute „im Trend" — vor allem bei pädagogisch interessierten Eltern (keine Noten, kein Selektionsdruck, Förderung künstlerischer und sozialer Fähigkeiten usw.) —, andererseits ziehen gerade Waldorfschulen wie ein Magnet Vorurteile und Mißverständnisse an. Nicht in der Theorie, allein in der Praxis läßt sich Pädagogik beurteilen. Engagierte Eltern und Lehrer wollen deshalb anhand der Schulpraxis der Rudolf Steiner-Schule Wien über Lernziele, Unterrichtsstil, Schulorganisation, Elternmitarbeit, soziale und pädagogische Intentionen einer derartigen „freien" Schule berichten. Damit will dieses Buch einen Beitrag leisten, zu richtigen Fragestellungen in den Erziehungsnöten der Gegenwart zu gelangen.

Die Autoren:

Da sich „Das Wagnis Erziehung" mit der Praxis einer individuellen Rudolf Steiner-Schule auseinandersetzt, stehen alle Autoren in einem engen Verhältnis zur Schule in Wien-Mauer. Sie setzen sich als Lehrer oder als Eltern mit der Lebenswirklichkeit der Waldorf-Pädagogik auseinander.

Format: 22 × 24 cm
Umfang: 292 Seiten mit zahlr. Farb- u. SW-Abb.
Einband: Pappband
ISBN 3-205-07277-4